Cuaderno para hispanohablantes

TEACHER'S EDITION

High School **3**

Español
Santillana

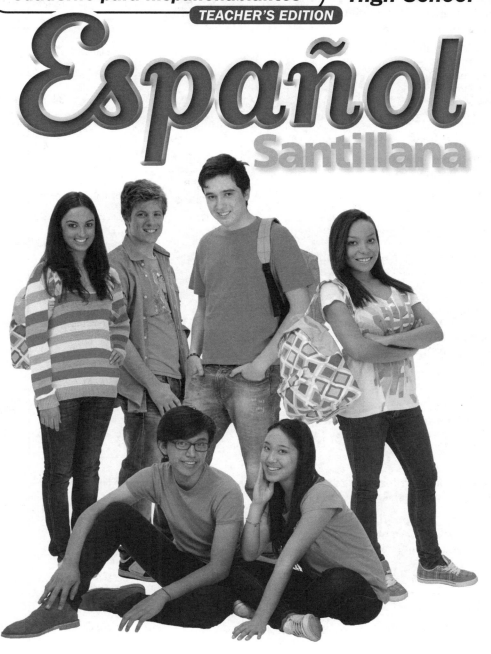

SANTILLANA USA
Language Education Experts

Español Santillana. Cuaderno para hispanohablantes 3 is a part of the *Español Santillana* project, a collaborative effort by two teams specializing in the design of Spanish-language educational materials. One team is located in the United States and the other in Spain.

Writers:
M.ª Antonia Oliva
Belén Saiz
María A. Pérez

Developmental Editor:
Mercedes Fontecha

Editorial Coordinator:
Anne Smieszny

Editorial Director:
Enrique Ferro

Español Santillana
Cuaderno para hispanohablantes.
Teacher's Annotated Edition 3
ISBN-13: 978-1-61605-917-0

Illustrator: **Jorge Arranz, José Zazo**
Picture Coordinator: **Carlos Aguilera**

Production Manager: **Jacqueline Rivera**

Design and Layout: **Jorge Borrego, Hilario Simón, Luis González**

Proofreaders: **Marta López**

Photo Researchers: **Mercedes Barcenilla, Amparo Rodríguez**

Santillana USA Publishing Company, Inc.
2023 NW 84th Avenue, Doral, FL 33122

Printed in the United States of America by Thomson-Shore Inc.

20 19 18 17 16   1 2 3 4 5 6 7 8 9

Contenidos

Contenidos

1 Tus datos personales

ANSWERS WILL VARY

▶ Completa la ficha con tus datos personales.

• Nombre: **Marina**

• Apellidos: **Guerrero León**

• Lugar de nacimiento: **Santa Fe, Nuevo México**

• Fecha de nacimiento: **28 de febrero de 1998**

2 Tu forma de ser

ANSWERS WILL VARY

▶ Elige al menos cuatro cualidades para completar esta oración.

Los demás dicen que soy una persona ①, pero yo creo que soy ②

1 tímida	☐ sociable	☐ valiente	☐ curiosa	☐ paciente
☐ nerviosa	**2** divertida	☐ amable	☐ generosa	☐ cabezota
☐ estudiosa	☐ despistada	☐ inteligente	☐ dulce	☐ vanidosa
1 reservada	☐ casera	☐ descarada	**2** bromista	☐ indecisa

ANSWERS WILL VARY

▶ Escribe una breve descripción de tu carácter. Puedes usar las palabras anteriores y añadir otras nuevas.

Soy muy bromista, y por eso creo que soy una persona divertida. También soy curiosa, amable y paciente, pero puedo ser un poco cabezota.

3 Tus aficiones

ANSWERS WILL VARY

▶ Escribe. ¿Qué te gusta hacer en tu tiempo libre? Te damos algunas ideas.

☑ ir al cine ☐ navegar por Internet ☑ jugar con videojuegos

☑ hacer deporte ☑ estar con tus amigos ☐ ver la televisión

En mi tiempo libre me gusta salir con mis amigos. Juntos vamos al cine y hacemos deporte. También me gusta jugar a los videojuegos.

4 **Tu escuela**

▶ **Responde.**

1. ¿Desde cuándo estudias en tu escuela actual?

   Desde hace dos años.

2. ¿Qué es lo que más te gusta de ella? ¿Y lo que menos?

   Lo que más me gusta es el gimnasio y lo que menos, la cafetería.

3. ¿Cuántas asignaturas cursas este año? Nombra algunas.

   Curso siete asignaturas: Álgebra, Biología, Español, Actuación...

4. ¿Cuál es tu asignatura preferida? ¿Y la que menos te gusta?

   Biología es mi preferida y Álgebra es la que menos me gusta.

5 **Tus raíces**

▶ **Responde.**

1. ¿De qué país o países procede tu familia?

   De Honduras.

2. ¿Has estado alguna vez en ese país? ¿Qué es lo que más te gustó?

   Sí. Lo que más me gustó fueron sus playas.

3. ¿Qué sabes de él? ¿Cuál es su capital? ¿Conoces algún personaje famoso, algún monumento o paisaje conocido, algún plato típico?

   Honduras es un país montañoso que está en Centroamérica. Su capital

   es Tegucigalpa. Las ruinas mayas de Copán es uno de los lugares más

   conocidos y visitados de Honduras.

6 **Así eres**

▶ **Escribe una breve presentación sobre ti que resuma tus respuestas anteriores.**

   Soy Marina Guerrero León, de Santa Fe, Nuevo México. Soy una persona

   divertida, amable y paciente, pero puedo ser un poco cabezota. En mi

   tiempo libre me gusta salir con mis amigos. Hace dos años que estoy

   en esta escuela y este año curso siete asignaturas. Mi familia es de

   Honduras, un país centroamericano muy hermoso.

7 **Hablar español**

▶ **Responde. ¿Te consideras una persona bilingüe? ¿Por qué?**

Sí, porque hablo inglés y español.

Algunas ventajas de hablar español en los EE. UU.

Hablar español en los EE. UU. es una gran ventaja, sobre todo porque los latinos conformamos la minoría más grande del país con 44,5 millones de personas

Más materia gris

Hablar inglés y español es una experiencia que te enriquece en todos los sentidos, pero seguro que no sabías que, además, es saludable. Un estudio de la Universidad de California asegura que las personas que dominan dos idiomas tienen más materia gris en la parte del cerebro encargada del habla, lo que a la larga puede mejorar la capacidad para luchar contra la enfermedad de Alzheimer.

Hacer amigos allá donde vayas

Una de las experiencias más gratificantes es viajar a un país extranjero y sentirte como en tu propia casa. Hablar español te ofrece esta posibilidad. Imagínate en cualquier país hispanohablante y sentirte como uno más, participar en sus celebraciones, en sus tradiciones, compartir con jóvenes de tu misma edad… y quién sabe si incluso encontrar a tu media naranja. ¿A qué esperas entonces a sacarle partido a tu bilingüismo?

Mayor reconocimiento en el trabajo

Ha llegado la hora de abrirte camino en el mundo laboral. Has logrado tu primera entrevista y una de las primeras preguntas es si dominas algún otro idioma además del inglés. Ante tu respuesta afirmativa, el entrevistador está ya prácticamente comiendo de tu mano. Además, el hecho de que seas bilingüe puede significar mayores ingresos a la hora de negociar tu salario.

Ver películas en español sin tener que leer los subtítulos

Estrenan esa película en español que te han recomendado y que tú y tus amigos estaban deseando ver. Puedes prestar total atención a las imágenes y a la acción porque afortunadamente para ti no tienes que perder el tiempo leyendo los subtítulos e interpretando lo que dicen los actores.

Caerá rendido a tus pies

Ese chico o esa chica que te gusta ha accedido a salir contigo y parece que la cosa marcha viento en popa. La cosa apunta a que habrá una segunda cita, una tercera y más. Sorpréndelo un día de estos y sin motivo alguno con una serenata en español, mejor incluso si le cantas una canción romántica al oído.

Fuente: http://especiales.latino.msn.com. Texto adaptado.

8 **Ventajas de hablar español**

▶ Indica si las siguientes afirmaciones son ciertas (C) o falsas (F).

1. Las personas bilingües tienen más posibilidades de sufrir Alzheimer. C (F)

2. Hablar español te permite viajar e integrarte cómodamente en muchos países. (C) F

3. Si hablas dos idiomas, tienes posibilidades de ganar menos dinero en tu trabajo. C (F)

4. Saber español te permite ver películas hispanas en versión original leyendo rápidamente los subtítulos. C (F)

5. Cantar en español te puede ayudar a conquistar a alguien. (C) F

9 **Expresiones**

▶ Relaciona las expresiones con su definición correspondiente.

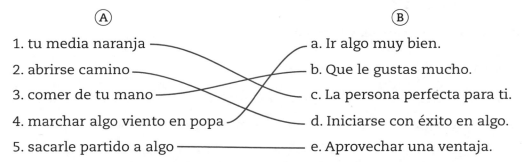

Ⓐ

1. tu media naranja
2. abrirse camino
3. comer de tu mano
4. marchar algo viento en popa
5. sacarle partido a algo

Ⓑ

a. Ir algo muy bien.
b. Que le gustas mucho.
c. La persona perfecta para ti.
d. Iniciarse con éxito en algo.
e. Aprovechar una ventaja.

▶ Elige cuatro de las expresiones anteriores y escribe una oración con cada una.

1. Francisco me dijo que Estela era su media naranja.

2. Lorena lucha por abrirse camino en el mundo de la música.

3. Julián dice que su negocio marcha viento en popa.

4. Jaime siempre saca partido a todos los negocios que hace.

10 **Ahora tú**

▶ Escribe. ¿Qué otras ventajas encuentras en hablar español en los Estados Unidos? Anota también las desventajas, si es que consideras que hay alguna.

Otra ventaja de hablar español es que puedo leer libros, periódicos,

páginas web y revistas en español. De esta manera me informo de lo que

pasa en el mundo hispanohablante y aprendo cosas sobre las diferentes

culturas hispanas.

11 El español y tú

▶ Lee lo que hace Ana para mantener su español. Marca lo que haces tú.

ANSWERS WILL VARY

☑ Hablo en español con algunos familiares.

☐ Busco información en Internet sobre el país de mis padres.

☑ Escucho música y veo alguna serie en español.

☑ Veo películas en español sin subtítulos.

☐ Intento hacer amigos hispanos a través de las redes sociales.

12 ¿Con s, con c o con z?

▶ Completa estas oraciones con s, con c o con z.

Consejos para criar a un niño bilingüe

1. Empie **Z** a a hablar a tu hijo en tu idioma natal desde que na **C** e

   y a los do **C** e meses será capa **Z** de diferen **C** iar los dos idiomas.

2. De **C** ide quién va a hablar cada idioma. Si el niño sabe que con mamá

   siempre habla en español y con papá, en inglés, o vi **C** ever **S** a, se refor **Z** ará

   su aprendi **Z** aje.

3. Hay situa **C** iones en las que tus hijos tal ve **Z** no quieran hablar en español.

   No los fuer **C** es y explícales los benefi **C** ios que tiene ha **C** erlo para su futuro.

13 La tilde

▶ Escribe tilde donde corresponda.

CORREGIR

La importancia de la ortografía

La ortografía es el elemento que mantiene con mayor firmeza la unidad de una lengua hablada. Esto ocurre con el español de España y el español de América. Por eso, si la ortografía cambiara para ajustarse solo a criterios fonéticos, el español podría fragmentarse en tantas lenguas como regiones del mundo donde se habla; y si se representara en la escritura, con el paso del tiempo aparecerían graves problemas de comprensión.

Fuente: http://www.kalipedia.com. Texto adaptado.

14 **Consejos para mejorar tu español**

▶ Completa estos consejos con los verbos del recuadro.

leer	ver (2)	escuchar	participar (2)	hablar (2)	escribir
viajar	utilizar	dibujar	imitar	grabar	repetir

Para mejorar tu español puedes...

1. __participar__ en foros de español.
2. __hablar__ con tus amigos hispanos en español.
3. __ver__ la televisión en español.
4. __viajar__ al país de origen de tu familia.
5. __escuchar__ la radio o música en español.
6. __participar__ en las redes sociales en español.
7. __escribir__ un diario o un blog en español.
8. __hablar__ con tu familia en español.
9. __repetir__ las palabras que te cueste pronunciar.
10. __imitar__ la entonación y el ritmo de las personas que hablan español.
11. __utilizar__ una página en español como página de inicio en Internet.
12. __dibujar__ diagramas con grupos de palabras que estén relacionadas.
13. __leer__ periódicos en español.
14. __ver__ películas en versión original.
15. __grabar__ te y escuchar cómo pronuncias algunos sonidos.

▶ Escribe consejos para tus compañeros. Utiliza la forma *tú* del imperativo (*lee, escribe...*).

1. Para mejorar tu pronunciación del español...

    ... lee en voz alta y grábate. Después, escucha la grabación y corrige

    tu pronunciación.

2. Para ampliar tu vocabulario en español...

    ... lee libros y revistas en español. Busca el significado de las palabras

    más difíciles en un diccionario.

3. Para escribir mejor en español...

    ... escucha la radio y escribe lo que escuchas. Escribe un cuento

    o un poema en español.

TITO PUENTE: ORGULLOSO DE SER LATINO

Orgulloso de ser latino y confiado en que su raza alcanzará dentro de unos años el lugar que le corresponde en los EE. UU., este neoyorquino es conocido en el mundo de la música como el Rey*

Pregunta. Usted nació en 1923 en el East Harlem de Nueva York. ¿Cómo era aquello?

Respuesta. Era un barrio bien pobre. Mis padres son puertorriqueños y ellos fueron unos de los primeros de la familia que llegaron a Nueva York. Por entonces, en la zona de Brooklyn fue creciendo la población puertorriqueña, y también había mucho cubano. Ser latino era difícil en esa época. Los latinos siempre estábamos en medio de cuestiones raciales porque no nos aceptaban. En la música tampoco. En los buenos cabarés del *downtown* no era fácil tocar para una orquesta latina. Solo se les permitía ser orquestas suplentes; tocaban cuando tenían el turno libre las americanas.

P. ¿Ha cambiado mucho la situación de los latinos?

R. Sí que ha cambiado. Ahora son bien fuertes. Se está teniendo mayor reconocimiento y respeto a nuestra raza porque hay muchos latinos en Nueva York, son millones; hay más puertorriqueños que en Puerto Rico, y cubanos, dominicanos, chilenos, argentinos, hay de todo. La música nos está dando mucho reconocimiento mundialmente, y esto es importante.

P. ¿Qué le falta por alcanzar a la comunidad latina en Estados Unidos?

R. Todavía no tenemos posiciones fuertes en política en Washington. Creo que se irán consiguiendo poco a poco, eso irá viniendo con las generaciones que van graduándose y dándonos jueces, abogados y todo eso.

P. ¿Cuál es su posición personal dentro de la comunidad?

R. Soy lo que se llama en inglés un *role model*, un ejemplo a seguir para la juventud. Hace 17 años que tengo unas becas para que los muchachos estudien música. Mi música llega a la gente, y no solo a la latina.

P. ¿De dónde salió el *latin-jazz*?

R. En aquellos tiempos, las orquestas de *jazz* se dedicaban solo al *jazz*, pero nosotros, los latinos, al incorporar la percusión, le dimos un ritmo más excitante al *jazz*.

P. ¿Por qué no le gusta la palabra *salsa*?

R. No es un término musical. Salsa es comida, un condimento. Al decir la palabra *salsa* no se distingue una guajira de un mambo, un chachachá, un merengue, una cumbia o lo que sea. Cuando dices *salsa*, no se sabe qué clase de salsa quieres. La palabra *salsa* la están utilizando para cualquier cosa.

*Tito Puente falleció en el año 2000. **Fuente:** http://www.elmundo.es. Texto adaptado.

15 Tito Puente

▶ **Responde.**

1. ¿Dónde nació Tito Puente? ¿De dónde eran sus padres?

   Nació en Nueva York. Sus padres eran de Puerto Rico.

2. Cuando él era un niño, ¿cómo eran recibidos los latinos en la sociedad estadounidense?

   No eran bien recibidos ni aceptados.

3. Según Tito Puente, ¿qué les faltaba por alcanzar a los latinos en los Estados Unidos?

   Les faltaba alcanzar cargos importantes en la política.

4. ¿Por qué Tito Puente era un modelo para la juventud latina?

   Porque superó la discriminación y logró el reconocimiento. Además,

   ofrecía becas a los jóvenes para que estudiaran música.

5. ¿Por qué no le gustaba a Tito Puente la manera en la que se utilizaba la palabra *salsa*?

   Porque la palabra *salsa* también se refiere a una comida

   o a un condimento. Se utiliza para cualquier cosa.

16 Palabras

▶ **Busca en el texto las palabras que corresponden a estas explicaciones.**

1. Que sustituyen a otras cuando estas no pueden actuar: **suplentes**

2. Sentimiento de admisión o aceptación: **reconocimiento**

3. Rama del *jazz* que se nutre de los ritmos africanos y caribeños: **latin-jazz**

17 La comunidad latina

▶ **Responde. ¿Cuál crees que es la situación de la comunidad latina en los Estados Unidos en la actualidad? ¿Qué crees que le falta por alcanzar?**

   Cada vez se reconoce más la contribución de la comunidad latina

   a la cultura, la sociedad y la economía estadounidense. Pero aún hacen

   falta más latinos en cargos gubernamentales, en los medios de

   comunicación y en puestos empresariales importantes.

Vamos a escribir

18 **Música latina**

▶ Busca en esta sopa de letras siete palabras relacionadas con la música que aparecen en la entrevista a Tito Puente.

P	E	R	C	U	S	I	Ó	N	B	W	A
R	U	I	P	O	C	R	K	L	V	I	V
A	É	O	D	G	C	U	M	B	I	A	N
S	N	E	R	A	F	Y	H	R	T	I	A
N	D	A	M	Q	R	S	W	V	B	L	U
I	L	T	E	R	U	T	A	H	J	C	R
E	D	A	R	R	P	E	N	C	S	A	M
L	M	Z	E	E	T	A	S	Y	E	B	Ñ
Y	A	X	N	A	D	C	Z	T	X	A	D
B	M	O	G	D	H	T	O	C	A	R	T
Ó	B	Y	U	S	Y	I	R	P	D	É	O
C	O	V	E	A	U	F	H	J	R	W	I

▶ Escribe el nombre de bailes típicos de tu país o del país de tus padres.

El jarabe tapatío, la polca norteña y el son jarocho.

19 **¿Con *b* o con *v*? ¿Con *g* o con *j*?**

▶ Completa el texto con *b*, *v*, *g* o *j*.

> **Cu b ano gana Concurso Hispanoamericano de Ortografía**
>
> Se inician los 30 segundos para que los 11 finalistas escri b an en sus ta b letas electrónicas. Todo es silencio. Solo lo interrumpe la conductora del concurso al decir las siguientes v oces: « b izarro, hom b re, g eneroso, v aliente, gallardo, v eleidosa, a v izora, des v arío» y, al llegar a «aza b ache», Rodrigo, el representante mexicano, duda, corri g e y eso le hace perder uno de los primeros sitios del 22 Concurso Hispanoamericano de Ortografía cele b rado en México.
>
> Sin fallar en una sola letra y con los acentos perfectamente u b icados en las últimas 80 palabras, el cu b ano Carlos J aime Jiménez logró el primer lugar del concurso, seguido de la representante de España, Magdalena Rodríguez, y de Ga b riela Gómez, de República Dominicana.
>
> Carlos J aime Jiménez, residente en Sancti Spiritus, un lugar u b icado a 300 kilómetros de distancia de la capital cu b ana, indicó que el conocimiento y uso correcto de las pala b ras permite la comunicación correcta entre las personas.
>
> **Fuente:** http://www.eluniversal.com.mx. Texto adaptado.

ANSWERS WILL VARY

14

20 **Una entrevista**

▶ Completa las preguntas con interrogativos y escribe otras dos preguntas. Después, haz la entrevista a algún familiar y escribe sus respuestas.

Tu entrevista

1. ¿ **Cómo** te definirías?

   Como una persona divertida, curiosa, amable y un poco cabezota.

2. ¿ **Cuándo** fue la última vez que te sentiste orgulloso de ser hispano?

   Ayer, cuando leí un artículo que hablaba de la creciente influencia

   de los hispanos en la sociedad estadounidense.

3. ¿ **Qué** tradición de tu país crees que debería seguirse en el mundo entero?

   Las reuniones familiares para comer, compartir y celebrar en familia.

4. ¿ **Cuál** ha sido el mayor legado de tu familia?

   Su trabajo y tesón, que han hecho posible mi educación.

5. Si fueras elegido presidente de Estados Unidos por un día, ¿ **cuál** sería la primera decisión que tomarías?

   Prohibiría la venta y el uso de las armas de fuego.

6. ¿A **quién** admiras tú?

   A Mahatma Gandhi por su lucha por la libertad y por su resistencia

   pacífica.

7. ¿En qué área crees que los hispanos de los Estados Unidos tienen aún

   camino por recorrer?

   En la educación. Creo que debemos priorizar la educación.

8. ¿Qué metas profesionales te has puesto?

   Me gustaría servir a mi comunidad en un cargo público.

Unidad 1 ¿Cómo eres?

1 El árbol genealógico

▶ Completa el árbol genealógico con los parentescos de Diego.

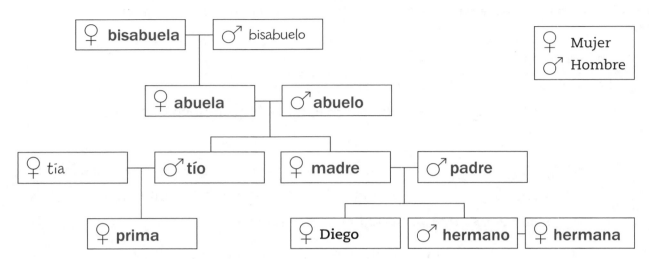

♀	Mujer
♂	Hombre

- ♀ bisabuela — ♂ bisabuelo
- ♀ abuela — ♂ abuelo
- ♀ tía — ♂ tío
- ♀ madre — ♂ padre
- ♀ prima
- ♀ Diego — ♂ hermano — ♀ hermana

2 Opuestos

▶ Escribe el adjetivo contrario.

1. perezoso: _trabajador_
2. serio: _gracioso_
3. optimista: _pesimista_

4. contento: _triste_
5. tranquilo: _nervioso_
6. tímido: _amistoso_

▶ Elige a un miembro de tu familia. ¿Qué adjetivos emplearías para describirlo?

Mi hermano es muy amistoso; también es gracioso y optimista.

3 Características físicas

▶ Describe físicamente a las personas de las fotografías.

Eva Longoria **es delgada y baja. Tiene el pelo rizado y los ojos grandes y almendrados.**

Juan Luis Guerra **es alto y delgado. Tiene barba y bigote. Es moreno.**

4 Información personal

▶ Observa esta credencial y marca los datos que aparecen.

INSTITUTO FEDERAL ELECTORAL
REGISTRO FEDERAL DE ELECTORES
CREDENCIAL PARA VOTAR

NOMBRE
RODRIGUEZ
TORRES
RHUAN AARON

EDAD 18
SEXO H

DOMICILIO
AVE CIRCUNVALACION PONIENTE 162
CIUDAD BRISA 53280
NAUCALPAN DE JUAREZ ,MEX.
FOLIO 027309207 AÑO DE REGISTRO 1991 01
CLAVE DE ELECTOR: RDTRRH73081114H300
ESTADO 15 DISTRITO
MUNICIPIO 058 LOCALIDAD 0001 SECCION 2894

- ☑ Nombre
- ☑ Primer apellido
- ☑ Segundo apellido
- ☑ Sexo
- ☑ Edad
- ☑ Domicilio
- ☐ Estado civil
- ☐ Lugar de nacimiento

5 Nombres y apellidos

▶ Clasifica las palabras en la tabla.

Jazmín	Hernández	Hernán	Guadalupe
Gael	soltero	Flores	Uriel
divorciado	Maite	García	casado

Nombres de mujer	Nombres de hombre	Apellidos	Estados civiles
Jazmín	Gael	Hernández	divorciado
Maite	Hernán	Flores	soltero
Guadalupe	Uriel	García	casado

6 Una descripción completa

▶ Presenta a tu mejor amigo(a). Incluye en tu descripción sus datos personales (quién es) y los rasgos físicos y de personalidad (cómo es).

Mi mejor amiga se llama Alejandra López Salazar. Vive en la calle Adams 31, en la ciudad de Amarillo, Texas. Tiene dieciséis años de edad como yo. Es rubia, baja y gordita. Tiene el pelo lacio y los ojos almendrados. Es alegre y optimista. También es un poco tímida, pero no es nada grave.

UN RETRATO

7 **Don Quijote de la Mancha**

▶ **Lee el inicio de la novela *Don Quijote de la Mancha* y marca la opción correcta.**

1. La novela *Don Quijote de la Mancha* la escribió…

   ☐ Francisco de Quevedo. ☑ Miguel de Cervantes. ☐ Garcilaso de la Vega.

2. La obra se sitúa en una región de…

   ☐ Puerto Rico. ☐ México. ☑ España.

3. El protagonista se ha convertido en un símbolo universal de…

   ☑ la libertad. ☐ la cobardía. ☐ la sensatez.

EL FAMOSO Y VALIENTE HIDALGO DON QUIJOTE DE LA MANCHA

En un lugar de la Mancha, de cuyo nombre no quiero acordarme, no ha mucho tiempo que vivía un hidalgo de los de lanza en astillero[1], adarga[2] antigua, rocín[3] flaco y galgo[4] corredor. Frisaba la edad de nuestro hidalgo con los cincuenta años[5]. Era de complexión recia, seco de carnes, enjuto de rostro[6], gran madrugador y amigo de la caza. Quieren decir que tenía el sobrenombre de «Quijada», o «Quesada», que en esto hay alguna diferencia en los autores que de este caso escriben, aunque por conjeturas verosímiles se deja entender que se llamaba «Quijana». Pero esto importa poco a nuestro cuento: basta que la narración no se salga un punto de la verdad.

Es, pues, de saber que este sobredicho hidalgo, los ratos que estaba ocioso —que eran los más del año—, se daba a leer libros de caballerías, con tanta afición y gusto, que olvidó casi el ejercicio de la caza y aun la administración de su hacienda; y llegó a tanto su curiosidad y desatino[7] en esto, que vendió muchas hanegas[8] de tierra de sembradura para comprar libros de caballerías en que leer.

En resolución, él se enfrascó tanto en su lectura, que se le pasaban las noches leyendo de claro en claro, y los días de turbio en turbio; y así, del poco dormir y del mucho leer, se le secó el celebro de manera que vino a perder el juicio y vino a dar en el más extraño pensamiento que jamás dio loco en el mundo, y fue hacerse caballero andante e irse por todo el mundo con sus armas y caballo a buscar aventuras y a ejercitarse en todo aquello que él había leído que los caballeros andantes se ejercitaban, deshaciendo todo género de agravio y poniéndose en ocasiones y peligros donde cobrase eterno nombre y fama.

MIGUEL DE CERVANTES. *Don Quijote de la Mancha*. Texto adaptado.

1. *percha para sostener las lanzas*
2. *escudo*
3. *caballo de trabajo*
4. *perro de caza*
5. *tenía aproximadamente cincuenta años*
6. *era fuerte, pero muy delgado*
7. *su locura*
8. *fanega, antigua unidad de medida agraria*

8 Comprensión

▶ **Responde.**

1. ¿Quién es el protagonista de la novela? ¿Cómo se llama? ¿Dónde vive?

   El protagonista es un hidalgo llamado Quijana, pero que en la novela

   se llamará don Quijote. Vive en una hacienda.

2. ¿Qué aficiones tiene?

   Le gusta la caza y leer libros de caballerías.

3. ¿Por qué se vuelve loco?

   Se vuelve loco de tanto leer.

4. ¿Qué decisión toma cuando se vuelve loco? ¿Para qué?

   Se hace caballero andante para buscar aventuras por el mundo.

9 El retrato

▶ **Explica. ¿Cómo es don Quijote?**

   Don Quijote es alto, flaco y de rostro delgado. Tiene alrededor de cincuenta

   años de edad. Le gusta levantarse temprano, cazar y leer libros de

   caballerías.

10 El personaje

▶ **Escribe tu opinión sobre el personaje de don Quijote.**

   Don Quijote es un personaje soñador e idealista porque quiere irse

   por todo el mundo a resolver problemas. También me parece que es

   un poco vanidoso porque quiere ser famoso y que lo reconozcan.

ASPECTO Y PERSONALIDAD

Frisaba la edad de nuestro hidalgo con los cincuenta años. Era de **complexión recia, seco de carnes, enjuto de rostro,** gran madrugador y amigo de la caza.

11 Rasgos característicos

▶ **Relaciona cada foto con su descripción.**

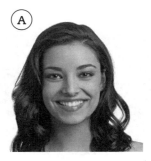
(A)

(B)

(C)

(D)

(E)

_E_ 1. Mi abuela tiene algunas arrugas.

_C_ 2. Valeria es pelirroja y tiene muchas pecas.

_D_ 3. Diego tiene una cicatriz en la cara.

_B_ 4. Soy morena y tengo un lunar al lado del ojo.

_A_ 5. Guadalupe tiene unos preciosos ojos rasgados.

12 ¿Cómo es?

▶ **Escribe los contrarios de estos adjetivos.**

1. cortés: _descortés_

2. paciente: _impaciente_

3. simpático: _antipático_

4. fiel: _infiel_

5. prudente: _imprudente_

6. seguro: _inseguro_

7. discreto: _indiscreto_

8. responsable: _irresponsable_

9. extrovertido: _introvertido_

10. tolerante: _intolerante_

▶ **Describe a una persona que conozcas utilizando algunos de los adjetivos anteriores.**

ANSWERS WILL VARY

Mi amiga Erica es una chica simpática, extrovertida y una amiga fiel.

Sin embargo, a veces es un poco imprudente y es muy impaciente.

13 **¿Positivo o negativo?**

▶ Relaciona los términos contrarios.

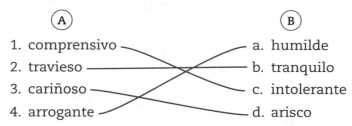

Ⓐ

1. comprensivo
2. travieso
3. cariñoso
4. arrogante

Ⓑ

a. humilde
b. tranquilo
c. intolerante
d. arisco

▶ Clasifica estas cualidades.

solidario	huraño	intolerante	vago
indeciso	discreto	sincero	desobediente
arrogante	constante	audaz	pacífico

CUALIDADES POSITIVAS 😊		CUALIDADES NEGATIVAS 🙁	
solidario	constante	indeciso	arrogante
sincero	audaz	huraño	intolerante
discreto	pacífico	vago	desobediente

▶ Completa las oraciones.

1. Una persona es huraña cuando __no es sociable__ .

2. Una persona intolerante no soporta __a los demás__ .

3. Una persona sincera siempre __dice lo que piensa__ .

4. Una persona pacífica nunca __pelea con los demás__ .

5. A las personas ariscas no les gusta __tratar con los demás__ .

6. Un joven arrogante cree __que es el mejor y que siempre tiene la razón__ .

7. Una persona solidaria __defiende las causas de los demás__ .

8. A una persona indecisa le cuesta __tomar decisiones__ .

14 **Mi pareja ideal**

▶ Describe a tu pareja ideal. Incluye rasgos físicos y de personalidad. Utiliza al menos seis de los adjetivos vistos en las actividades 11, 12 y 13.

Mi pareja ideal debe ser alto y atlético. Debe tener el pelo rizado y llevar gafas. Debe ser amable, cariñoso, sincero, fiel, trabajador y pacífico. No debe ser arrogante ni intolerante.

SONIDOS Y LETRAS

En español, la mayor parte de los sonidos se representan con una única letra. Por ejemplo, el sonido **M** se representa con la letra *m*, como en *Managua*.

Sin embargo, hay una letra que no tiene ningún sonido: la *h* de *La Habana*; y algunos sonidos se representan con más de una letra.

SONIDO **K** (de *casa*)	
c	*Ecuador*
qu	*Quito*
k	*Kenia*

SONIDO **G** (de *gallina*)	
g	*Guatemala*
gu	*Guinea*
gü	*Güigüe*
w	*Washington*

SONIDO **J** (de *jarra*)	
j	*Jamaica*
g	*Argentina*

SONIDO **B** (de *barra*)	
b	*Colombia*
v	*Venezuela*
w	*Kuwait*

SONIDO **R** (de *rana*)	
r	*Costa Rica*
rr	*Marruecos*

SONIDO **Z**[1] (de *zapato*)	
c	*Ciudad de México*
z	*Venezuela*

SONIDO **I** (de *idea*)	
i	*Irlanda*
y	*Paraguay*

[1] La mayoría de los hablantes de español pronuncian el sonido **Z** como el sonido **S**. Este fenómeno se conoce como **seseo**. Para los hablantes que sesean, el sonido S se puede escribir con s, con z o con c: *El Salvador*, *Venezuela*, *Tegucigalpa*.

---

15 **El sonido K**

▶ **Completa este trabalenguas con c o con *qu*.**

¿ _C_ ómo **qu**ieres **qu**e te **qu**iera?
Si el **qu**e **qu**iero **qu**e me **qu**iera
no me **qu**iere _c_ omo **qu**iero **qu**e me **qu**iera.
¿ _C_ ómo **qu**ieres **qu**e te **qu**iera?

16 **El sonido G y el sonido J**

▶ **Completa la estrofa de un poema con las letras *g*, *gu* o *j*.**

19
Niña morena y á **g** il, nada hacia ti me acerca.

Todo de ti me ale **j** a, como del mediodía.

Eres la delirante **j** uventud de la abe **j** a,

la embria **gu** ez de la ola, la fuerza de la espi **g** a.

PABLO NERUDA.
Veinte poemas de amor y una canción desesperada.

▶ Clasifica las palabras que has completado antes.

Sonido G		Sonido J	
LETRA *g*	LETRA *gu*	LETRA *g*	LETRA *j*
espiga	embriaguez	ágil	aleja
			juventud
			abeja

17 El sonido B

▶ Completa la tabla con palabras que tengan el sonido B.

	Con *B*	Con *V*
Una fruta	guayaba	uva
Un medio de transporte	barco	velero
Un adjetivo de aspecto físico	rubia	calvo
Un adjetivo de carácter	bondadoso	jovial
Un nombre de mujer	Beatriz	Verónica
Un nombre de hombre	Bernardo	Vicente
Un electrodoméstico	batidora	lavadora
Una flor o planta	begonia	clavel
Un animal	búfalo	venado

18 Las letras s, c y z

▶ Completa este texto sobre Quino, el dibujante de Mafalda, con las letras s, c o z.

Quino, el dibujante de Mafalda

Joaquín **S**alvador Lavado, Quino, na**c**ió
en la **c**iudad de Mendo**z**a (Argentina)
el 17 de ago**s**to de 1932. E**s** hijo de
inmigrantes e**s**pañole**s**, andalu**c**e**s**.
De**s**de niño **s**e le llamó Quino para
di**s**tinguirlo de **s**u tío Joaquín Tejón, pintor
y dibujante publi**c**itario con quien
a los tre**s** año**s** de **s**cubrió su voca**c**ión.

23

LA DESCRIPCIÓN Y EL RETRATO

Miguel de Cervantes describe así a don Quijote, el protagonista de su novela:

> *Frisaba la edad de nuestro hidalgo con los cincuenta años. Era de complexión recia, seco de carnes, enjuto de rostro, gran madrugador y amigo de la caza.*

Describir consiste en presentar las partes o los rasgos característicos de seres, lugares, ambientes, objetos, sentimientos o fenómenos.

Un tipo de descripción especialmente frecuente en la literatura es el **retrato**, por medio del cual se presentan los rasgos característicos de las personas.

19 Un retrato

▶ **Vamos a realizar el retrato de una persona. Sigue estos pasos.**

A. Piensa en alguien cercano a quien quieras retratar. Te damos algunas ideas.

☐ *Tu madre.*   ☐ *Tu padre.*   ☑ *Tu mejor amigo(a).*   ☐ *Tu hermano(a).*

B. Piensa en la persona a la que quieres retratar y anota a modo de borrador sus rasgos y características físicas y de carácter más destacados. Anota también qué sentimientos provoca en ti su imagen.

  Pelirroja, bajita, pecosa, ojos verdes, pelo rizado, gafas.

  Simpática, divertida, trabajadora, comprensiva, extrovertida y traviesa.

  Me alegra y divierte.

C. Elige los adjetivos que vas a usar para describir a esa persona.

ADJETIVOS
pelirroja, bajita, pecosa, simpática, divertida, trabajadora, traviesa, comprensiva

D. Piensa. ¿Qué criterio vas a aplicar para ordenar los elementos seleccionados para redactar el retrato? Te damos algunas ideas.

☐ Primero, los rasgos físicos; luego, los de carácter.

☐ Primero, los rasgos de carácter; luego, los físicos.

☑ Voy a mezclar los rasgos físicos con los de personalidad.

☐ Otro: _____

_____

E. Redacta ahora el retrato.

- Intenta reflejar los sentimientos que provoca en ti la persona retratada. Si es posible, añade una fotografía.

Lo primero que llama la atención de Gisela es su gran simpatía. Bajo sus rizos pelirrojos asoma una cara pecosa con expresión traviesa. Bajita, divertida, pero muy trabajadora y comprensiva, Gisela es el tipo de persona que nunca pasa desapercibida.

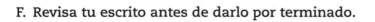

F. Revisa tu escrito antes de darlo por terminado.

UN REPORTAJE: LAS FAMILIAS MEXICANAS

El Universal   Jueves, 04 de agosto de 2011

CAMBIOS EN LAS FAMILIAS MEXICANAS

En nuestro país se está pasando progresivamente de un modelo de familia tradicional-jerárquica a uno en el que las relaciones entre los miembros son más igualitarias

En los últimos 30 años, la cantidad de familias nucleares mexicanas, conformadas por el padre y/o la madre y los hijos, o por parejas sin hijos, ha disminuido levemente. En 1976 constituían 71 % del total y en 2008, 65 %, de acuerdo con cifras del Consejo Nacional de Población.

Una cuarta parte de las familias en México no son nucleares. Se trata de las llamadas familias extensas o compuestas, formadas por el padre y/o la madre con o sin hijos y por algunos parientes (abuelos, tíos, sobrinos…). «Esto se debe a que los vínculos familiares son muy fuertes en la sociedad mexicana», considera la doctora Cecilia Rabell Romero, investigadora del Instituto de Investigaciones Sociales (IIS) de la Universidad Nacional Autónoma de México.

En cambio, las familias unipersonales (formadas por una sola persona) son poco frecuentes en nuestro país. En 1987 constituían 4 % del total; y en 2008, casi 9 %. Aunque está aumentando, este porcentaje aún es muy pequeño si se compara con el que registran varias sociedades europeas.

Jefatura familiar

Por tradición, los jefes de familia en nuestro país son los hombres, si bien la proporción de familias encabezadas por mujeres está aumentando.

Control de la natalidad

Otro factor que ha marcado un enorme cambio en las familias mexicanas es la expansión del control de la natalidad. Así, mientras en los años 70 del siglo pasado el promedio de hijos era de 7 u 8; en 2010 fue de 1.7 hijos nacidos vivos. «Ahora, las familias se están volviendo más verticales: tienen un promedio de cerca de dos hijos y, por consiguiente, hay menos parientes de la misma generación, y los padres y abuelos sobreviven más años», explica Rabell Romero.

Niños y escuela

Por lo que se refiere a la relación de las familias mexicanas con la escuela, en 1960 solo 12 % de los niños terminaban la primaria. Ahora, según el censo de 2010, 90 % de los niños van a la escuela y terminan la primaria.

Mujeres y trabajo

En 1930, solo 6.5 % de las mujeres mexicanas tenían un trabajo remunerado; hoy en día, 42 % de las mujeres trabajan, lo que ha propiciado que aprendan a tomar sus propias decisiones y, probablemente, a no aceptar tan fácilmente que la autoridad esté solo en manos de hombres.

Fuente: http://www.eluniversal.com.mx. Texto adaptado.

20 Las familias mexicanas

▶ Lee el reportaje sobre las familias mexicanas y completa la tabla.

	ANTES	AHORA
Tipo de familia (nuclear, extensa, reconstruida…) predominante	71 % nuclear	65 % nuclear
Jefatura de la familia (madre o padre)	padre	padre, pero aumenta jefatura de la madre
Número de hijos	7 u 8	2
Porcentaje de niños que terminan la escuela primaria	12 %	90 %
Papel de la madre (ama de casa o trabajadora)	6,5 % trabajadora	42 % trabajadora

21 Tipos de familia

▶ Relaciona cada tipo de familia con su definición.

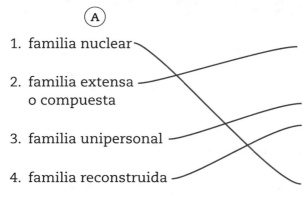

Ⓐ

1. familia nuclear

2. familia extensa o compuesta

3. familia unipersonal

4. familia reconstruida

Ⓑ

a. Conformada por el padre y/o la madre con o sin hijos, por algunos parientes (abuelos, tíos, sobrinos…).

b. Formada por una sola persona.

c. Formada por dos personas divorciadas o separadas, con hijos o no, que deciden unirse y formar una nueva familia.

d. Conformada por el padre y/o la madre e hijos, o por parejas sin hijos.

22 Tu familia

▶ Compara la familia que formaron tus abuelos y tu familia actual. ¿Se han producido los mismos cambios que refleja el reportaje sobre las familias mexicanas? Explica tu respuesta.

La principal diferencia que hay entre mi familia y la familia que formaron mis abuelos es que ninguna de mis abuelas trabajaba fuera del hogar, mientras que mi madre es periodista y trabaja para una revista.

LA FAMILIA

> Por otro lado, una cuarta parte de las **familias** en México no son nucleares. Se trata de las llamadas familias extensas o compuestas, conformadas por el **padre** y/o la **madre** con o sin **hijos** y por algunos **parientes** (abuelos, tíos, sobrinos…).

23 Adivina, adivinanza…

▶ **Escribe la solución de estas adivinanzas. En alguna puede haber varias respuestas.**

Pensando me vuelvo loco, pensando me vuelvo anciano. ¿Qué relación tengo yo con la suegra de la mujer de mi hermano?	Nieto de tu bisabuelo, padre de tus hermanos, de tus primos es el tío y de tus tíos, hermano. ¿Quién es?	¿Qué parentesco tendrás con la hija de una dama que está con papá casada?

1. __Soy su hijo(a).__

2. __Es mi padre.__

3. __Soy su hermano(a) o hermanastro(a).__

24 El estado civil

▶ **Completa las oraciones con las palabras del recuadro.**

prometida	*viudo*	*separados*	*se casaron*	*se divorció*

1. Los actores Penélope Cruz y Javier Bardem ___**se casaron**___ en julio de 2010 en las islas Bahamas.

2. El actor irlandés Liam Neeson se quedó ___**viudo**___ en marzo de 2009 tras fallecer su esposa, la actriz Natasha Richardson, en un accidente de esquí.

3. La actriz Eva Longoria ___**se divorció**___ del jugador de baloncesto Tony Parker a finales de 2010.

4. La actriz Salma Hayek y el magnate francés Francois-Henri Pinault rompieron su compromiso y estuvieron un tiempo ___**separados**___ antes de casarse en 2009.

5. El tenista Boris Becker dice que su ___**prometida**___, Sandy Meyer-Wolden, rompió con él por SMS.

25 La familia política

▶ **Subraya la palabra adecuada en cada caso.**

1. La hermana de mi esposa es mi *suegra* / *cuñada*.
2. El padre de mi esposo es mi *suegro* / *cuñado*.
3. La esposa de mi hijo es mi *nuera* / *suegra*.
4. El marido de mi hija es mi *cuñado* / *yerno*.
5. Los padres de mi yerno son mis *suegros* / *consuegros*.

26 Familia de palabras

▶ **Completa esta descripción con palabras del recuadro. Después, haz un dibujo de la familia.**

padrastro	*hijo*	*hermanastro*	*abuelo*	*padrino*
madrastra	*hija*	*hermanastra*	*abuela*	*madrina*

Una familia muy numerosa

Mis padres se divorciaron cuando yo era pequeña y mi madre se volvió a casar con mi _____**padrastro**_____, así que tengo una hermana, Carolina, y un _____**hermanastro**_____, Juan Carlos, hijo de mi padrastro. Además, mi padrastro tiene una _____**hija**_____ adoptiva de su anterior matrimonio, Miranda, que también es mi _____**hermanastra**_____, claro. Para Juan Carlos y Miranda mi madre es su _____**madrastra**_____, aunque nada tiene que ver con la de Blancanieves. Mi _____**abuela**_____ materna, Marisol, también vive con nosotros. De vez en cuando nos visita mi _____**madrina**_____, Paulina, de la que soy su ahijada preferida.

27 Una gran familia

▶ **Describe una familia numerosa.**

Mi amigo Carlos tiene dos hermanas y tres hermanastros. Sus padres se divorciaron y su padre se volvió a casar. La madrastra tenía tres hijos de un matrimonio anterior.

EL SONIDO K

En español, el sonido **K** se puede escribir con **c**, con **qu** y con **k**.

- Se escribe con **c** en los siguientes casos:
  - · Ante las vocales **a**, **o**, **u**: *casa*, *conejo*, *cuñado*.
  - · Ante **l** y **r**: *clase*, *crema*.
  - · Al final de sílaba o de palabra: *técnica*, *cómic*.
- Se escribe con **qu** ante las vocales **e**, **i**: *queso*, *química*.
- Se escribe con **k**:
  - · En algunas palabras que vienen de otras lenguas: *koala*, *rock*, *anorak*.
  - · Las palabras que empiezan por **kilo-**: *kilogramo*, *kilómetro*.

¡Atención! Los verbos cuyo infinitivo termina en **-car** tienen formas verbales que se escriben con **qu**. Escribimos *acercar*, pero *yo acerqué*.

28 Con *k*

▶ **Completa el crucigrama. Todas son palabras que contienen la letra *k*.**

VERTICALES

1. Animal que vive en las altas montañas del Tíbet.
2. Medida de longitud equivalente a 1.000 metros.
3. Chaqueta impermeable con capucha.

HORIZONTALES

4. Mamífero parecido a un oso pequeño que vive en Australia.
5. Modalidad de lucha japonesa.
6. Género musical con mucho ritmo.
7. Diversión que consiste en interpretar una canción grabada mientras se sigue la letra en una pantalla.

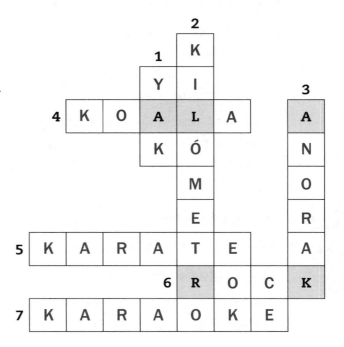

Crucigrama:

- 4 horizontal: **K O A L A**
- 1 vertical: **Y K Ó M E** (YIKÓME)
- 2 vertical: **K I L Ó M E T R O**
- 3 vertical: **A N O R A K**
- 5 horizontal: **K A R A T E**
- 6 horizontal: **R O C K**
- 7 horizontal: **K A R A O K E**

29 **Los verbos en *-car***

▶ Completa las oraciones conjugando los verbos del recuadro.

practicar	*buscar*	*secarse*
arrancar	*equivocarse*	*roncar*

1. Cuando ____**arranqué**____ mi moto, oí un ruido extraño.

2. ____**Busquen**____ ustedes bien. El libro tiene que aparecer.

3. Usted ____**se equivoca**____. Yo no soy Jimena.

4. Ana, es necesario que ____**practiques**____ para tocar bien el piano.

5. Ella no cree que él ____**ronque**____.

6. Cuando llueve, es muy difícil que la ropa limpia ____**se seque**____.

30 **Autodictado**

▶ Completa este texto con *c* o *qu*.

El Día Internacional de la Familia

«Hay demasiadas familias **qu**e padecen difi **c** ultades **c** rónicas y atroces. Si faltan puestos de trabajo y medios de subsistencia, los adultos no pueden proporcionar una nutrición ade **c** uada a los niños, dejándolos con ci **c** atrices físicas y **c** ognitivas permanentes. La dis **c** riminación y la desigualdad en el a **c** ceso a los servicios sociales es a menudo el origen del problema. En este Día Internacional de la Familia, tomemos la determinación de apoyar a las familias para **qu**e alimenten a los jóvenes, **c** uiden a los ancianos y fomenten **c** omunidades fuertes basadas en la tolerancia y la dignidad para todos».

Mensaje de Ban Ki-moon,
Secretario General de Naciones Unidas.
Texto adaptado.

EL REPORTAJE

El texto *Cambios en las familias mexicanas* (pág. 26) nos informa en detalle sobre los cambios en las familias mexicanas a lo largo de las últimas décadas. En este texto podemos distinguir las siguientes partes:

- **Titular.** En él se presenta la información básica de una forma sumamente breve.

  > CAMBIOS EN LAS FAMILIAS MEXICANAS

- **Entradilla.** Contiene un resumen de los datos fundamentales de la noticia.

  > En nuestro país se está pasando progresivamente de un modelo de familia tradicional-jerárquica a uno en el que las relaciones entre los miembros son más igualitarias

- **Cuerpo.** Se desarrolla la información aportando detalles y testimonios. Se organiza en módulos, cada uno de los cuales desarrolla un tema o subtema.

  > Por tradición, los jefes de familia en nuestro país son los hombres, si bien la proporción de familias encabezadas por mujeres está aumentando.

El **reportaje** es un género periodístico informativo que amplía una noticia. Consiste en un informe más o menos extenso sobre algún problema, hecho o suceso de actualidad.

31 **Un reportaje sobre...**

▶ **Vamos a realizar un reportaje sobre el tema que tú elijas. Sigue estos pasos.**

   A. Piensa. ¿Sobre qué quieres hacer el reportaje? Te damos algunas ideas.

   ☑ *Personajes de cómic famosos.*

   ☐ *Los personajes literarios preferidos de tus amigos.*

   ☐ *Las series de televisión que más ven tus compañeros(as).*

   ☐ *Otro:* _____

   _____

   B. Selecciona datos en diversas fuentes.

   C. Busca o haz tú mismo las fotografías que incluirás en el reportaje.

D. Si has decidido hacer el reportaje sobre los gustos o costumbres de alguien de tu entorno, puedes preparar un breve cuestionario y realizarle una entrevista.

E. Redacta el reportaje.

- Debes redactar un titular y una entradilla.
- En el cuerpo, incluye toda la información y fotografías obtenidas durante tu investigación.

EL CÓMIC: UN MUNDO DE HOMBRES

Los héroes de acción acaparan los primeros lugares de los personajes de cómic más famosos, un mundo falto de heroínas creadas por mujeres y para las mujeres.

Superman, Spiderman, Batman y Wolverine han sido, y siguen siendo, los personajes de cómic más famosos desde que surgió este género hace ya casi un siglo. Superman, creado por Jerry Siegel y Joe Shuster en 1938, fue el primero de este grupo y parece haber sentado las bases para los demás héroes de cómic.

Rasgos comunes de los héroes de acción

Además del hecho de que todos son hombres, estos superhéroes tienen poderes especiales y comparten una misión: luchar por la justicia. En el mundo de estos personajes no hay, por lo general, ni esposas ni hijos ni vida familiar.

Las heroínas de acción

En 1941 apareció Wonder Woman, la primera heroína de cómic. La siguieron otras como la Mujer Invisible, Jean Grey y Supergirl. Si tenemos que destacar un rasgo en común entre ellas, es su atractivo físico, algo que muchos consideran sexista.

El futuro

Últimamente se han hecho esfuerzos por representar a la mujer más objetivamente, pero aún hay mucho camino por recorrer.

F. Revisa tu escrito antes de darlo por terminado.

UNA BIOGRAFÍA

32 **Lo que ya sabes**

▶ **¿Quién fue Ponce de León? ¿Con qué países de América relacionas a este personaje histórico?**

Ponce de León fue un conquistador español.

Se estableció en Puerto Rico.

Juan Ponce de León: vida y viajes

Juan Ponce de León (1460-1521), descubridor y conquistador español, fue el primer gobernador de Puerto Rico y adelantado de la Florida.

Teorías sobre su origen

Algunos historiadores afirman que Juan Ponce de León nació en 1460 en Santervás de Campos (Valladolid, España). Otros investigadores creen que era natural de León (España), de donde obtendría su segundo apellido.

El conquistador y La Española

Juan Ponce de León llegó a la isla de La Española (hoy Haití y República Dominicana) en 1502 como uno de los hombres de confianza del gobernador de esa isla, Nicolás de Ovando. Se cree que Ovando le encargó exterminar al cacique Cotubanamá. Como recompensa, Ovando le regaló la villa de Salvaleón del Higüey, en la región del sureste de La Española.

Ponce de León en Puerto Rico

Juan Ponce de León se estableció entonces en Higüey con su mujer Leonor y sus tres hijos. Este poblado estaba muy cerca de la isla de Mona, lo que le permitió a Ponce de León contactar con los indígenas taínos que visitaban esa isla. Así se enteró de la abundancia de oro en la isla de Borinquén, nombre indígena de San Juan Bautista (Puerto Rico). Entonces solicitó a la Corona

española iniciar la conquista del territorio. El 12 de julio de 1508 zarpó rumbo a Borinquén. En esta expedición descubrió una cantidad considerable de tesoros y, por su trabajo, fue nombrado gobernador provisional de la isla en 1509.

Una vez ubicado en Puerto Rico, Ponce de León se trasladó a la costa norte y fundó Villa Caparra (asentamiento cercano a lo que hoy es la ciudad de San Juan).

Florida y la fuente de la eterna juventud

En 1511, Juan Ponce de León fue destituido de su puesto como gobernador de Puerto Rico. Entonces solicitó permiso a la Corona para explorar la isla de Bimini, ya que había oído a los indígenas hablar de una isla al norte de Cuba con una fuente prodigiosa. Según la leyenda, el agua de esta fuente poseía ciertos atributos que curaban todos los males y le otorgaban la juventud eterna a quien la bebiera. Ponce de León pensó que había llegado a esa isla cuando descubrió la Florida en 1513, y pasó el resto de su vida tratando de encontrar la fuente de la eterna juventud.

En la Florida, peleando con los indígenas, fue herido de un flechazo, lo que le hizo regresar a La Habana (Cuba), donde murió en 1521. Sus restos fueron trasladados a San Juan y enterrados en la capilla mayor de la iglesia de Santo Tomás.

Fuente: http://www.kalipedia.com
Texto adaptado.

33 **Juan Ponce de León**

▶ **Indica si las siguientes afirmaciones son ciertas (C) o falsas (F).**

1. Con seguridad, Juan Ponce de León era de Valladolid.   C   (F)

2. Llegó a la isla de La Española como gobernador.   C   (F)

3. De La Española se fue a Borinquén (Puerto Rico) para buscar oro.   (C)   F

4. En Borinquén fundó la ciudad de Caparra, cercana a la capital, San Juan.   (C)   F

5. Descubrió la Florida cuando buscaba una fuente prodigiosa.   (C)   F

34 **El Caribe**

▶ **Relaciona los nombres antiguos con los actuales.**

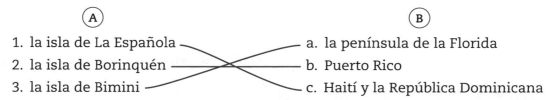

A

1. la isla de La Española   a. la península de la Florida

2. la isla de Borinquén   b. Puerto Rico

3. la isla de Bimini   c. Haití y la República Dominicana

B

▶ **Escribe los nombres de los estados y países que faltan en el mapa.**

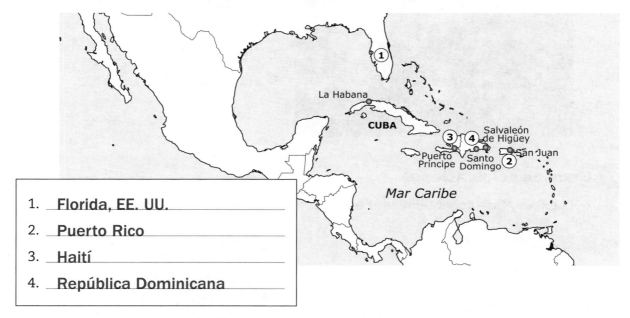

1.   **Florida, EE. UU.**

2.   **Puerto Rico**

3.   **Haití**

4.   **República Dominicana**

35 **Tu impresión sobre el personaje**

ANSWERS WILL VARY

▶ **Escribe. ¿Cómo crees que era Juan Ponce de León?**

Creo que Ponce de León era un hombre ambicioso y codicioso. Es posible

que fuera valiente, pues exploró nuevos territorios. También me parece

que era vanidoso.

LA VIDA Y LAS CREENCIAS

Algunos historiadores afirman que Juan Ponce de León **nació** en 1460 en Santervás de Campos (Valladolid, España). […]

Juan Ponce de León **se estableció** entonces en Higüey con su mujer Leonor y sus tres hijos. […]

En la Florida, peleando con los indígenas, fue herido de un flechazo, lo que le hizo regresar a La Habana, donde **murió** en 1521.

36 De niño a...

▶ Escribe el nombre de la etapa en la que están las personas señaladas en la fotografía.

1. _la infancia / la niñez_
2. _la adolescencia_
3. _la madurez_
4. _la vejez_

37 Grandes celebraciones

▶ Escribe. ¿Qué acontecimiento están celebrando en cada fotografía?

el bautizo

la graduación

el aniversario

el matrimonio

38 **Las grandes religiones**

▶ Clasifica estos términos. Algunos son comunes a varias religiones.

imán	iglesia	judío	templo	sinagoga	rabino
musulmán	budista	mezquita	hindú	monje	cristiano

CRISTIANISMO	JUDAÍSMO	ISLAMISMO	HINDUISMO	BUDISMO
cristiano	judío	musulmán	hindú	budista
iglesia	sinagoga	mezquita	templo	templo
monje	rabino	imán	monje	monje

39 **Ritos y creencias**

▶ Explica con tus palabras estos términos.

1. rezar: __orar a Dios o a algún ser en quien se crea.__

2. creyente: __persona que pertenece a alguna religión.__

3. fe: __creer en algo sin haberlo comprobado.__

40 **Una telenovela**

▶ Completa el texto con las palabras adecuadas.

criar	luz	recién	viuda	herencia	esposo	embarazada	hijo

La vida de Mariana

Cuando Mariana se entera de que está __embarazada__, se pone muy contenta y triste a la vez. Está muy contenta porque por fin está esperando un __hijo__, cosa que siempre ha deseado, pero triste también porque lo tendrá que __criar__ en soledad. Se acaba de quedar __viuda__. Su __esposo__ ha muerto en un extraño accidente. ¿Quién estará a su lado cuando dé a __luz__? Además, le preocupa su situación económica. Un __recién__ nacido supone muchos gastos. ¿Qué hará Mariana con su vida? ¿Quién se quedará con la __herencia__ millonaria de su esposo?

▶ Escribe un final para esta historia.

__Mariana dio a luz a una niña, y al volver a casa del hospital, tenía un cheque por un millón de dólares en la mesa del comedor.__

EL SONIDO G SUAVE

El sonido **G** suave se puede escribir con **g** o con **gu**.

- Se escribe con **g** en los siguientes casos:
  - Ante las vocales **a**, **o**, **u**: *gato*, *gota*, *gusano*.
  - Ante **l** y ante **r**: *globo*, *grupo*.
  - Al final de sílaba: *signo*.
- Se escribe con **gu** ante las vocales **e**, **i**: *guepardo*, *guitarra*.

¡Atención! Cuando la **u** de las sílabas **gue**, **gui** se pronuncia, debemos escribir diéresis sobre la vocal: *cigüeña*, *pingüino*.

Ten en cuenta que algunos verbos cuyo infinitivo termina en **-gar** tienen formas verbales que se escriben con **gu**. Escribimos *entregar*, pero *yo entregué*.

41 **La diéresis**

▶ **Escribe la diéresis encima de la *u* (*ü*) donde sea necesario.**

CORREGIR

1. A los pingüinos les gusta el agua fría de la Antártida.
2. Las cigüeñas se alimentan de anguilas y otros peces, anfibios y reptiles. Las águilas, de mamíferos.
3. En la antigüedad ya existían sistemas de desagüe del agua de lluvia.
4. ¡Qué vergüenza! El piragüista abandonó el descenso sin dar ninguna razón.
5. ¿Eres bilingüe? ¡Qué suerte!
6. Mi nieto Miguel es un pedigüeño. Siempre está pidiendo que le compre algo.

42 **Los verbos en *-gar***

▶ **Completa estas oraciones conjugando los verbos del recuadro.**

llegar	apagar	pagar	castigar	jugar	entregar

1. Ayer **entregué** el paquete donde usted me dijo.
2. Por favor, **pague** usted en efectivo. Gracias.
3. Niños, no **jueguen** más con el perro. Se va a enfadar.
4. Juan Carlos, por favor, no **llegues** tarde mañana.
5. Por favor, **apaguen** ustedes la luz al salir. Gracias.
6. Gael, por favor, no **castigues** a Martín. No ha hecho nada.

43 Sonidos y letras

▶ Escribe el nombre de estos elementos. No todas las palabras tienen la letra *g*.

1. huevos

2. kiwi

3. cacahuate

4. paragüero

5. sándwich

6. cigüeña

44 Palabras de la familia

▶ Completa las palabras con *g*, *gu* o *gü*.

1. anti **g** uo – anti **gü** edad
2. pira **g** ua – pira **gü** ista
3. alber **g** ar – alber **gu** e

4. car **g** ar – car **gu** ero
5. len **g** ua – lin **gü** ística
6. a **g** ua – a **gü** ita

▶ Escribe oraciones utilizando tres de las palabras anteriores.

1. En casa tenemos algunas antigüedades en la sala.

2. Mi hermana quiere estudiar Lingüística.

3. Cuando estuvimos de viaje, nos quedamos en un albergue.

45 Autodictado

▶ Completa el texto con *g* o *gu*.

La ajetreada vida de Gu illermo Gu erra

Gu illermo Gu erra nació en G uadalajara (México), cerca del río G rande de Santia **g** o y del la **g** o de Chapala. Desde niño se enamoró de la música de Jorge Ne **g** rete y de Chavela Var **g** as, así que, cuando creció, se hizo mariachi. Canta y toca la gu itarra de **g** olpe o mariachera. Ya ha recorrido medio mundo con su orquesta. Ha estado en G uatemala, G uyana, Para **g** uay, Uru **g** uay, Hun **g** ría, Bul **g** aria, Norue **g** a... Gu illermo es un **g** ran artista y tiene aún una lar **g** a trayectoria por delante.

LA BIOGRAFÍA

En el texto *Juan Ponce de León: vida y viajes* (pág. 34) se narran los principales acontecimientos en la vida de Juan Ponce de León.

> *Juan Ponce de León (1460-1521), descubridor y conquistador español, fue el primer gobernador de Puerto Rico y adelantado de la Florida.*
>
> *Juan Ponce de León se estableció entonces en Higüey con su mujer Leonor y sus tres hijos.*
>
> *Juan Ponce de León descubrió la Florida tras haber sido destituido de su puesto como gobernador de Puerto Rico.*
>
> *En la Florida, peleando con los indígenas, fue herido de un flechazo, lo que le hizo regresar a La Habana, donde murió en 1521.*

Las **biografías** son textos en los que se recogen los hechos relevantes de la vida de una persona para comprender mejor su personalidad, su trabajo y su obra. En las biografías se suelen incluir datos como la fecha de nacimiento y muerte, estudios, aficiones, conflictos, trabajo, relaciones, anécdotas y aspectos poco conocidos de la personalidad y la experiencia del personaje que puedan interesar al lector.

46 **La biografía de...**

▶ **Vamos a redactar la biografía de un personaje histórico hispanoamericano que tú elijas. Sigue estos pasos.**

A. **Piensa. ¿Sobre qué personaje histórico quieres investigar y escribir su biografía? Te damos algunas ideas.**

☐ Simón Bolívar   ☑ Emiliano Zapata   ☐ Moctezuma II

☐ Otro: _____

B. **Busca los datos sobre su biografía en diversas fuentes. Anota la información que encuentres sobre los siguientes aspectos.**

- Fecha y lugar de nacimiento
- Familia
- Infancia
- Estudios
- Personalidad

- Relaciones amorosas y familiares
- Experiencias importantes
- Obra más significativa
- Muerte y memoria histórica del personaje

C. **Busca e incluye alguna fotografía del personaje que has elegido.**

D. **Redacta la biografía del personaje elegido.**

- Empieza por una presentación del personaje.
- Incluye toda la información y fotografías obtenidas durante tu investigación.
- Recuerda que debes redactar el texto, no copiarlo.
- Señala también las fuentes de información que has utilizado (libros y páginas web).

EMILIANO ZAPATA

Emiliano Zapata Salazar (1879-1919), conocido como el Caudillo del Sur, fue uno de los líderes más importantes y reconocidos de la Revolución mexicana.

Orígenes y niñez

Zapata nació en el estado de Morelos, en el centro de México. Era hijo de campesinos, por lo que tuvo que trabajar desde muy joven en el campo. Por eso, su educación escolar fue corta y deficiente.

El revolucionario

La tierra en México se repartía entre un reducido número de terratenientes que tenían haciendas enormes en las que trabajaban los campesinos. Emiliano Zapata se unió a movimientos agrarios y revolucionarios para defender el derecho de los campesinos al uso de la tierra. En 1911 propuso el Plan de Ayala, un programa político por el cual se pedía que todas las tierras que habían sido quitadas a los campesinos debían ser devueltas. Con este plan luchó contra el gobierno federal de México.

Muerte

El 10 de abril de 1919, Emiliano Zapata fue traicionado por el coronel Jesús Guajardo y asesinado. Los restos mortales de Zapata descansan en la ciudad de Cuautla, en su estado natal de Morelos.

Fuentes: http://www.bicentenario.gob.mx/zapata/ y
http://www.biografiasyvidas.com/biografia/z/zapata.htm

E. **Recuerda que debes revisar el escrito antes de darlo por terminado.**

LAS RELIGIONES EN AMÉRICA LATINA

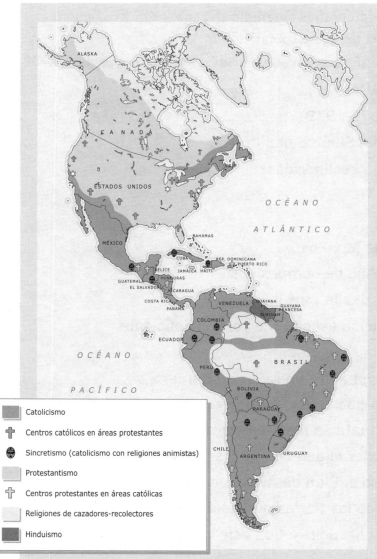

Catolicismo

✝ Centros católicos en áreas protestantes

◉ Sincretismo (catolicismo con religiones animistas)

Protestantismo

✝ Centros protestantes en áreas católicas

Religiones de cazadores-recolectores

Hinduismo

En América se realizó un proceso de cristianización a través de diferentes vías y formas. En América Latina, desde México a Argentina, se implantó el **cristianismo católico**, ya que esa es la parte de América que colonizaron españoles y portugueses. Sin embargo, en América del Norte la colonización la hicieron sobre todo los ingleses y los colonos que llegaban del norte de Europa, Alemania, Holanda o Inglaterra, donde se había producido la **reforma protestante**.

Pese a esta conversión masiva al catolicismo, la cristianización en algunas zonas de América Latina fue incompleta. Era habitual que muchos indígenas de las zonas rurales mantuviesen sus formas tradicionales de culto en secreto, aunque se comportasen como católicos y asistiesen a misa. Estas circunstancias explican que en muchas comunidades hayan perdurado hasta la actualidad algunas **formas religiosas precristianas**. De hecho, la cuenca del Amazonas es el refugio de muchas tribus que mantienen sus formas de religión y sus modos de vida ancestrales.

Además, en algunas zonas de América existen manifestaciones religiosas que nacen del **sincretismo** entre el cristianismo y las formas religiosas precristianas o los cultos africanos de los esclavos que utilizaron los colonizadores en sus campos. Los esclavos que querían mantener sus tradiciones religiosas establecieron diversas equivalencias entre los santos y vírgenes del catolicismo y sus dioses. Por ejemplo, en la santería cubana Santa Bárbara es Shangó, el dios del rayo.

En la actualidad, el fenómeno religioso más importante que se está produciendo en América Latina, en cuanto al número de personas implicadas, es el crecimiento de los **cristianismos evangélicos**. Generalmente provienen de Estados Unidos y han ganado muchos adeptos, especialmente en Brasil, Chile, Puerto Rico, Guatemala, Nicaragua y El Salvador.

Fuente: *La enciclopedia del estudiante. Religiones y culturas.* Texto adaptado.

47 **Las religiones**

▶ Indica si las siguientes afirmaciones son ciertas (C) o falsas (F).

1. La religión católica predomina en América Latina. Ⓒ F

2. El número de cristianos evangélicos está descendiendo en Centroamérica. C Ⓕ

3. Los españoles acabaron con todas las creencias y cultos precolombinos. C Ⓕ

4. La santería cubana es una forma de fusión del cristianismo Ⓒ F
   y los cultos africanos.

▶ Corrige las afirmaciones falsas.

1. El número de cristianos evangélicos está aumentando.

2. La cristianización en algunas zonas fue incompleta.

48 **El cristianismo**

▶ Relaciona cada término con su explicación.

Ⓐ

1. cristianismo

2. catolicismo

3. protestantismo

4. evangelismo

Ⓑ

a. Confesión religiosa surgida dentro de la iglesia cristiana tras la Reforma del siglo XVI que cuestiona la autoridad del papa.

b. Movimiento en el protestantismo anglo-estadounidense moderno que resalta el compromiso personal con Cristo y la autoridad de la Biblia.

c. Religión monoteísta basada en las enseñanzas de Jesucristo según se recogen en los Evangelios.

d. Iglesia cristiana que reconoce la autoridad suprema del papa.

49 **Otras religiones y creencias**

▶ Investiga sobre otras religiones y creencias presentes en América, como el rastafarismo jamaicano, y explica a tus compañeros(as) cuál es su origen, sus creencias y sus cultos.

Desde el comienzo de la colonización europea de América Latina se han establecido grupos de judíos en el territorio. En la actualidad, las comunidades judías más numerosas se encuentran en Argentina, Brasil, México y Venezuela. El judaísmo es una religión monoteísta, es decir, creen en un solo dios. Su libro sagrado es la Torá y el edificio donde se reúnen para el culto se llama sinagoga. La persona que dirige el culto se llama rabino.

DESAFÍO 1

50 Aspecto

▶ **Completa las oraciones con las palabras adecuadas.**

1. Si te ríes mucho, te suelen salir algunas _____**arrugas**_____ en la frente.

2. Si eres pelirrojo, sueles tener muchas _____**pecas**_____ en la cara.

3. Si un _____**lunar**_____ cambia de aspecto, debes ir al dermatólogo.

51 Sonidos y letras

▶ **Completa con las letras adecuadas.**

- El sonido K: **c** asa, **qu** eso, **k** iwi.
- El sonido G: **g** ato, **gu** itarra, ci **gü** eña, **w** ebcam.
- El sonido J: **g** enio, **j** inete.

- El sonido R: **r** ana, pe **rr** o.
- El sonido B: **b** otella, **v** aso, Ku **w** ait.
- El sonido Z: bi **c** icleta, **z** apato.
- El sonido I: p **i** e, re **y** .

DESAFÍO 2

52 La familia

▶ **Completa las oraciones con la palabra adecuada.**

1. El hijo de mi padrastro es mi _____**hermanastro**_____.

2. Mi abuelo falleció, así que mi abuela es _____**viuda**_____.

3. El matrimonio de mis tíos no funcionó, están _____**divorciados**_____.

4. La madre de mi esposa es mi _____**suegra**_____.

5. La segunda mujer de mi padre es mi _____**madrastra**_____.

53 El sonido K

▶ **Completa el texto con las letras c, qu o k.**

¡ **C** ámara y a **c** ción!

La última pelí **c** ula que vi era una de esas que mez **c** lan amor, familia, animales y músi **c** a. La protagonista tenía un **k** oala y un **c** anguro que bailaban roc **k** . ¿Te lo puedes **c** reer? ¡Era como un cómi **c** ! Además, no había mucha **qu** ímica entre los protagonistas, que no a **c** tuaban bien. Me equivo **qu** é **c** uando la elegí.

DESAFÍO 3

54 La vida

▶ Completa esta breve biografía con las palabras del recuadro.

mamá	infancia	nació	educar	matrimonio
se casó	estudiando	divorcio	hijos	trabajando

Norma Pérez, una mexicana que encontró el éxito en los Estados Unidos

«Mi ____**mamá**____ vino a los Estados Unidos a trabajar para ayudar con la crianza de su hijo mayor», recordó Norma Pérez. Así, Norma ____**nació**____ en Los Ángeles. «Fue una ____**infancia**____ con dificultades y limitaciones», recordó. ____**Se casó**____ al terminar la preparatoria y tuvo dos ____**hijos**____. Pero cuando el ____**matrimonio**____ no funcionó y vino el ____**divorcio**____, la joven madre se vio obligada a ____**educar**____ sola a sus hijos. Luego de pasar unos años ____**estudiando**____ y ____**trabajando**____, entró a formar parte de Disney.

Fuente: http://www.sandiegored.com. Texto adaptado.

55 El sonido G suave

▶ Completa estos poemas infantiles con *g*, *gu* o *gü*.

Cómo se dibuja un gato

Para dibujar un **g**ato
Se dibuja un **g**arabato.
—¡El **g**arabato ya es **g**ato!—
Pero le faltan las cejas,
—oblicuas— y las orejas.

La ci gü eña

Con sus patas lar **g** as,
ele **g** ante y bella,
al pueblo embellece,
la ci **gü** eña.

GLORIA FUERTES. *Con alegría. Antología. 50 años de poesía.*

56 Las religiones en América Latina

▶ Escribe. ¿Qué religión se practica mayoritariamente en América Latina?

El catolicismo.

1 **Tu tiempo libre**

▶ ¿Qué te gusta hacer en tu tiempo libre? Completa las respuestas de estos chicos a esa pregunta con las palabras del recuadro.

teléfono   conectada   salir   computadora   cantar   ejercicio   navegar   música   chatear

Carla

Me encanta hablar por teléfono, chatear en la **computadora**, salir con mis amigas. Me gusta de todo un poco. También me gusta escuchar **música** porque me ayuda y me acompaña dependiendo de mi humor. Si estoy feliz, escucho rock o pop..., cualquier cosa para **cantar** y saltar en mi cuarto, incluso reggaetón.

Además de escuchar música rock, me gusta hacer **ejercicio**. También me gusta chatear y ponerme en contacto con mis amigos. Otra cosa que me encanta es **salir** por ahí. Realmente lo que más me apetece los fines de semana es ir a centros comerciales.

Sebastián

Astrid

Internet me absorbe bastante, me pasaría todo el día **conectada** en la computadora. Soy adicta a las redes sociales porque te enteras de los chismes de tus amigos. ¡Ah!, también me gusta **navegar** para buscar información de Il Divo.

Me gusta **chatear** con la computadora. Pero en lo que más tiempo paso es hablando por **teléfono**, en la casa, en el celular, como sea. Yo me paso el día entero hablando con todo el mundo.

Samuel

▶ **Escribe. ¿Qué te gusta hacer a ti en tu tiempo libre?**

En mi tiempo libre voy mucho al cine; me encantan las películas de acción.

Otra cosa que hago regularmente es escribir en mi blog. Tengo un blog

de cine desde hace un año.

▶ **Relaciona los verbos con los complementos.**

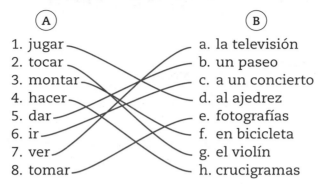

(A)
1. jugar
2. tocar
3. montar
4. hacer
5. dar
6. ir
7. ver
8. tomar

(B)
a. la televisión
b. un paseo
c. a un concierto
d. al ajedrez
e. fotografías
f. en bicicleta
g. el violín
h. crucigramas

▶ **Escribe otras actividades con estos verbos.**

1. jugar: jugar al baloncesto

2. tocar: tocar la guitarra

3. ir: ir al cine

4. montar: montar a caballo

▶ **Escribe el nombre de estas actividades.**

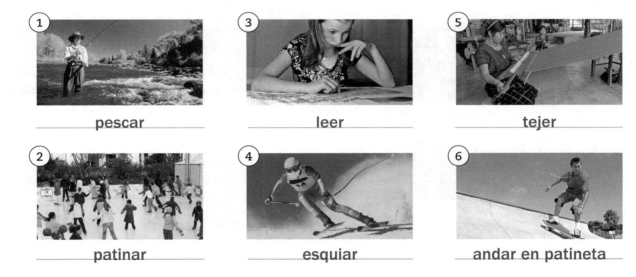

1   pescar

3   leer

5   tejer

2   patinar

4   esquiar

6   andar en patineta

▶ **Escribe una oración con cada palabra del recuadro.**

| aficionado | ganas | divertido | serie | exposición |

1. Mi amigo Alfredo es muy aficionado al béisbol.

2. Tengo muchas ganas de ir de vacaciones al Caribe.

3. Realmente es muy divertido patinar sobre hielo.

4. Hoy empieza una nueva serie de televisión.

5. En el museo hay una exposición del imperio tolteca.

UN POEMA DE AMOR

2　Cada oveja con su pareja

▶ Relaciona estas palabras.

Ⓐ　　　　　Ⓑ

1. manos　　a. gritar
2. ojos　　　b. pareja
3. boca　　　c. miradas
4. amor　　　d. caricias

Te quiero

Tus manos son mi caricia
mis acordes cotidianos
te quiero porque tus manos
trabajan por la justicia

si te quiero es porque sos
mi amor mi cómplice y todo
y en la calle codo a codo
somos mucho más que dos

tus ojos son mi conjuro
contra la mala jornada
te quiero por tu mirada
que mira y siembra futuro

tu boca que es tuya y mía
tu boca no se equivoca
te quiero porque tu boca
sabe gritar rebeldía

si te quiero es porque sos
mi amor mi cómplice y todo
y en la calle codo a codo
somos mucho más que dos

y por tu rostro sincero
y tu paso vagabundo
y tu llanto por el mundo
porque sos pueblo te quiero

y porque amor no es aureola
ni cándida moraleja
y porque somos pareja
que sabe que no está sola

te quiero en mi paraíso
es decir que en mi país
la gente vive feliz
aunque no tenga permiso

si te quiero es porque sos
mi amor mi cómplice y todo
y en la calle codo a codo
somos mucho más que dos.

MARIO BENEDETTI.
El amor, las mujeres
y la vida.

3　La idea principal

▶ **Lee el poema y marca la opción correcta.**

El poeta valora en su pareja sobre todo…

☐ su aspecto físico.

☑ su compromiso con la realidad.

☐ su amor por él.

▶ **Marca. ¿Qué palabras del poema reflejan lo que el poeta valora en su pareja?**

☐ país　　☐ aureola　　☑ rebeldía　　☑ pueblo

☐ caricia　☐ amor　　　☑ futuro　　　☑ justicia

4 El lenguaje

▶ Mario Benedetti utiliza en el poema la forma verbal *sos*, propia del español hablado en Uruguay y en Argentina. Marca la forma verbal equivalente a la forma *sos* que utiliza el poeta uruguayo.

☐ eras ☑ eres ☐ seas ☐ era ☐ es ☐ sea

5 El estribillo

▶ Explica con tus palabras el significado de la estrofa que se repite en el poema.

> si te quiero es porque sos
> mi amor mi cómplice y todo
> y en la calle codo a codo
> somos mucho más que dos

Quiere decir que se siente apoyado,
y ese apoyo hace que sienta más
fuerza y valor para encarar la vida
y las adversidades.

6 El poeta y su poesía

▶ Completa esta breve biografía del poeta Mario Benedetti con las palabras del recuadro.

leídos	poesía	accesible	política	uruguayo

Mario Benedetti (1920-2009)

El escritor ___uruguayo___ compaginó desde su juventud la creación literaria con el periodismo y la actividad ___política___. Su obra abarca casi todos los géneros: ___poesía___, novela, cuento, ensayo, crítica literaria, letras para canciones, etc. Uno de los rasgos más llamativos de su escritura es el lenguaje ___accesible___, la sencillez. Mario Benedetti es uno de los autores más ___leídos___ en español y las traducciones de sus obras son innumerables.

7 Más poemas de amor

▶ Busca otro poema de amor en español que te guste y léeselo a tus compañeros(as).

EL AMOR Y LA AMISTAD

Tus manos son mi **caricia**
mis acordes cotidianos
te quiero porque tus manos
trabajan por la justicia

8 **Una buena relación**

▶ **Relaciona cada verbo con su complemento. En algunos casos hay varias posibilidades.**

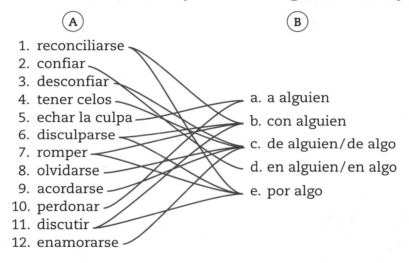

Ⓐ

1. reconciliarse
2. confiar
3. desconfiar
4. tener celos
5. echar la culpa
6. disculparse
7. romper
8. olvidarse
9. acordarse
10. perdonar
11. discutir
12. enamorarse

Ⓑ

a. a alguien
b. con alguien
c. de alguien / de algo
d. en alguien / en algo
e. por algo

▶ **Completa estos consejos. Usa los verbos anteriores.**

Consejos para mantener una buena relación de pareja

1. _____**Acuérdate**_____ de las fechas importantes y no _____**te olvides**_____ de festejarlas con una cena especial o un pequeño regalo.

2. _____**Confía**_____ siempre en tu pareja. No _____**tengas celos**_____ de sus amigos y no _____**desconfíes**_____ de sus compañeros.

3. Si _____**discutes**_____ con tu pareja, _____**reconcíliate**_____ pronto con él o ella.

4. Si cometes un error, reconócelo y no le _____**eches la culpa**_____ a él o ella.

5. Si _____**te enamoras**_____ de otra persona, antes de _____**romper**_____ con tu pareja, haz balance. _____**Acuérdate**_____ de los buenos y malos momentos.

9 Poemas de amor

▶ Escribe en cada caso el sustantivo o el verbo que corresponde.

Sustantivo	Verbo
beso →	_besar_
apoyo →	apoyar
amor →	**amar**
respeto →	respetar
odio →	**odiar**

Sustantivo	Verbo
perdón →	**perdonar**
olvido →	olvidar
ruptura →	**romper**
aprecio →	apreciar
caricia →	**acariciar**

▶ Completa estos versos con algunas de las palabras de la tabla anterior.

Es tan corto el amor, y es tan largo el ___ **olvido** ___ .

PABLO NERUDA.
Veinte poemas de amor y una canción desesperada.

Si la vida es amor, ¡bendita sea!
¡Quiero más vida para ___ **amar** ___ !

DELMIRA AGUSTINI.
El libro blanco.

10 La amistad

▶ Clasifica los verbos según tu opinión.

caer bien	mentir	respetar	caer mal
pedir perdón	apoyar	agradecer	enojarse

Positivos ☺		Negativos ☹
caer bien	respetar	mentir
pedir perdón	agradecer	caer mal
apoyar		enojarse

▶ Escribe cuatro consejos para mantener una buena relación de amistad. Utiliza algunos de los verbos de la tabla anterior.

1. No mientas nunca, y así habrá confianza.

2. Pide perdón si has cometido un error.

3. Respeta siempre las decisiones de los demás.

4. Agradece lo que hacen los demás por ti.

51

EL SONIDO J. LA LETRA *J*

El sonido **J** se puede escribir con *j* o con *g*.

- Se escribe con *j* ante las vocales *a*, *o*, *u*: *jarra*, *joya*, *juguete*.
- Ante las vocales *e*, *i*, se puede escribir con *j* (*jeringa*, *jirafa*) o con *g* (*genio*, *girasol*).

Se escriben con *j* ante *e*, *i*:

- Las palabras que empiezan por **aje-** y **eje-**: *ajeno*, *ejemplo*. Se exceptúan *agenda* y *agencia*.
- Casi todas las palabras que terminan en **-aje**, **-eje** y **-jería**, como *garaje, hereje, conserjería*. Se exceptúa la forma *protege*, del verbo *proteger*.
- Las palabras llanas que terminan en **-jero/-jera**: *pasajero, extranjera*.
- Las formas de los verbos cuyo infinitivo termina en **-jar** o **-jear**: de *trabajar*, *trabajé*; de *despejar*, *despejen*; de *homenajear*, *homenajeo*.
- Los verbos que tienen el sonido **J** en alguna de sus formas, pero no en el infinitivo, como *decir*, *traer*, y los verbos acabados en **-ducir**: *dijiste* y *dijera* (de *decir*); *condujimos* y *condujéramos* (de *conducir*).

En algunos nombres de lugares, el sonido **J** se representa con la letra *x* por razones históricas: *México, Texas, Oaxaca*.

---

11 **En pasado**

▶ Completa estas oraciones conjugando los verbos.

1. El verano pasado mi madre (conducir) ___**condujo**___ casi 2.000 kilómetros.
2. Ayer (traducir, yo) ___**traduje**___ al inglés un cartel en español.
3. Como no nos hablaba, (deducir, nosotros) ___**dedujimos**___ que estaba enfadada.
4. ¿(traer, tú) ___**Trajiste**___ ayer el libro que te habías llevado?

12 **Verbos con la letra *j***

▶ Completa las oraciones con formas de los verbos del recuadro.

quejarse	cojear	callejear	fijarse	hojear

1. Me encanta ___**callejear**___ por el barrio Gótico de Barcelona.
2. Desde que mi madre se rompió la rodilla, ___**cojea**___ un poco.
3. Antes de comprar un libro, yo siempre lo ___**hojeo**___ en la librería.
4. Emiliano es muy pesimista y siempre ___**se queja**___ de todo.
5. Mario, tienes que ser más responsable y ___**fijarte**___ más en lo que haces.

13 Crucigrama con *j*

▶ Completa el crucigrama. Todas las palabras contienen la letra *j*.

```
              1
              P
2  E  J  E  M  P  L  O
              E
              N
           3  S  A  L  V  A  J  E
              A
        4  C  A  J  E  R  O
5  C  A  L  L  E  J  E  R  O
```

VERTICALES
1. Recado que envía alguien a otra persona.

HORIZONTALES
2. Hecho o texto que se cita para ilustrar una afirmación.
3. Animal que no es doméstico.
4. Persona encargada de la caja en una tienda o un banco.
5. Guía de las calles de una ciudad.

14 Palabras de la familia

ANSWERS WILL VARY

▶ Escribe una palabra de cada familia que tenga la letra *j*.

1. conserje: _conserjería_
2. reloj: **relojero**
3. bruja: **brujería**
4. viajar: **viajero**

5. aterrizar: **aterrizaje**
6. lengua: **lenguaje**
7. consejo: **consejero**
8. aprender: **aprendizaje**

15 Autodictado

▶ Completa el texto con *g* o con *j*.

Homena j e a la j ota

El próximo 13 de j unio vamos a celebrar un feste j o en homena j e a la j ota. Apúntalo en tu a g enda. ¿Por qué a la j ota? Porque nos gustan las j irafas, las lagarti j as, las lente j as y las beren j enas. Porque sin j ersey ni relo j no somos nada. ¡Porque es la ma j estad de las letras, la j efa del e j ército de las consonantes! La fiesta será en el gara j e. Ya tra j imos las tar j etas de invitación para enviarlas. ¡Lo pasaremos g enial!

LA CORRESPONDENCIA PERSONAL

En el texto *Te quiero* (pág. 48) el poeta utiliza un poema para dirigirse a la persona amada. Pero normalmente para dirigirnos por escrito a nuestros amigos y personas queridas utilizamos la **carta**.

Las cartas personales se pueden dividir en las siguientes partes:

- **Encabezamiento.** En las cartas escritas en papel, en el margen superior izquierdo se escribe tanto el lugar como la fecha en que se redacta la carta.

  > *Cáceres, 25 de febrero de 2012.*

- **Saludo.** Los saludos más usuales (de menos formal a más formal) son *hola, querido/querida* y *estimado/estimada*.

  > *Queridísima Cristina:*

- **Cuerpo.** En esta parte se redacta la información que se quiere transmitir. Normalmente se empieza con un párrafo introductorio sobre el objeto de la carta.

  > *Por fin me he decidido a escribirte porque somos amigos desde hace varios años, pero para mí esa amistad ya no es suficiente.*

- **Despedida y firma.** Las despedidas más comunes en el correo personal (de menos formal a más formal) son *besos, un abrazo, con cariño, un saludo* y *atentamente.*

  > *Un fuerte abrazo de tu amigo,*
  > *Carlos*

- **Posdata.** En ocasiones se añade un párrafo al final de la carta en el que se incluye alguna información puntual que se nos ha olvidado escribir en la parte del cuerpo de la carta. Se indica con la abreviatura *P.D. (posdata)*

  > *P.D. Por favor, llámame y dime cuándo podremos vernos.*

La correspondencia personal está formada por **cartas y mensajes de correo electrónico** que utilizamos en nuestra vida cotidiana para hacer una invitación, felicitar, agradecer, mandar alguna información importante, presentarnos, expresar nuestro enojo frente a algo, etc.

16 Una carta de amor

▶ **Vamos a escribir una carta de amor. Sigue estos pasos.**

A. Piensa. ¿A quién quieres dirigir la carta? Puede ser una persona real o un personaje inventado.

Quiero dirigir la carta a mi amor platónico.

B. Piensa una situación determinada por la que escribes la carta. Te damos algunas ideas.

☐ Acabas de romper con tu pareja y deseas una reconciliación.

☐ Llevas cinco años con la persona amada y la carta es un regalo de aniversario.

☑ Adoras en silencio a quien diriges la carta y decides por fin revelarle tu amor.

☐ Has visto a tu pareja con otra persona y estás muy celoso(a).

☐ Otros: _____

C. Piensa. ¿Qué estado anímico acompaña a la situación que has elegido? Te damos algunas ideas.

☐ Rencor   ☑ Euforia   ☐ Tristeza   ☐ Desamor   ☐ Nostalgia

☐ Otros: _____

D. Selecciona algunas palabras, verbos y expresiones que se relacionan con ese estado de ánimo. Por ejemplo, *rencor, odio, odiar, romper, olvidar*…

amar, admirar, adorar, atreverse, emoción, declarar, querer, sentir,

latir mi corazón

E. Redacta ahora la carta. Organiza tu escrito en saludo, cuerpo y despedida.

Queridísimo amor sin nombre:

No me conoces, y yo no sé tu nombre. Así llevo ya casi seis meses:

admirándote, amándote en silencio, esperando una mirada tuya. No sé

por qué resulta tan difícil a veces decir lo que uno siente. Te he tenido

tan cerca y no he sido capaz de decir nada; siempre con un nudo

en la garganta, muda, asustada por lo que me pudieras responder.

Pero hoy me he armado de valor y he decidido declararte mi amor.

Espero con ilusión ser correspondida, pero si no fuera así, sigamos

como si esta carta nunca hubiera sido escrita.

Tu enamorada,

Jacinta Corazón de León

F. Recuerda revisar la carta antes de darla por terminada.

INVITACIONES Y FELICITACIONES

17 **Una invitación**

▶ Marca. ¿Cuáles de estas felicitaciones e invitaciones has recibido o enviado alguna vez?

☑ invitación de cumpleaños   ☑ invitación de graduación

☑ invitación a la fiesta de los 15 años   ☐ invitación a una fiesta de carnaval

☐ invitación de boda   ☑ felicitación de san Valentín

① ¡Te invito a mi cumpleaños!

Andrea te invita a celebrar su cumpleaños este martes 23 de septiembre a partir de las 4:30 p. m.
Calle Monte los Olivos, 100
San Isidro – Lima

Te espero. ¡No faltes!

② Feliz san Valentín

Cuando mires las estrellas, acuérdate de mí porque en cada una de ellas hay un beso para ti. Te quiero.

③   **Sr. Martín Bermúdez**

Tengo el agrado de anunciarle que he completado mis estudios secundarios en el colegio San Juan Bautista. Por tanto, me sentiría muy honrado si usted pudiera acompañarme en la celebración de este día tan especial para mí. La celebración se realizará el sábado 1 de julio a las 2:00 p. m. en el colegio San Juan Bautista, Calle 12 – San Felipe

④

Hoy empieza una nueva etapa de mi vida y quiero vivirla con el cariño constante de mis amigos y mi familia. Cumplo mis 15 años, llenos de amor y alegrías, y quiero que me acompañes en esta noche tan importante para mí.

Carolina Pérez
te invita a sus quince el próximo 19 de septiembre a las 3 p. m.
en la iglesia Nuestra Sra. de Guadalupe.
Recepción a las 6 p. m.
Salón Magnolia.
Confirmar su asistencia antes del 15 de agosto.
Vestimenta formal.

18 Detenidamente

▶ Lee de nuevo las tarjetas y marca la tarjeta o tarjetas correctas en cada caso.

	1	2	3	4
1. Se pide que se confirme la asistencia.				✓
2. Se expresa un buen deseo.		✓		
3. Se dirige a la persona de la que está enamorado.		✓		
4. Se habla de un nuevo período vital.			✓	✓
5. Trata al destinatario de usted.			✓	
6. Hay una ceremonia de celebración.			✓	✓
7. Especifica el lugar de la celebración.	✓		✓	✓

19 Ahora tú

▶ Explica. ¿Qué evento te gustaría celebrar? ¿Cómo te gustaría celebrarlo?

Me gustaría celebrar mi cumpleaños. Quisiera contratar un *disc jockey* y hacer una gran fiesta en casa.

▶ Diseña y escribe una invitación para ese evento. Puedes acompañarla de alguna imagen.

¿Te apetece venir a mi fiesta de cumpleaños?
Anímate, lo pasaremos genial.
Será el sábado 24 a las 6:00 p. m.
en el 530 de Avenida Collins.
¡HABRÁ MUCHAS SORPRESAS!
¡TE ESPERO!

20 Tu experiencia

▶ Responde.

1. ¿Has recibido últimamente alguna invitación o alguna felicitación? ¿Con qué motivo?

Sí. Recibí una invitación para la boda de mi prima.

2. ¿Cuándo hiciste la última tarjeta de invitación? ¿Con qué motivo?

Hace unos dos años. Fue para la graduación de mi hermana.

LAS RELACIONES SOCIALES

¿**Conoces** a Julio, mi amigo de la escuela?

No. **Encantada**, Julio.

Igualmente.

21   *Saber* y *conocer*

▶ **Completa los diálogos conjugando los verbos *saber* o *conocer*.**

1. —¿____**Conoces**____ a mi hermano Miguel Ángel?

   —No, no lo ____**conocía**____. Encantada.

2. —Ese señor te está mirando. ¿Lo ____**conoces**____ de algo?

   —No ____**sé**____, creo que no.

3. —¿____**Sabes**____ quién es esa chica de la camisa blanca?

   —Sí, sí la ____**conozco**____. Es Andrea, mi compañera de clase.

22   **Las fórmulas de tratamiento**

▶ **Completa el texto con las fórmulas de tratamiento adecuadas.**

señor	señora	señorita	doña

Consejos sobre las fórmulas de tratamiento

Hasta hace poco tiempo se empleaba la forma «____**señorita**____» para referirse a la mujer soltera y la forma «____**señora**____», para la mujer casada. Para el varón, sin embargo, se ha utilizado siempre la forma «____**señor**____» con independencia de su estado civil. Para no incurrir en sexismo, en algunos países se recomienda emplear el término «____**doña**____» para todas las mujeres, solteras o casadas, jóvenes o maduras. También conviene, en el caso de las mujeres casadas, eliminar la fórmula «____**señora**____ de» seguida del apellido de su esposo, y emplear el nombre y el apellido de la mujer precedido de «____**doña**____», «doctora» o «licenciada», según corresponda.

23 **Gustos y preferencias**

▶ Completa las oraciones conjugando los verbos del recuadro

| encantar | importar | preferir | apetecer | desear | interesar | soportar |

1. ¿Te ____**apetece**____ que vayamos a casa de Paulina mañana por la tarde?

2. ¿Te ____**interesan**____ los dinosaurios? Hay ahora una exposición.

3. ¿Qué ____**prefieres**____: dar un paseo o ir al cine?

4. Estoy ____**deseando**____ que llegue el día del baile.

5. ¡Me ____**encantaría**____ ver esta obra de teatro!

6. ¿Te ____**importaría**____ acompañarme mañana al médico? No quiero ir solo.

7. No quiero ir con Esmeralda a la fiesta. No la ____**soporto**____. Me cae fatal.

24 **¿Con pronombre o sin pronombre?**

▶ Subraya la palabra adecuada en cada caso.

> **Una mala noche**
>
> —Jimena, _pareces_/_te pareces_ cansada. ¿_Encuentras_/_Te encuentras_ bien?
>
> —Tengo mucho sueño, es que _dormí_/_me dormí_ fatal anoche.
>
> —¿Por qué? ¿Estabas preocupada por algo?
>
> —Sí, es que a mi tío Roberto _lo despidieron_/_se despidieron_ ayer del trabajo.
>
> —¡Vaya! ¡Cuánto lo siento!
>
> —Además, cené una _pizza_ entera y _bebí_/_me bebí_ toda una botella de refresco.
>
> —¡Qué barbaridad! ¿No _sabes_/_te sabes_ que cenar así es malísimo para la salud?
>
> —Sí, yo _creo_/_me creo_ que es ansiedad. Anoche _quedé_/_me quedé_ en casa sin salir ni hacer deporte y eso no es bueno.
>
> —Desde luego que no es bueno.

▶ Escribe oraciones con estos verbos para distinguir su significado.

1. acordar/acordarse

   Los jugadores acordaron no llorar si perdían el partido.

   Mi abuelo nunca se acuerda de dónde ha dejado las gafas.

2. estudiar/estudiarse

   Los científicos estudian el cambio climático.

   Raquel se estudió el manual de usuario de la computadora.

EL SONIDO J. LA LETRA *G*

El sonido **J** ante las vocales **e**, **i** puede representarse con las letras **j** o **g**.

Se escriben con la letra **g**:

- Las palabras que comienzan por **legi-**, **legis-**, **gest-** y sus derivados, como *legible*, *legislar*, *gestión*. Se exceptúa *lejía*.

- Las palabras que comienzan por **geo-** (que significa «tierra»), como *geógrafo*, *geólogo*, *geofísica*.

- Las palabras que terminan en **-geno** y **-gena**, como *oxígeno* e *indígena*. Se exceptúan *ajeno* y *berenjena*.

- Las palabras que terminan en **-logía** (que significa «estudio» o «ciencia»), como *biología*.

- Las palabras que contienen las sílabas **gio** y **gia**, como *naufragio* y *regional*.

- Las palabras que contienen la sílaba **gen**, como *gente*, *urgencia* y *origen*. Se exceptúan *jengibre*, los derivados de *viejo* (*avejentarse, avejentado*) y las formas verbales de los verbos terminados en *-jar* (*trabajen, bajen*) y de los verbos *tejer* y *crujir* (*tejen, crujen*).

- Las formas de los verbos cuyo infinitivo termina en **-ger** o **-gir**, excepto *tejer* y *crujir*. Por ejemplo: *protegemos*, de *proteger*; *fingimos*, de *fingir*. En estos verbos, cuando el sonido J va seguido de las vocales *a*, *o*, debe escribirse con *j*, como *proteja* o *finjo*.

25 **Palabras con *g***

▶ **Completa las palabras.**

1. La cultura _indígena_ es muy rica en Hispanoamérica.

2. Las letras de aquel cartel no son ___ **legi**_bles_ desde esta distancia.

3. En los países democráticos, el Parlamento tiene el poder _ **legis**_lativo_.

4. Me encantan la ___ **Geo**_grafía_ y la _Bio_**logía** ___. Son mis asignaturas preferidas.

5. El neerlandés es una lengua de _ori_**gen** ___ ___ **germán**_ico_.

6. Mi primo nació con una malformación _con_**génita** ___.

7. Valeria hace muchos ___ **gest**_os_ al hablar. Mueve mucho las manos.

8. En el _naufra_**gio** ___ del Titanic perdió la vida mucha ___ **gen**_te_.

26 **Verbos con el sonido J**

▶ Completa las oraciones conjugando los verbos.

1. Los leones (rugir) _____**rugen**_____ y las vacas (mugir) _____**mugen**_____.

2. El venezolano Gustavo Dudamel (dirigir) _____**dirige**_____ muy bien su orquesta.

3. Cuando voy en bicicleta, siempre me (proteger, yo) _____**protejo**_____ la cabeza.

4. Carolina, te (exigir, nosotros) _____**exigimos**_____ una explicación.

5. Mi abuela está (tejer) _____**tejiendo**_____ un jersey para mi prima.

6. Mi madre siempre me (corregir) _____**corrige**_____ los deberes cuando los termino.

27 **Crucigrama con _j_ y con _g_**

▶ Completa el crucigrama. Todas son palabras que contienen el sonido J.

VERTICALES
1. Lugar donde se guardan los automóviles.
2. Cuaderno en el que se apunta lo que hay que hacer para no olvidarlo.

HORIZONTALES
3. Hermanos que han nacido en el mismo parto y son iguales.
4. Terreno en el que se cultivan flores y plantas de adorno.
5. Escuela, centro de enseñanza.

		2 A				
	1	G				
3	G	E	M	E	L	O	S
	A	N				
4 J	A	R	D	Í	N	
	A	A				
	J					
5 C	O	L	E	G	I	O

28 **Autodictado**

▶ Completa el texto con _g_ o con _j_.

A _g_ enda de una letra

La letra _g_ siempre se que _j_ a porque tiene mucho traba _j_ o. Así que utiliza una a _g_ enda di _g_ ital para no olvidar nada. Debe vi _g_ ilar y corre _g_ ir las pá _g_ inas para que no haya erratas. También tiene que hacer sus e _j_ ercicios de Ál _g_ ebra y _G_ eografía. ¡Qué letra más a _j_ etreada!

LA CARTA SOCIAL

En la página 56 has leído unas invitaciones y felicitaciones. Las relaciones sociales también se establecen mediante textos escritos. A través de estos textos podemos transmitir felicitaciones, agradecimientos, aceptación o rechazo de una invitación o pésames, entre otros.

Felicitación. Se envía con motivo de un aniversario, cumpleaños o un feliz acontecimiento. Dependiendo de la persona a la que va dirigida usaremos unas expresiones más o menos formales. Algunas de las fórmulas más comunes son *Feliz cumpleaños*, *Que pases/pase un feliz día*, *Felicidades (por)*, *Enhorabuena (por)*, *Reciba/Recibe mi (más cordial/sincera) felicitación (por)*, etc.

Aceptación y agradecimiento. En este tipo de cartas se expresa admiración, gratitud o elogio por un favor o por una invitación. Se pueden utilizar fórmulas como *Muchas gracias por…*, *Te/Le agradezco que…*, *Quiero agradecerte/le…*, etc.

Rechazo de una invitación. En este tipo de escritos es muy importante pedir disculpas y explicar muy bien el motivo por el que se rechaza la invitación. Las fórmulas más comunes suelen ser *Lo siento/Lo lamento mucho, pero…*, *Muchas gracias, pero…*, *Quiero pedirte/le disculpas por…*, *Me encantaría…, pero, lamentablemente,…*

Pésame. Escrito motivado por el fallecimiento de alguien cercano al destinatario. La fórmula más tradicional que se suele usar es *Te/Le acompaño en el sentimiento*. Otras expresiones muy utilizadas son *Mi más sentido pésame*, *Te/Le acompaño en tu/su dolor*, *Siento la pérdida de…*, *Mis más sentidas condolencias*, etc.

> Las **cartas sociales** tienen como objetivo mantener ciertas relaciones de cortesía entre las personas. El grado de formalización depende del tipo de relación que tengamos con el destinatario y el ámbito social en el que se emplean.

29 Una respuesta cortés

▶ **Vas a escribir un correo electrónico de respuesta a una invitación. Sigue estos pasos.**

A. Elige una de las invitaciones de la página 56.

B. Piensa. ¿Por qué no puedes acudir? Deben ser excusas que justifiquen tu ausencia. Te damos algunas ideas.

- ☐ *Porque ese mismo día tienes otra cita ineludible.*
- ☐ *Por una enfermedad familiar.*
- ☑ *Porque en esas fechas estarás de viaje.*
- ☐ *Otras:* _____

_____

_____

C. Marca si las siguientes fórmulas son de agradecimiento (A) o de disculpa (D).

	A	D
1. Cómo lo lamento, pero…	☐	☑
2. Muchísimas gracias por…	☑	☐
3. Eres muy amable, pero…	☐	☑
4. Lo siento muchísimo, pero precisamente ese día…	☐	☑
5. Siento perdérmelo, pero…	☐	☑
6. Agradezco mucho tu invitación…	☑	☐
7. Me temo que…	☐	☑

D. Redacta ahora el mensaje.
- Selecciona el saludo y la despedida adecuados al destinatario.
- Agradece la invitación.
- Discúlpate por tu ausencia.

De:	**Carlos García**
Para:	**Carolina Pérez**
CCO:	
Asunto:	**Respuesta a tu invitación**

Hola, Carolina:

Muchísimas gracias por la invitación a tu fiesta de quinceañera.

Eres muy amable y me haría mucha ilusión ir, pero ese fin

de semana voy a estar de viaje en Florida. Es el aniversario de mis

abuelos maternos, que viven en Florida, y mis padres y yo vamos

a visitarlos y a celebrarlo con ellos.

Siento perderme tu fiesta, pero sé que lo pasarás muy bien y

que todo saldrá estupendamente. Te envío mis felicitaciones,

y estaré pensando en ti desde Florida.

Un beso,

Carlos

E. Recuerda que debes revisar el mensaje antes de darlo por terminado.

PREGUNTAS FRECUENTES

30 **Problemas**

▶ **Marca. ¿Has tenido alguna vez problemas con tu teléfono celular? ¿Cuáles?**

ANSWERS WILL VARY

- ☐ Lo perdí.
- ☑ Se bloqueó.
- ☐ Se rompió.
- ☐ No recibía mensajes multimedia.
- ☑ Se quedó sin batería.
- ☐ Otro: _____

¿Qué debo hacer si no puedo enviar mensajes de texto?

Le recordamos que puede recibir asesoría personal comunicándose con el servicio de Averías de la compañía. Si usted ya ha reportado la avería y han pasado más de 4 días sin que se le dé una solución, antes de presentar su reclamación confirme si cuenta con el saldo disponible para realizar este consumo y si el número esta correctamente grabado.

¿Por qué no recibo mensajes multimedia?

Debe verificar que el equipo cuenta con barras de señal completa. Tenga en cuenta que si se encuentra en un lugar cerrado como, por ejemplo, un sótano, un ascensor, una zona rodeada de cerros, zonas rurales o en edificios muy altos la señal es baja o nula.

¿Por qué no puedo realizar llamadas internacionales?

Si no puede realizar llamadas internacionales, llame a la compañía y verifique si tiene acceso al servicio de Larga Distancia Internacional.

¿Qué es el número PIN?

El PIN, o Número de Identificación Personal, es un código de entre 4 y 8 dígitos que protege su tarjeta SIM frente a un uso no autorizado.

¿Qué es el código PUK?

El PUK, o Clave de Desbloqueo Personal, es un código que permite modificar su código PIN cuando este se ha bloqueado (esto ocurre cuando se introduce 3 veces incorrectamente el código PIN). Si su teléfono requiere la inserción del código PUK, contacte con nuestro servicio de Atención al Cliente para obtener más ayuda.

¿Cómo puedo desbloquear mi celular?

Si ha introducido mal su código PIN más de 3 veces consecutivas, el teléfono se bloquea inmediatamente. Para desbloquearlo, necesita el código PUK. No intente adivinar el código PUK de su tarjeta SIM, ya que en caso de que se introduzca de forma incorrecta 10 veces consecutivas, la SIM quedará bloqueada de forma permanente y será necesario sustituirla por una nueva.

¿Qué hago si me han robado o he perdido el celular?

Si le han robado el celular o lo ha perdido, debe llamar a la compañía y bloquear su línea para evitar que otras personas utilicen su celular. Una vez solicitado, en pocos segundos le confirmarán el bloqueo de la línea. Desde ese momento, la línea no podrá realizar ni recibir llamadas, SMS, ni ningún otro tipo de tráfico telefónico.

Terminado

31 **Preguntas frecuentes**

▶ Escribe. ¿A cuáles de los problemas planteados en la actividad 30 da respuesta la página web?

Responde a «Lo perdí», «Se bloqueó» y «No recibía mensajes multimedia».

▶ Indica si las siguientes afirmaciones son ciertas (C) o falsas (F).

1. Si no puedes enviar mensajes de texto, llama al servicio de Averías para consultar si tienes suficiente saldo disponible.   C (F)

2. Si estás en un lugar montañoso, puede que no recibas mensajes multimedia.   (C) F

3. Si tienes el servicio de Larga Distancia Internacional, podrás realizar llamadas internacionales.   (C) F

4. El número PIN no puede tener más de 8 cifras.   (C) F

5. Cuando se bloquea el teléfono, hay que introducir el código PUK.   (C) F

6. Para obtener el código PUK, es necesario contactar con la compañía de teléfono.   (C) F

7. Aunque bloquees la línea por robo o extravío, puedes seguir recibiendo mensajes de texto.   C (F)

▶ Corrige las afirmaciones falsas.

1. Llama al servicio de Averías para reportar la avería.

2. Al bloquear la línea, no se reciben mensajes de texto.

32 **Ahora tú**

▶ Escribe una pregunta relacionada con el teléfono celular y su uso. Busca información y escribe la respuesta en español.

Voy de viaje a Francia. ¿Cuánto me costarán las llamadas y los SMS?

Primero debe verificar si tiene acceso al servicio de Larga Distancia

Internacional. Para ver cuáles son las tarifas para hablar o enviar SMS

desde otro país, llame a la compañía o vaya al enlace «Roaming: Hablar

desde el extranjero» en nuestra página web.

EL TELÉFONO

Si le han robado el **celular** o lo ha perdido, debe llamar a la **compañía** y bloquear su **línea** para evitar que otras personas utilicen su celular.

33 **Combinaciones**

▶ Relaciona los verbos con sus complementos.

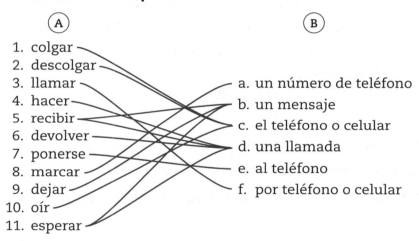

A

1. colgar
2. descolgar
3. llamar
4. hacer
5. recibir
6. devolver
7. ponerse
8. marcar
9. dejar
10. oír
11. esperar

B

a. un número de teléfono
b. un mensaje
c. el teléfono o celular
d. una llamada
e. al teléfono
f. por teléfono o celular

▶ Completa estas oraciones conjugando los verbos anteriores.

1. Cuando ____**descolgué**____ el teléfono, ya habían colgado.

2. Perdonen, tengo que ____**hacer**____ una llamada urgente.

3. ¿Por qué no me (tú) ____**devolviste**____ la llamada?

4. Fernando no estaba en casa, pero le (yo) ____**dejé**____ un mensaje.

5. Mariana está muy enfadada con Emiliano y no (ella) ____**se puso**____ al teléfono.

6. Ayer (yo) ____**recibí**____ una llamada muy extraña.

7. Por favor, (tú) ____**cuelga**____ el teléfono. (yo) ____**Espero**____ una llamada.

8. El timbre de este teléfono suena muy bajo y no lo (yo) ____**oigo**____.

9. Si no vas a ir a su fiesta, (tú) ____**llama**____ por teléfono a Diego y explícaselo.

10. Me equivoqué de teléfono, debí de ____**marcar**____ un número equivocado.

34 **El celular**

▶ Relaciona cada término con su explicación.

Ⓐ   Ⓑ

1. llamada perdida   a. Acumulador de electricidad.

2. tono   b. Número de teléfono guardado en la memoria.

3. contacto   c. Dispositivo utilizado para suministrar la electricidad a la batería.

4. buzón de entrada   d. Tarjeta usada en los celulares que almacena de forma segura la información necesaria para identificar al usuario en la red.

5. registro de llamadas   e. Melodía o señal acústica que suena en el celular.

6. tarjeta SIM   f. Llamada que recibimos, pero a la que no respondemos.

7. batería   g. Depósito en el que se almacenan los mensajes de texto.

8. cargador   h. Lista de las últimas llamadas hechas, recibidas o perdidas.

▶ Elige seis palabras y escribe una oración con cada una.

1. Me quedé sin batería cuando hablaba con mi amiga.

2. Tengo cincuenta contactos en mi teléfono.

3. Voy a cambiarle el tono a mi teléfono.

4. Necesito un nuevo cargador para mi celular.

5. Estoy leyendo un mensaje de mi buzón de entrada.

6. Tengo una llamada perdida de mi tía Lorena.

35 **Una conversación**

▶ Completa esta conversación telefónica.

—¿Aló?

—Hola, buenas tardes. ¿ **Podría** hablar con Roberto, por favor?

—En este **momento** no está en la casa. ¿Quién lo llama?

—Soy Valentina, una amiga de la escuela. ¿Podría **dejarle** un recado, por favor?

—Sí, cómo no.

—Dígale, por favor, que la profesora de Biología ha cambiado la fecha del examen. Será el próximo martes, a las diez de la mañana.

—Bien. Se lo diré.

—Muchas gracias. Hasta luego.

—Adiós.

REPASO

36 El sonido K

▶ Completa el crucigrama. Todas las palabras contienen el sonido K.

VERTICALES

1. Mujer que se dedica a proyectar y a dirigir la construcción de edificios.

HORIZONTALES

2. Prenda masculina utilizada en algunas ceremonias.
3. Puse en marcha el automóvil.
4. Moneda de Guatemala.
5. Comida al aire libre.
6. Canoa de pesca de los esquimales.

```
              1
              C
2  F  R  A  C
              R
3  A  R  R  A  N  Q  U  É
              U
              I
4  Q  U  E  T  Z  A  L
              E
5  P  I  C  N  I  C
              T
6  K  A  Y  A  K
```

37 El sonido G suave

▶ Escribe el nombre de estos animales. Todos contienen el sonido G.

gusano

cigüeña

pingüino

lagarto

guepardo

águila

gallina

cangrejo

38 **El sonido J. Las letras *g* y *j***

▶ **Completa estas palabras. Todas contienen la letra *j*.**

1. _____eje mplo
2. equip aje_____
3. extran jera_____

4. pasa jero_____
5. traba jador_____
6. calle jero_____

7. hoja_____
8. gar aje_____
9. conser je_____

10. _____aje drez
11. relo jero_____
12. agu jero_____

▶ **Escribe las palabras que se corresponden con las definiciones. Todas contienen la letra *g*.**

1. Soldado de una legión: legionario_____

2. Que todo lo da: generoso_____

3. Hundimiento de una embarcación: naufragio_____

4. Que se puede leer: legible_____

5. Escoger, preferir: elegir_____

▶ **Completa las siguientes palabras con *j* o *g*.**

1. a j eno
2. e j ecutivo
3. a g enda

4. a g ente
5. e j ercicio
6. a j etreo

7. ti j eras
8. te j er
9. cru j ir

10. a g encia
11. g igante
12. beren j ena

39 **Autodictado**

▶ **Completa el texto con las letras adecuadas.**

> **Papá, dame celular**
>
> No importa c uánto c ueste, la c osa es llevar uno en el bolsillo o en la mochila. Si tiene c ámara, me j or, y si de tan bonito da g usto enseñarlo, perfe c to.
>
> Un niño manda mensa j es c ortos por medio de su teléfono celular; otro más, un adolescente, impresiona a sus ami g os con una foto —enviada desde un celular a otro— y les hace c reer qu e la hermosa chi c a de la ima g en es su novia. Las escenas c orresponden a la más reciente publicidad de dos c ompañías de telefonía celular, y no sorprende que c ada día los anuncios vayan diri g idos a c onsumidores qu e aún no al c anzan la mayoría de edad. De a c uerdo c on Ri c ardo G onzález, g erente g eneral de Comcel, uno de c ada c uatro usuarios de c elular en el área metropolitana de G uatemala tiene menos de 18 años.
>
> **Fuente:** http://www.elperiodico.com.gt. Texto adaptado.

LA CORRESPONDENCIA FORMAL

En la página 64 has leído la sección de «Preguntas frecuentes» de una compañía telefónica. Si tenemos que comunicarnos por escrito con una empresa, lo hacemos por medio de cartas y mensajes electrónicos formales.

Las cartas formales tienen una estructura fija formada por las siguientes partes:

- **Encabezamiento** con los siguientes elementos:
  - **Membrete:** datos de la persona o de la empresa que escribe la carta.
  - **Lugar y fecha** en que se escribe la carta.
  - **Dirección interior:** datos de la empresa o de la persona a la que va dirigida la carta.
  - **Referencia:** título que permite identificar el tipo de carta o el asunto al que esta se refiere. En el caso de los mensajes de correo electrónico, este debe ser el «Asunto» o «Tema».

> *Marta Gómez Sánchez*
> *C/ Jazmín, 49*
> *19002 Guadalajara*
> *Guadalajara, 2 de marzo de 2012.*
> *CELUTEL*
> *C/ Reyes Católicos, 29*
> *28938 Móstoles (Madrid)*
> *Ref.: Duda en la factura de febrero*

- **Saludo.** Las fórmulas más utilizadas en la correspondencia formal son *Distinguido(a) señor(a):*, *Estimado(a) señor(a):*, *Señor(a): / Muy señor(a) mío(a):*…

> *Estimados señores:*

- **Cuerpo.** En esta parte se expone el asunto que se desea tratar con los argumentos pertinentes. La redacción ha de ser clara y detallada y el tono debe ser firme, pero cortés y respetuoso.
  En la exposición del motivo del mensaje se utilizan fórmulas como estas: *Me dirijo a usted…, El motivo del presente escrito…, Me pongo en contacto con usted…*

> *Me dirijo a ustedes para exponerles una duda que me ha surgido al recibir la factura correspondiente al mes de febrero.*

- **Despedida y firma.** Las fórmulas de cortesía más comunes suelen ser *(A la espera de sus noticias,) le saluda…, Reciba un cordial saludo…, Atentamente…*
  Además, antes de la despedida suele aparecer un agradecimiento final: *Le agradezco su atención…, Quedamos a su disposición…*
  En la correspondencia formal, en la firma debe aparecer el nombre completo del firmante.

> *Les agradezco su atención.*
> *En espera de su respuesta, reciban un atento saludo.*
> *Marta Gómez Sánchez*

A diferencia de la correspondencia personal, en la **correspondencia formal** la relación entre los interlocutores se caracteriza por la distancia y la cortesía. Se emplean las formas de cortesía *usted* y *ustedes*, y ciertas fórmulas y expresiones prefijadas.

40 **Exponer una duda**

▶ **Vamos a escribir un mensaje de correo electrónico a nuestra compañía de teléfono para exponerle una duda. Sigue estos pasos.**

A. Piensa en las dudas y problemas sobre el uso del celular que has leído en la página 64. Elige uno de ellos o piensa otro sobre el que te gustaría preguntar a tu compañía. Te proponemos algunas ideas.

☐ *La factura.* ☐ *Las tarifas.* ☑ *El cambio de celular.* ☐ *La tarjeta SIM.*

☐ *Otro:* _____

B. Piensa en el vocabulario que vas a necesitar para exponer tu duda a tu compañía. Si no lo sabes en español, busca su traducción.

promoción, cambiar celular, contratar seguro, tiempo de entrega,

garantía

C. Redacta ahora el mensaje.

- Selecciona el saludo y la despedida adecuados al destinatario.
- Recuerda las fórmulas para la exposición del motivo del mensaje y el agradecimiento final.

De:	**Rolando Flores López**
Para:	**TELFÓN**
CCO:	
Asunto:	**Dudas con respecto a cambio de celular**

Estimados(as) señores(as):

Me dirijo a ustedes porque estoy interesado en su promoción de cambio de celular por un modelo reciente. Sin embargo, tengo algunas dudas que quisiera aclarar. Me gustaría saber si debo contratar un seguro para el envío por correo de mi teléfono. También quisiera saber cuál es el tiempo de entrega del nuevo teléfono y si tiene la misma garantía que el anterior.

Le agradezco de antemano su atención y pronta respuesta.

Atentamente,

Rolando Flores López

D. Recuerda que debes revisar el mensaje antes de darlo por terminado.

EL CANDOMBE: UNA PRÁCTICA COMUNITARIA

Todos los domingos y muchos días festivos, las llamadas de tambores del candombe resuenan en el barrio Sur de Montevideo y en Palermo y Cordón, otros dos barrios meridionales de la capital uruguaya, que albergan una población de origen africano.

Antes de que dé comienzo el desfile del candombe, los participantes se reúnen en torno a fogatas para templar sus tambores y confraternizar.

Una vez en marcha, el cortejo es encabezado por las comparsas más prestigiosas, miembros de familias reputadas en la comunidad por su virtuosismo en el arte de tocar el tambor desde muchas generaciones atrás. Tras de ellos marchan, en filas, los demás tamborileros, mientras que otros participantes, aficionados al baile o espectadores, acompañan el desfile o lo contemplan desde los balcones.

Cada uno de los tres barrios repica de forma distinta el «piano» —el tambor de mayor tamaño y sonido más grave— de modo que el sistema característico de llamadas y respuestas entre los tambores del candombe constituye, a la vez, un vínculo de unión entre los barrios y un signo distintivo de su identidad propia.

Transmitido en el seno de las familias de ascendencia africana, el candombe no solo es la expresión de una resistencia, sino también una festividad musical uruguaya y una práctica social colectiva profundamente arraigada en la vida diaria de esos barrios. También es un símbolo y una manifestación de la memoria de la comunidad.

El candombe fue inscrito en 2009 en la Lista Representativa del Patrimonio Cultural Inmaterial de la Humanidad de la UNESCO.

Fuente: http://www.unesco.org. Texto adaptado.

Rubén Rada

El Negro Rubén Rada, como es conocido comúnmente, es uno de los exponentes musicales uruguayos más reconocidos. Cantante, compositor y percusionista, siempre estuvo dotado de un carisma único que lo ha llevado a ser un ídolo en su país.

Nació en el barrio de Palermo (Montevideo) en 1943 y fue allí donde adquirió desde su niñez todo el arte del candombe.

Durante unos años desarrolló su carrera en los Estados Unidos, lo que hizo que muchos grandes de la música, como John Lennon, le otorgaran su reconocimiento.

Fernando «Lobo» Núñez

Fernando «Lobo» Núñez es uno de los percusionistas más reconocidos de Uruguay, con una larga trayectoria nacional e internacional.

Nació en Montevideo en 1956 y desde niño formó parte de comparsas como Morenada y Esclavos de Nyanza, con las que obtuvo varios primeros premios en los Concursos Oficiales del Carnaval montevideano.

Fernando «Lobo» Núñez es también un gran constructor de tambores tradicionales e instrumentos de percusión.

41 El candombe

▶ **Indica si las siguientes afirmaciones son ciertas (C) o falsas (F).**

1. En el desfile del candombe participan todos los barrios de la capital uruguaya. C (F)
2. El desfile es liderado por los mejores músicos. (C) F
3. Cada barrio toca de manera diferente el tambor más grande. (C) F
4. El candombe es una tradición de origen europeo. C (F)

▶ **Corrige las afirmaciones falsas.**

1. _En el desfile participan tres barrios de Montevideo._
2. _El candombe es de origen africano._

42 Las palabras

▶ **Explica con tus palabras estos términos que aparecen en el texto.**

1. desfile: _marcha en orden o en fila._
2. fogata: _fuego, hoguera._
3. comparsa: _grupo de personas que van disfrazadas en los carnavales._
4. tamborilero: _persona que toca el tambor._
5. percusionista: _persona que toca instrumentos de percusión._

43 La trascendencia del candombe

▶ **Explica. ¿Por qué crees que el candombe ha merecido formar parte de la Lista Representativa del Patrimonio Cultural Inmaterial de la Humanidad de la UNESCO?**

Porque es parte de la tradición y de la historia de la comunidad

afrouruguaya. Es, además, un vínculo de unión entre los miembros

de esa comunidad.

44 Los músicos del candombe

▶ **Investiga sobre la trayectoria de Rubén Rada o Fernando «Lobo» Núñez. Escucha su música en Internet y elige un tema para mostrárselo a tus compañeros(as).**

Rubén Rada

Fernando «Lobo» Núñez

DESAFÍO 1

45 El amor y la amistad

▶ Completa estos consejos conjugando estos verbos.

confiar	acordarse	apoyar	olvidarse	tener celos

Consejos para ser un buen amigo

1. No __te acuerdes__ de tus amigos solamente cuando necesites algo.

2. No __te olvides__ de tus amigos y llámalos de vez en cuando.

3. No __tengas celos__ de tus amigos y no compitan.

4. Cuando veas que un amigo esté en problemas, no dudes en _____ __apoyar__lo.

5. ____ __Confía__ ____ en tus amigos. Un verdadero amigo nunca te traicionará.

46 El sonido J. La letra *j*

▶ Completa las oraciones conjugando los verbos en pasado.

1. Le (aconsejar, yo) ____ __aconsejé__ ____ pedirle perdón a Lucía por lo que había hecho.

2. ¿Qué le (decir, tú) ____ __dijiste__ ____ de mí a Ricardo que ya no me habla?

3. Mi abuela (conducir) ____ __condujo__ ____ hasta que tuvo ochenta años.

4. ¿De dónde le (traer, ellos) ____ __trajeron__ ____ este juguete a Camila? Es muy bonito.

5. El pasado mes de abril, las lluvias (producir) ____ __produjeron__ ____ graves inundaciones.

DESAFÍO 2

47 Cambio de significado

▶ Relaciona el principio con el final de cada oración.

Ⓐ   Ⓑ

1. Diana se parece   a. en casa porque estaba enferma.
2. Carolina parece   b. al jefe de mi padre.
3. Eduardo, ¿te sabes   c. si Ángel está en casa?
4. Daniel, ¿sabes   d. con sus amigas para ir al cine.
5. Ayer despidieron   e. enfadada. ¿Qué le habrá pasado?
6. Ayer nos despedimos   f. la lección?
7. Ayer Alejandra se quedó   g. mucho a su abuela Fernanda.
8. Ayer Regina quedó   h. de mis abuelos que se iban de viaje.

48 **El sonido J. La letra g**

▶ Completa con **g** o con **j** los verbos de las oraciones.

1. Antes de un terremoto, se oye cómo cru_**j**_e la tierra.

2. María, no empu_**j**_es a tu hermano porque se puede caer.

3. Paola siempre prote_**g**_e a su hermana pequeña.

DESAFÍO 3

49 **El teléfono**

▶ Escribe las palabras o expresiones que se corresponden con las definiciones.

1. Llamada que recibimos, pero a la que no respondemos: __llamada perdida__

2. Dispositivo utilizado para suministrar la electricidad a la batería: __cargador__

3. Interrumpir una comunicación telefónica: __colgar__

50 **Repaso**

▶ Completa el crucigrama.

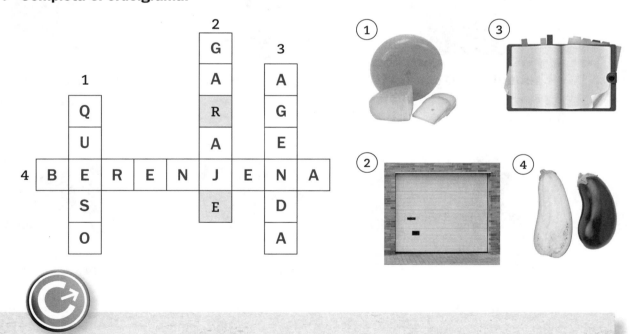

```
                2
                G        3
      1         A        A
      Q         R        G
      U         A        E
  4 B E R E N J E N A
      S         E        D
      O                  A
```

51 **El candombe**

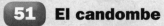

▶ Escribe. ¿Qué es el candombe?

__Es un ritmo de tambores de la comunidad afrouruguaya.__

1 La ropa

▶ **Completa este catálogo de ropa con las palabras del recuadro.**

botas	corbata	cinturón	manga	zapatos	camiseta	botines
bolso	abrigo	cuadros	cuello	vestido	chaqueta	traje

MUJER

_____**abrigo**_____ de lana

Camisa de __**cuadros**__ de
_____**manga**_____ larga

_____**vestido**_____ de algodón

HOMBRE

_____**chaqueta**_____ de cuero

____**traje**____ de vestir gris

_____**camiseta**_____ de
_____**cuello**_____ redondo

CALZADO

____**botas**____ de piel con tacón

____**zapatos**____ de salón

_____**botines**_____ de ante

COMPLEMENTOS

_____**bolso**_____ de piel

____**cinturón**____ de cuero

_____**corbata**_____ de seda

2 Los electrodomésticos

▶ Observa esta cocina y escribe el nombre de los electrodomésticos señalados.

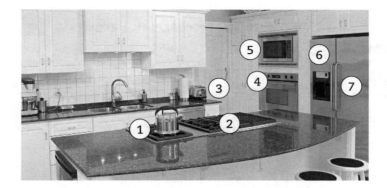

1. __freidora__
2. __estufa__
3. __tostadora__
4. __horno__
5. __microondas__
6. __congelador__
7. __refrigerador__

▶ Escribe el electrodoméstico que se utiliza para cada cosa.

1. Para lavar la ropa:

   la lavadora

2. Para secar la ropa:

   la secadora

3. Para aspirar el polvo:

   la aspiradora

4. Para freír:

   la freidora

5. Para batir:

   la batidora

6. Para planchar la ropa:

   la plancha

3 Los muebles

▶ Escribe el nombre del mueble u objeto de la casa que describe cada adivinanza.

1. Con patas y espalda,
   no se mueve ni anda.

   la silla

2. Aunque soy iluminada,
   siempre me tienen colgada.

   la lámpara

3. Cuatro patas tiene y no puede andar,
   también cabecera sin saber hablar.

   la cama

4. Tengo patas bien derechas,
   pero no me puedo mover,
   llevo la comida a cuestas
   y no la puedo comer.

   la mesa

▶ Ahora escribe una adivinanza sobre algún mueble o algún objeto de la casa.

Sube llena, baja vacía, y si no se da prisa, la sopa se enfría.

(la cuchara)

UN DIARIO

4 Tiendas

▶ **Escribe un producto que puedas comprar en estas tiendas.**

1. frutería: __una manzana__

2. juguetería: __una pelota__

3. joyería: __una pulsera__

4. perfumería: __un desodorante__

Un extraterreste en Barcelona

Día 12

15.00   Ahora que dispongo de dinero, decido recorrer la zona céntrica de la ciudad y visitar sus afamados comercios. Ha vuelto a nublarse, pero por el momento parece que el tiempo aguanta.

16.00   Entro en una *boutique*. Me compro una corbata. Considero que me favorece y me compro noventa y cuatro corbatas iguales.

16.30   Entro en una tienda de artículos deportivos. Me compro una linterna, una cantimplora, un *camping* buta-gas, una camiseta del Barça, una raqueta de tenis, un equipo completo de *windsurf* (de color rosa fosforescente) y treinta pares de zapatillas de *jogging*.

17.00   Entro en una charcutería y me compro setecientos jamones de pata negra.

17.10   Entro en una frutería y me compro medio kilo de zanahorias.

17.20   Entro en una tienda de automóviles y me compro un deportivo.

17.45   Entro en una tienda de electrodomésticos y lo compro todo.

18.00   Entro en una juguetería y me compro un disfraz, ciento doce vestidos de muñeca y un trompo.

18.30   Entro en una joyería, me compro un reloj de oro automático, sumergible, antimagnético y antichoque y lo rompo in situ.

19.00   Entro en una perfumería y me compro quince frascos de *Eau de Ferum*, que acaba de salir.

20.00   Decido que el dinero no da la felicidad, desintegro todo lo que he comprado y continúo caminando con las manos en los bolsillos y el ánimo ligero.

EDUARDO MENDOZA. *Sin noticias de Gurb*.
Texto adaptado.

5 Las compras

▶ Marca. ¿Qué artículos compra el personaje del relato?

6 El protagonista

▶ Responde.

1. ¿Te parece normal el comportamiento del personaje? ¿Qué cosas raras hace?

   No, no me parece normal porque compra demasiadas cosas

   que no necesita o que no son adecuadas.

2. ¿Por qué crees que se comporta así?

   Porque es un extraterrestre y para él es todo nuevo. Además,

   cree que tener muchas cosas lo hará feliz.

7 Algunas expresiones

▶ Reescribe estas oraciones sustituyendo las expresiones destacadas por otras equivalentes.

1. Considero que **me favorece** y me compro noventa y cuatro corbatas iguales.

   Considero que **me sienta bien** y me compro noventa y cuatro iguales.

2. Me compro un reloj de oro […] y lo rompo **in situ**.

   Me compro un reloj de oro y lo rompo **en el lugar**.

3. Me compro quince frascos de *Eau de Ferum*, **que acaba de salir**.

   Me compro quince frascos de *Eau de Ferum*, **que está de moda**.

4. Continúo caminando con las manos en los bolsillos y **el ánimo ligero**.

   Continúo caminando con las manos en los bolsillos, **alegre**.

8 Tu opinión

▶ El protagonista del relato decide que «el dinero no da la felicidad». Escribe. ¿Estás de acuerdo con él? ¿Por qué?

   Sí, estoy de acuerdo porque el dinero es algo material. La felicidad

   nos la dan la amistad, el amor, la familia, la salud, etc.

LA MODA

> 16.00 Entro en una *boutique*. Me compro una **corbata**. Considero que me favorece y me compro noventa y cuatro corbatas iguales.

9 **Accesorios y complementos**

▶ Escribe el nombre de cada accesorio o complemento.

boina	corbata	pañuelo	pajarita	gemelos	tirantes
gorra	mitones	pamela	gorro	diadema	capa

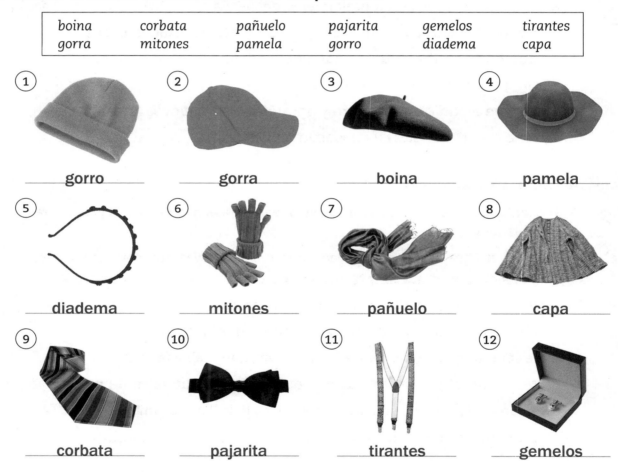

1. gorro
2. gorra
3. boina
4. pamela
5. diadema
6. mitones
7. pañuelo
8. capa
9. corbata
10. pajarita
11. tirantes
12. gemelos

▶ Escribe. ¿Qué accesorios y complementos utilizas tú? ¿En qué épocas o en qué ocasiones los utilizas?

Yo uso gorro en invierno y gorra en verano. Me pongo corbata cuando

voy a una celebración especial como, por ejemplo, una boda.

10 El cuidado de la ropa

▶ Relaciona los iconos con las instrucciones.

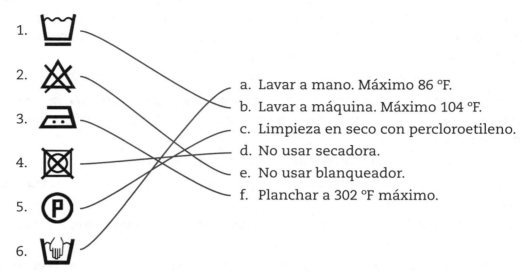

1.
2.
3.
4.
5.
6.

a. Lavar a mano. Máximo 86 °F.
b. Lavar a máquina. Máximo 104 °F.
c. Limpieza en seco con percloroetileno.
d. No usar secadora.
e. No usar blanqueador.
f. Planchar a 302 °F máximo.

▶ Completa las oraciones con el nombre de prendas de vestir, según las costumbres de tu casa.

1. Se lava(n) a mano: __las blusas de seda__

2. Se lava(n) a máquina: __los pantalones y las camisas de algodón__

3. Se envía(n) a la tintorería: __los trajes y los vestidos de fiesta__

4. No se mete(n) en la secadora: __las camisetas__

5. Se lava(n) con blanqueador: __los calcetines blancos__

6. Se plancha(n): __las camisas y las faldas__

11 Partes de una prenda

▶ Escribe el nombre de cada parte de esta prenda donde corresponda.

| manga | botón | cuello | bolsillo | solapa | ojal |

1. __cuello__
2. __solapa__
3. __botón__
4. __manga__
5. __bolsillo__
6. __ojal__

EL SONIDO S Y EL SONIDO Z. LA LETRA S

La mayoría de los hablantes de español pronuncian como **S** el sonido **S** *(casa)* y el sonido **Z** *(caza, acera)*. Es el fenómeno del **seseo**, que puede inducir a errores ortográficos que afectan a las grafías *s*, *c* y *z*.

Se escriben con la letra *s* los siguientes casos:

- Las palabras que empiezan por las sílabas **as/has**, **es/hes**, **is/his**, **os/hos**, **us/hus**, **des**, **dis** y **sil**, excepto *azteca* e *izquierdo*: *astuto, estudio, oscuro, usted, despierto, distraído, silbar.*
- Las palabras que empiezan por **semi-**, como *semilla, semifinal*.
- Las palabras que empiezan por los prefijos **sobre-**, **super-**, **supra-**, **sub-**, **tra(n)s-**: *sobrevivir, supermercado, supranacional, submarino, transporte.*
- Los sustantivos terminados en **-esco**, **-asco**, **-esta**, **-esto**, **-ismo**, **-isma**: *refresco, atasco, respuesta, gesto, periodismo, carisma.*
- Los adjetivos que expresan origen o procedencia terminados en **-es**, **-esa**, **-ense** y **-ensa**: *francés, japonesa, canadiense.*
- Los adjetivos terminados en **-ísimo**, **-ísima**, **-oso**, **-osa**, **-sivo**, **-siva**, excepto *nocivo* y *lascivo*: *riquísimo, listísima, virtuoso, furiosa, comprensivo, expresiva.*
- Las terminaciones **-ésimo**, **-ésima**, excepto *décimo* y sus derivados: *vigésimo, centésima.*
- Las terminaciones del imperfecto de subjuntivo: *amase, temiese.*
- Las palabras en las que el sonido **S** antecede al sonido **T**, excepto *azteca*: *artístico, estúpido, astro.*
- Las palabras con la terminación **-sión**:
  - Derivados de verbos terminados en **-primir** o **-cluir**, como *impresión* (de *imprimir*) o *conclusión* (de *concluir*).
  - Derivados de verbos terminados en **-der**, **-dir**, **-ter**, **-tir** y **-sar** cuando la palabra ha perdido la **d**, la **l** o la sílaba **sa** del verbo del que procede: *comprensión* (de *comprender*), *evasión* (de *evadir*), *diversión* (de *divertir*), *progresión* (de *progresar*).

12 **Adjetivos**

▶ **Escribe los adjetivos correspondientes a estos sustantivos o verbos.**

1. furia: __furioso__
2. comprender: __comprensivo__
3. celos: __celoso__
4. amistad: __amistoso__

▶ **Escribe. ¿Cómo se denominan las personas que proceden de estos países?**

1. Estados Unidos: __estadounidense__
2. Costa Rica: __costarricense__
3. Nicaragua: __nicaragüense__
4. Inglaterra: __inglés/inglesa__
5. Francia: __francés/francesa__
6. Islandia: __islandés/islandesa__

13 Crucigrama con *s*

▶ Completa el crucigrama. Todas son palabras que contienen la letra *s*.

```
   5  P  O  S  T  A  L
            1
            T
   6  B  A  S  U  R  A
            N
            2        3
   7  A  S  T  U  T  O    P     S
            B           S     E
            O           I     M
            R           C     I        4
            D           Ó     F        M
            A     8  T  E  L  E  V  I  S  O  R
            D           L     N     S
            O           O     A     C
   9  R  E  F  R  E  S  C  O     L     A
                        G
```

VERTICALES

1. Aeronave espacial que despega como un cohete y aterriza como un avión.
2. Persona que se dedica a la psicología.
3. En una competencia o un concurso, cada uno de los dos penúltimos encuentros o pruebas.
4. Insecto con dos alas y seis patas.

HORIZONTALES

5. Tarjeta que se envía por correo.
6. Desperdicios y residuos que se tiran.
7. Hábil para engañar a alguien, para evitar un daño o para lograr un fin.
8. Aparato para ver la televisión.
9. Bebida sin alcohol.

14 Autodictado

▶ Completa el texto con *s*, con *z* o con *c*.

Un padre de _s_ pi _s_ tado

Tenía que ir al _s_ upermercado con urgen _c_ ia. Con lo que había en el refrigerador, no podríamos _s_ obrevivir má _s_ de do _s_ día _s_ . _S_ in embargo, de _s_ de que me había de _s_ pertado, tenía la impre _s_ ión de que e _s_ e no iba a _s_ er un buen día. Primero, lo _s_ niño _s_ no pararon de ha _c_ er trave _s_ uras. Le _s_ pedí con dul _z_ ura que pararan, pero no me hi _c_ ieron ni ca _s_ o. De _s_ pués, no _s_ metimos en un ata _s_ co. Y cuando llegamos al _s_ upermercado, e _s_ taba todo o _s_ curo. De repente, me di cuenta de que era domingo y aquel _s_ upermercado _c_ erraba los días de fie _s_ ta.

EL DIARIO

El texto *Un extraterrestre en Barcelona* (pág. 78) es un fragmento de un diario muy especial en el que el personaje anota lo que hace a lo largo del día.

Día 12

15.00 Ahora que dispongo de dinero, decido recorrer la zona céntrica de la ciudad y visitar sus afamados comercios. Ha vuelto a nublarse, pero por el momento parece que el tiempo aguanta.

En la organización interna del diario a cada día le corresponde un apartado, que se encabeza con la fecha respectiva.

> El **diario** es un escrito de carácter personal en el que el autor va relatando, día a día, los hechos que le ocurren, así como sus sentimientos e impresiones.

15 Un diario imaginario

▶ **Vamos a escribir un fragmento de un diario imaginario. Sigue estos pasos.**

A. Elige al protagonista de tu diario. Debe ser un personaje inventado. Te damos algunas ideas.

- ☑ *Un perro.*
- ☐ *Una bruja.*
- ☐ *Una persona famosa.*
- ☐ *Alguien de tu edad, pero de otro país.*
- ☐ *Otro:* _____

B. Imagina. ¿Qué puede hacer tu personaje en un día normal, un lunes, por ejemplo? Piensa en sus actividades, sus horarios, sus rutinas…

desayunar, recorrer el jardín, saludar a los vecinos, jugar con su dueña,

perseguir a los pájaros, ladrarles a las ardillas, salir de paseo

con su dueña, dormir

C. Ahora piensa. ¿Qué le puede suceder a tu personaje? Puedes incluir alguna situación extraordinaria; por ejemplo, se da un golpe y pierde la memoria.

Al correr detrás de una ardilla, el perrito Orejas se cae en un hoyo

que había hecho un topo la noche anterior.

D. Redacta ahora la página del diario de tu personaje correspondiente al día de hoy. Recuerda estos aspectos.

- El diario se escribe en primera persona (*yo*).
- El diario se suele escribir al final del día, así que se suele utilizar el presente perfecto (<u>*me he levantado*</u>) o el pretérito (*me levanté*).

Puedes incluir algún dibujo que ilustre tu relato.

8:00 Hoy, como de costumbre, me he levantado temprano y he desayunado croquetas.

8:15 Mi dueña, aún medio dormida, me abrió la puerta del jardín y salí a hacer el recorrido diario de mi territorio. El vecino estaba regando las plantas y lo he saludado, pues tengo muy buenos modales.

8:30 Mi dueña salió al jardín y jugamos juntos un ratito. Después, ella entró a la casa y yo seguí mi recorrido por el jardín. Todos los días hay que oler y marcar el territorio porque a veces entran intrusos (ardillas, gatos...) y tengo que dejar claro que aquí soy yo el dueño.

8:45 Mi dueña ya se ha ido al trabajo y el vecino ha entrado en su casa. Yo, como me aburría, me quedé dormido.

9:00 Me desperté sobresaltado. Una ardilla había entrado y pisoteaba las flores de mi dueña. Corrí para espantarla, pero... ¡me caí en un hoyo! Intenté salir, pero el hoyo era muy profundo y no pude. Ladré, chillé, gemí, aullé. Ya estaba dándome por vencido cuando vi asomar los bigotes de Pelos, el gato del vecino. Detesto a ese gato, pero en ese momento era mi única esperanza.

9:30 ¡Mi rescate! Pelos avisó a su dueño y el vecino cruzó la cerca y me sacó del hoyo. ¡Vaya susto! Ahora supongo que tendré que hacerme amigo de Pelos.

E. Revisa tu escrito antes de darlo por terminado.

UN CATÁLOGO

Objetos de culto

La silueta de determinadas piezas de diseño contemporáneo son verdaderos iconos del interiorismo actual. Su presencia es tan impactante que dotan de personalidad cualquier ambiente y le ponen nombre y apellidos. Son objetos con historia que están presentes en los mejores museos del mundo.

BARCELONA. Diseño: Mies van der Rohe

La silla Barcelona constituye un hito en el diseño del mueble moderno. Fue diseñada para la exposición universal celebrada en 1929 en Barcelona. Su estructura está realizada íntegramente en acero, y el tapizado es de cuero. Esta pieza se adapta a cualquier espacio y a cualquier uso sin pasar desapercibida.

ARCO. Diseño: Archille Castiglione

Es difícil definir la lámpara Arco, ya que es una lámpara de pie porque se apoya en el suelo, pero hace las funciones de lámpara de techo porque se suspende sobre nuestras cabezas. Realizada sobre una base de mármol, posee una estructura de acero inoxidable y una pantalla de aluminio que refleja suavemente la luz que emana de la bombilla. En definitiva, es la pieza clave de cualquier interiorismo moderno.

BOOKWORM. Diseño: Ron Arad

La Bookworm se podría definir como una librería que recorre sinuosamente la pared, adaptándose a cualquier forma. Esta fantástica pieza, además de servir para apoyar libros, posee un gran impacto visual y llena el espacio en el que se coloca.

JUICY SALIF. Diseño: Philippe Starck

Sin duda, el exprimidor Juicy Salif es uno de los productos estrella de Philippe Starck y a la vez uno de los más controvertidos del diseño del siglo XX. Acusado de función limitada y alabado por ser una escultura, se ha dicho y se ha escrito mucho acerca de este producto de aluminio, siendo esta una de las razones por las que fue escogido como icono del diseño en 1990.

Fuente: http://belengonzalezinteriorismo.blogspot.com.
Texto adaptado.

16 **Objetos de culto**

▶ **Indica si las siguientes afirmaciones son ciertas (C) o falsas (F).**

1. Las piezas que se describen suelen estar en las iglesias
y por eso son objetos de culto.   C (F)

2. La estructura de la silla Barcelona es de piel.   C (F)

3. La lámpara Arco es una lámpara de techo.   C (F)

4. La librería Bookworm puede cambiar de forma.   (C) F

5. El exprimidor Juicy Salif no es muy útil.   (C) F

▶ **Corrige las afirmaciones falsas.**

1. Estas piezas están en los mejores museos.

2. La estructura de la silla es de acero.

3. La lámpara Arco es una lámpara de pie.

17 **Expresiones**

▶ **Escribe una oración con estas expresiones que aparecen en el texto.**

1. constituir un hito

Las creaciones de Carolina Herrera constituyen un hito en la moda.

2. pasar desapercibido(a)

Elisa es tan distinta a las demás que nunca pasa desapercibida.

3. ser una pieza clave

El motor es la pieza clave del coche.

4. ser un producto estrella

El gel antiarrugas es el producto estrella de la compañía.

18 **Ahora tú**

▶ **Mira de nuevo las fotografías del reportaje. Escribe. ¿Qué mueble u objeto te resulta más atractivo? ¿Por qué?**

Me gusta más la silla porque me parece muy cómoda.

▶ **Describe un objeto de tu casa que te resulte especialmente útil y bello.**

Me gusta nuestra batidora. Además de ser un objeto muy práctico,

me encanta su diseño futurista.

LOS OBJETOS

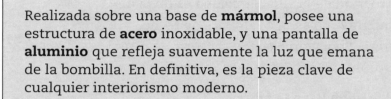

Realizada sobre una base de **mármol**, posee una estructura de **acero** inoxidable, y una pantalla de **aluminio** que refleja suavemente la luz que emana de la bombilla. En definitiva, es la pieza clave de cualquier interiorismo moderno.

19 Colores y tonos

▶ **Añade una terminación a cada adjetivo para crear tonos de estos colores.**

-izo(a)	-oso(a)	-ento(a)	-ado(a)	-uzco(a)	-áceo(a)

1. rojo: **rojizo(a)**
2. verde: **verdoso(a)**
3. azul: **azulado(a)**

4. amarillo: **amarillento(a)**
5. gris: **grisáceo(a)**
6. blanco: **blancuzco(a)**

▶ **Relaciona los términos para crear tonos.**

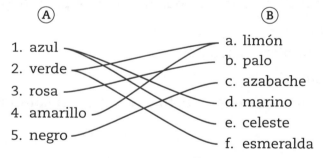

Ⓐ
1. azul
2. verde
3. rosa
4. amarillo
5. negro

Ⓑ
a. limón
b. palo
c. azabache
d. marino
e. celeste
f. esmeralda

▶ **Elige ocho tonos de los anteriores y escribe una oración con cada uno.**

1. Me he comprado un traje en tonos grisáceos.
2. Mi abuela me regaló un suéter en tonos rojizos.
3. Mi habitación está pintada de color rosa palo.
4. Ese celular amarillo limón es el del profesor.
5. ¿Dónde compraste esa mochila verde limón?
6. Ayer vi una blusa verde esmeralda que me encantó.
7. Mi hermana quiere de regalo un abrigo negro azabache.
8. El azul celeste es mi color favorito.

20 Muebles y materiales

▶ Describe, como si fueran para un catálogo, los muebles de las fotografías seleccionando las palabras y expresiones del recuadro.

de piel	*de madera*	*de tela*	*de plástico*	*de metal*
elegante	*práctico(a)*	*moderno(a)*	*clásico(a)*	*cómodo(a)*
desenfundable	*fácil de lavar o limpiar*		*resistente*	*duradero(a)*

1. Mecedora de madera maciza, cómoda y duradera. Diseño muy práctico, adaptable a cualquier cuarto de la casa.

2. Tumbona de plástico, ideal para tomar el sol en la terraza. Viene con una colchoneta desenfundable, fácil de limpiar.

3. Taburete de madera barnizada, fácil de limpiar. Clásico y práctico, combina con distintos estilos de decoración.

4. Sillón de tela, elegante y moderno. Muy resistente y cómodo.

▶ Describe el asiento en el que estás sentado ahora mismo.

Es una silla de madera de abeto, de estilo rústico. Es muy resistente y cómoda.

21 Objetos extraños

▶ Inventa tú un utensilio para la cocina. Dibújalo y descríbelo.

Mi invento es un tenecuchara. Este utensilio tiene un tenedor en uno de los extremos y una cuchara en el otro, así que realiza dos funciones: la de tenedor y la de cuchara. Es de acero inoxidable.

EL SONIDO S Y EL SONIDO Z. LA LETRA Z

El sonido **Z** es un sonido propio del español que se habla en el centro y en el norte de España. Este sonido se puede escribir con **c** o con **z**. Esas letras se mantienen en la escritura, aunque en Hispanoamérica y en algunas zonas de España se pronuncian con el sonido **S**.

Se escriben con **z**:

- Los adjetivos terminados en **-az**: *capaz* (plural *capaces*), *audaz* (plural *audaces*).
- Las terminaciones **-anza**, **-azgo**, **-ez**, **-eza**: *adivinanza*, *liderazgo*, *escasez*, *realeza*. Se exceptúan *mansa*, *gansa*, *cansa*, *descansa*, *rasgo*.
- La terminación **-azo** cuando significa golpe o tiene valor aumentativo: *rodillazo*, *portazo*.
- La terminación **-zuelo** con valor despectivo, salvo los derivados de palabras con s al final como *mocosuelo*, de *mocoso*: *jovenzuelo*.

- Las formas de los verbos que terminan en **-cer** y **-ducir** en las que el sonido **Z** (o **S** para los hablantes seseantes) precede al sonido **K**: *crezco*, de *crecer*, *conduzco*, de *conducir*.
- ¡Ojo! En algunas palabras, en su mayoría de origen extranjero, el sonido **Z** ante **e**, **i** se escribe con **z**: *kamikaze*, *zen*, *zigzag*, *zíper*.

22   Verbos con *z*

▶ **Completa estas oraciones conjugando los verbos del recuadro.**

anochecer	introducir	crecer	agradecer	conducir	conocer

1. Te **agradezco** mucho la invitación, pero no podré asistir a tu fiesta.
2. **Conduzcan** ustedes con cuidado, por favor.
3. Cuando tu hermana **crezca** un poco, podrá jugar contigo.
4. En cuanto **anochezca**, nos vamos a casa.
5. No **conozco** a tu prima. ¿Me la presentas?
6. Juan, no **introduzcas** la contraseña todavía.

23   Más verbos

▶ **Escribe la forma *yo* del presente de estos verbos.**

1. desobedecer: **desobedezco**
2. reducir: **reduzco**
3. traducir: **traduzco**
4. desconocer: **desconozco**
5. padecer: **padezco**
6. deducir: **deduzco**

24 Sustantivos

▶ Escribe los sustantivos que corresponden a estos adjetivos.

1. firme: __firmeza__

2. árido: __aridez__

3. bello: __belleza__

4. triste: __tristeza__

5. sencillo: __sencillez__

6. tímido: __timidez__

25 Terminaciones con z

▶ Forma nuevas palabras utilizando las terminaciones del recuadro.

-azo	-zuelo	-azgo

1. novio: __noviazgo__

2. joven: __jovenzuelo(a)__

3. líder: __liderazgo__

4. arañar: __arañazo__

5. balón: __balonazo__

6. pinchar: __pinchazo__

26 Autodictado

▶ Completa el texto con s, con z o con c.

Te voy a contar un cuento

Te voy a contar un cuento de un **z** orro, un pe **z** y una gan **s** a. A **s** í que de **s** cansa.

Eran todos joven **z** uelo **s** , atolondrado **s** y querían **s** er modelo **s** .

Iban todos a la e **s** cuela. ¿Te **s** uena?

En cla **s** e **s** e daban be **s** o **s** , abra **z** o **s** y coda **z** o **s** . ¡Qué lata **z** o!

Le **s** gu **s** taba condu **c** ir coche **s** de gran **c** ilindrada. ¡Qué bobada!

Tenían la e **s** peran **z** a de llegar a ser famo **s** o **s** . ¡Qué ilu **s** o **s** !

Un día cre **c** ieron todo **s** y **s** e le **s** olvidó lo de la fama. ¡Qué alegría, madre mía!

DESCRIPCIÓN DE OBJETOS

En el texto *Objetos de culto* (pág. 86) se describen varios objetos y muebles. Para hacer una descripción clara de un objeto o mueble, debemos ser ordenados y dar información sobre estos aspectos.

- **Definición.** Explica qué es.

> *Es una lámpara de pie porque se apoya en el suelo, pero hace las funciones de lámpara de techo.*

- **Utilidad.** Explica para qué sirve.

> *Esta fantástica pieza, además de servir para apoyar libros, posee un gran impacto visual y llena el espacio en el que se coloca.*

- **Materiales de que está hecho.**

> *Realizada sobre una base de mármol, posee una estructura de acero inoxidable y una pantalla de aluminio.*

Cuando **describimos un objeto**, tenemos que explicar qué es, para qué sirve, de qué materiales está hecho y cómo funciona.

---

27 **Describir un objeto**

▶ **Describe un objeto que te guste.**

ANSWERS WILL VARY

A. ¿Conoces estos objetos? Son objetos inventados por Jacques Carelman. Elige el que más te guste.

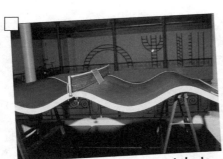
Mesa de ping-pong ondulada

Silla plana

Tenedores insólitos

B. Busca información sobre el objeto elegido y escribe. ¿En qué consiste?

Se trata de una silla de color rojo intenso. El asiento lo componen cuatro triángulos equiláteros. El estilo es rústico y el diseño provocador e impactante.

C. Explica. ¿Para qué sirve?

Contrario a lo que sería normal esperar de una silla, esta no sirve como asiento. La silla está totalmente abierta, es decir, la totalidad de su superficie (patas, respaldo y asiento) toca el suelo.

D. Describe. ¿De qué materiales está hecho?

El respaldo y las patas son de madera maciza de pino. El asiento está tejido en palma.

E. Explica. ¿Cómo se utiliza?

Esta interesante silla no tiene utilidad. Se trata de un objeto decorativo. También puede ser una pieza de museo. Su objetivo principal es provocar al espectador, pues contradice la función del objeto que representa.

UN REPORTAJE: LAS TAREAS DOMÉSTICAS

28 **Las tareas domésticas**

▶ Escribe. ¿Qué tareas domésticas haces en casa?

Una semana al mes

me toca lavar los platos

y regar las plantas.

Tarea para el hogar

Claudia Selser

Es la asignatura pendiente en la vida de las mujeres de todo el mundo. En la Argentina solo tres de cada diez hombres dedican algún tiempo al trabajo doméstico

No fue una broma, pero no se destacó por su buen gusto. El año pasado una cadena británica de supermercados pretendió agasajar a las mujeres en el Día de la Madre lanzando un CD con las «mejores 101 canciones para hacer las tareas domésticas».

Y no es novedad que el tema del desigual reparto de las tareas domésticas entre varones y mujeres dé de comer a la publicidad. No hace mucho, en España, una marca líder de jabón para lavar impactó con una campaña para promover cambios. Bajo el lema: «Ellos también pueden», con ironía, humor e inteligencia, interpeló a los varones con canciones pegadizas como esta: «Pablo se levantó, puso la lavadora y no se murió».

Ningún chiste

El tema es uno de los pendientes de la agenda internacional sobre derechos humanos de las mujeres. Si en España las estadísticas muestran que las mujeres dedican cinco veces más tiempo que los varones a tareas domésticas, en la Argentina las cosas están un poco peor: según la última Encuesta Permanente de Hogares del INDEC (Instituto Nacional de Estadística y Censos), de cada diez hombres que viven en Buenos Aires, siete admiten no colaborar en la limpieza del hogar, la preparación de los alimentos y el cuidado de niños y ancianos. El 70 % de los varones.

La socióloga Catalina Wainerman, especialista en estudios sobre familia, expone esta desproporción en la Argentina: «Hay que reconocer que los varones participan un poco más que antes en tareas de la paternidad (dar de comer, bañar o llevar a los hijos al colegio), pero, pese a que en casi la mitad de los hogares ambos cónyuges trabajan fuera, ellos realizan muy pocas tareas como cocinar, lavar, planchar o limpiar».

Lo que ven los chicos en casa

Los expertos juran que la batalla por la equidad se va a ganar en cada casa y dependerá de lo que aprendan los hijos y las hijas, desde que nacen. Dicen también que las mujeres deben cuidarse de no repetir el estereotipo. ¿Cuántas veces una madre pide ayuda solo a la nena para no molestar a los varones, que miran la televisión?

Fuente: http://edant.clarin.com. Texto adaptado.

29 **Un reparto injusto**

▶ **Responde.**

1. ¿Crees que la autora del reportaje considera apropiada la campaña del supermercado británico? ¿Y la del jabón español para lavar? ¿Por qué?

   No la considera apropiada. La del jabón sí la considera adecuada porque

   anima a los hombres a que ayuden en el hogar.

2. ¿Es equitativo en España y en Argentina el reparto de las tareas domésticas entre el hombre y la mujer? ¿Por qué?

   No, no es equitativo. En ambos países las mujeres dedican más tiempo

   a las tareas domésticas que los hombres.

3. ¿Qué sugiere la autora que deben hacer las mujeres para que esta situación no se reproduzca en el futuro?

   No deben repetir el estereotipo de pedir ayuda solo a las hijas.

30 **Palabras sinónimas**

▶ **Marca la palabra con el significado más cercano a la destacada.**

agasajar	☑ homenajear	☐ ofender	☐ criticar
reparto	☐ acumulación	☐ concentración	☑ distribución
desproporción	☐ igualdad	☑ desequilibrio	☐ paridad
equidad	☐ disparidad	☐ injusticia	☑ igualdad

31 **En tu casa**

▶ **Marca. ¿Quién suele realizar en tu casa estas tareas domésticas?**

	Yo	madre	padre	hermana	hermano
Cocinar		✓			
Lavar la ropa				✓	
Planchar	✓				
Tender la cama					✓
Limpiar los baños			✓		
Hacer la compra		✓	✓		

▶ **¿Crees que en tu casa hay un reparto justo de las tareas domésticas? Explica por qué.**

   Sí, porque todos ayudan con distintas tareas.

LAS TAREAS DOMÉSTICAS Y LOS OFICIOS

Hay que reconocer que los varones participan un poco más que antes en tareas de la paternidad (dar de comer, bañar o llevar a los hijos al colegio).

32 **Tareas del hogar**

▶ Relaciona. ¿Qué instrumento se utiliza para realizar cada tarea?

Instrumentos	Tareas
1. plumero	a. lavar los platos
2. martillo	b. lavar la ropa
3. estropajo	c. tender la ropa
4. plancha	d. planchar
5. detergente	e. fregar el piso
6. pinzas	f. limpiar los muebles
7. trapeador	g. colgar un cuadro

33 **Palabras compuestas**

▶ *Abrelatas* es una palabra compuesta formada a partir de dos palabras: *abrir* y *lata*. Combina tú las siguientes palabras para formar otras cuatro. Después, explica su significado.

limpia	lava	hogar	vajillas	platos	cristales

1. __Lavaplatos__ : electrodoméstico para lavar la vajilla, las ollas, los cubiertos...

2. __Limpiacristales__ : detergente, por lo general líquido, que se usa para limpiar cristales.

3. __Lavavajillas__ : detergente para lavar la vajilla y demás utensilios de la cocina.

4. __Limpiahogar__ : producto para limpiar la casa.

34 **Oficios**

▶ Escribe. ¿Qué es cada objeto o herramienta? ¿Para qué sirve? ¿Qué profesión u oficio lo suele utilizar?

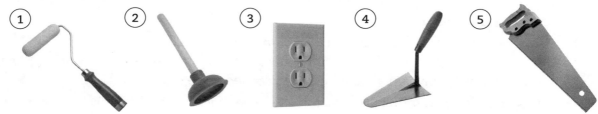

① ② ③ ④ ⑤

1. Es un rodillo y lo utilizan los pintores para pintar.

2. Es un desatascador y lo utilizan los plomeros para desatascar las tuberías.

3. Es un enchufe o tomacorriente y lo usan los electricistas para conectar los aparatos eléctricos.

4. Es una cuchara de albañil que usan los albañiles para aplicar el cemento.

5. Es un serrucho y lo utilizan los carpinteros para cortar madera.

▶ Escribe dos profesiones que tengan estas terminaciones.

-ero(a)	-or(a)	-ista	-logo(a)
jardinero(a)	profesor(a)	artista	dermatólogo(a)
panadero(a)	traductor(a)	dietista	arqueólogo(a)

▶ Elige cuatro profesiones de las anteriores y explica. ¿A qué se dedican?

1. Los traductores traducen textos de un idioma a otro.

2. Los panaderos elaboran el pan.

3. Los dietistas hacen recomendaciones alimentarias.

4. Los arqueólogos estudian las civilizaciones antiguas.

▶ Escribe. ¿Qué profesionales han acudido a tu casa últimamente? ¿Por qué fueron? ¿Qué hicieron o qué arreglaron?

A mi casa vino el electricista porque tuvimos un cortocircuito en la cocina. También vino el plomero porque teníamos una fuga de agua en el baño.

EL SONIDO S Y EL SONIDO Z. LA LETRA C

El sonido **Z** (generalmente pronunciado como **s** en Hispanoamérica) se escribe con **c** en estos casos:

- Las terminaciones *-cito*, *-cico*, *-cín* y *-cillo* que se añaden a una palabra para formar diminutivos, excepto los derivados de palabras que llevan **s**, como *cursillo: cochecito, solecillo.*

- Las palabras que terminan en *-icio*, *-icia*, *-icie*: *oficio*, *noticia*, *calvicie.*

- Las palabras que terminan en *-ancia*, *-encia*, *-cial* y *-cracia*, salvo *ansia*, *hortensia*, *eclesial*, *controversial* e *idiosincrasia*: *abundancia*, *creencia*, *comercial*, *democracia.*

- El plural de las palabras que terminan en **z**, como *peces.*

- Los verbos que terminan en *-cer*, *-ceder*, *-cender*, *-ciar*, *-cibir* y *-ducir*, excepto *coser*, *toser*, *ser*, *ansiar*, *anestesiar*, *lisiar* y *extasiar*: *hacer*, *acceder, conceder, descender, renunciar, recibir, deducir.*

- La mayor parte de las palabras que terminan en *-ción*, como *comunicación* o *retención.* Hay que tener en cuenta las excepciones terminadas en *-sión* (ver página 82).

35 **Terminan en *-ción* o en *-sión***

▶ **Escribe el sustantivo terminado en *-ción* o en *-sión* que corresponde a cada verbo.**

1. acusar: __acusación__
2. repetir: __repetición__
3. absorber: __absorción__
4. actuar: __actuación__
5. aclarar: __aclaración__

6. expulsar: __expulsión__
7. admitir: __admisión__
8. conducir: __conducción__
9. atender: __atención__
10. comprender: __comprensión__

 ANSWERS WILL VARY

▶ **Elige seis de los sustantivos anteriores y escribe una oración con cada uno.**

1. __La actuación de la actriz principal fue excelente.__
2. __Mañana van a transmitir la repetición de la final de fútbol.__
3. __En este restaurante se reservan el derecho de admisión.__
4. __Le pusieron una multa por conducción temeraria.__
5. __Los niños no prestan atención y se distraen fácilmente.__
6. __La expulsión de Ana de la escuela fue muy injusta.__

36 Verbos

▶ **Escribe un verbo con cada terminación.**

1. _____ **ven**cer
2. _____ **pro**ceder
3. _____ **des**cender

4. _____ **va**ciar
5. _____ **re**cibir
6. _____ **pro**ducir

37 Palabras

▶ **Completa estas palabras con c, con s o con z.**

1. democra**c**ia
2. produ**c**ir
3. per**c**ibir
4. teocra**c**ia

5. pacien**c**ia
6. en**c**ender
7. ofi**c**ial
8. distan**c**ia

▶ **Completa estas oraciones con las palabras anteriores.**

1. Algunos animales _____ **perciben** _____ sonidos que el hombre no oye.

2. En nuestra organización, hay _____ **democracia** _____ y las decisiones las tomamos entre todos.

3. ¿Hay mucha _____ **distancia** _____ de la escuela a tu casa?

4. Ten _____ **paciencia** _____ y no te pongas nerviosa.

5. ¿Puedes _____ **encender** _____ la luz, por favor?

38 Autodictado

▶ **Completa el texto con s, con z o con c.**

Éra_s_e una ve_z_...

Éra_s_e un _s_er de _c_ente que vivía de la _c_ien_c_ia. No vivía en la abundan_c_ia, pero vivía feli_z_. Le gu_s_taban la_s_ probeta_s_ y los _c_entilitro_s_. _S_u ofi_c_io era inve_s_tigar. Un día apare_c_ió en las noti_c_ias. ¡Había de_s_cubierto el remedio contra la calvi_c_ie! _S_e dedicó a produ_c_ir aquel maravillo_s_o invento. ¡Menudo aconte_c_imiento! Y _s_e convirtió en pre_s_idente de una gran multina_c_ional. ¡Fenomenal! Pero a él le gu_s_taba má_s_ la inve_s_tiga_c_ión, así que volvió a la ac_c_ión y aún _s_igue en _s_u laboratorio bu_s_cando una _s_olu_c_ión al _s_arampión.

99

TRANSMITIR LAS PALABRAS DE OTROS

El texto *Tarea para el hogar* (pág. 94) es un reportaje sobre el reparto de las tareas entre hombres y mujeres en Argentina. En él, la autora aporta un conjunto de datos que muestran que en Argentina la mayor parte de las tareas domésticas las realizan las mujeres. Y, además, incluye la opinión de una experta, a la que cita:

> *La socióloga Catalina Wainerman, especialista en estudios sobre familia, expone esta desproporción en la Argentina: «Hay que reconocer que los varones participan un poco más que antes en tareas de la paternidad (dar de comer, bañar o llevar a los hijos al colegio), pero, pese a que en casi la mitad de los hogares ambos cónyuges trabajan fuera, ellos realizan muy pocas tareas como cocinar, lavar, planchar o limpiar».*

Las palabras de otras personas podemos reproducirlas de forma literal (estilo directo) o podemos transformarlas (estilo indirecto).

– En el **estilo directo** las palabras u opiniones se escriben entre comillas (« ») para distinguirlas de los comentarios o ideas personales del investigador.

– En el **estilo indirecto** es el investigador el que reproduce con sus propias palabras lo que dicen los demás, por ejemplo: *La socióloga Catalina Wainerman dijo que había que reconocer que los hombres colaboraban un poco más en el cuidado de los hijos…*

En ambos casos, las palabras de una persona suelen ir introducidas por verbos como *decir, contar, comentar, explicar, anunciar, preguntar, contestar…*

> Antes de redactar un **reportaje**, el periodista lleva a cabo una investigación para que la información sea completa, objetiva y basada en datos. En una investigación se puede incluir el testimonio de algunas personas que aportan su punto de vista sobre el tema que se investiga.

39 **Opiniones sobre el reparto de las tareas domésticas en…**

▶ **Vamos a realizar un reportaje sobre el reparto de las tareas domésticas. Sigue estos pasos.**

A. Piensa el país sobre el que quieres hacer el reportaje. Te damos algunas ideas.

☐ EE. UU.   ☐ *Tu país de procedencia o el de tus padres.*   ☑ Otro: __Costa Rica__

B. Busca la opinión de algún experto sobre el tema.

__Montserrat Sagot, socióloga: «Hay un avance en términos de actitudes,__

__pero eso no ha tenido un efecto en la división sexual del trabajo».__

C. Redacta el reportaje.

- Debes redactar un titular y una entradilla.
- En el cuerpo, incluye toda la información obtenida durante tu investigación.
- Incluye la opinión del experto.

EL HOMBRE NO PREDICA CON EL EJEMPLO

Hay aún en la sociedad costarricense una gran brecha entre lo que los hombres saben que deben hacer para que la repartición de las tareas domésticas sea justa y lo que hacen en realidad.

Los hombres costarricenses saben que los quehaceres deben compartirse. Y no solo lo saben, sino que un 75 % de ellos así lo manifiesta. Pero esta opinión no concuerda con la realidad, ya que el 70 % de los hombres le deja las tareas domésticas a la mujer.

Razones de la disparidad entre opinión y realidad

La equidad de género se ha promovido desde hace tiempo en Costa Rica, por lo que la población es consciente de lo que es correcto. Pero aún no ha transcurrido el tiempo suficiente para que cambien las tradiciones, es decir, la práctica social. Según la socióloga Montserrat Sagot: «Hay un avance en términos de actitudes, pero eso no ha tenido un efecto en la división sexual del trabajo».

Falta de autocrítica

Hay también falta de autocrítica en los hombres costarricenses. Un 53 % opina que la sociedad costarricense es muy machista, pero el 82 % dice que ellos no lo son. Esta falta de autocrítica contribuye, sin duda, a que el problema no tenga fácil solución.

Fuente: http://www.nacion.com/2011-10-16/ElPais/costarricenses-predican-igualdad-de-genero-pero-no-la-practican.aspx

D. Recuerda que debes revisarlo antes de dar por terminado el reportaje.

LOS DISEÑADORES HISPANOS

Pertenecer al selecto grupo de las más elegantes de Hollywood no es tarea fácil. Estas famosas están todo el tiempo en la mira de las revistas de moda y cualquier error en su imagen les puede costar caro. Tal vez por eso muchas de ellas voltean la mirada a diseñadores cien por ciento hispanos, que les aseguran elegancia y una sensualidad siempre distinta. Conoce a las famosas que se ponen en manos de «los nuestros».

Todos quieren a Óscar de la Renta, desde las estrellas de la pantalla grande, pasando por futbolistas y rematando con grandes políticos. Las creaciones de este diseñador dominicano son tan sofisticadas que ninguna estrella se resiste a usarlas. Algunas de las celebridades que se rinden ante su talento son Cameron Díaz, Sarah Jessica Parker, Beyoncé, Jennifer Garner, Jennifer López y Hillary Clinton.

Los sueños de la venezolana Carolina Herrera comenzaron en un taller pequeño, donde pasaba horas echando a volar su imaginación hasta consolidar su marca CH como una de las preferidas de las estrellas. Sus diseños exclusivos y su buen gusto han hecho que grandes estrellas, como Jackie Onassis, Salma Hayek, Eva Longoria, Shakira, Nicole Kidman, Sarah Jessica Parker y Renée Zellweger, le sean fieles.

Aunque Narciso Rodríguez nació en New Jersey, corre sangre hispana por las venas de este diseñador de padres cubanos. A los 26 años presentó su primera colección en Milán y con ello se convirtió en uno de los diseñadores latinos más solicitados por las estrellas y celebridades del mundo. Entre sus consentidas se encuentran Salma Hayek, Jessica Alba, Claire Danes, Sarah Jessica Parker, Rachel Weisz y Sonia Braga.

Un modisto para nada «sencillito» a la hora de diseñar es el argentino Gustavo Cadile. Su elegancia típicamente latina ha provocado que grandes estrellas decidan tenerlo como su diseñador de cabecera. Las estrellas que gustan de usar sus diseños son Eva Longoria, Queen Latifah, Kim Kardashian, Roselyn Sánchez y Catherine Zeta-Jones.

Pocos son los diseñadores que pueden presumir de vestir a grandes estrellas como Madonna, Paris Hilton, Beyoncé, Ashanti y Kelly Preston, así como a las estrellas de *Sex and the City*. Ese es el caso del colombiano Esteban Cortázar, quien a sus 25 años está imparable. Este niño prodigio empezó su carrera a la tempranísima edad de 13 años. A los 23, ya era el diseñador principal de la firma Emanuel Ungaro. Con toda seguridad, escucharemos muchísimo más de este talento latino.

Fuente: http://noticias.univision.com. Texto adaptado.

40 Diseñadores hispanos

▶ Escribe. ¿Qué aportan, según el texto, los diseñadores hispanos a las personas que los visten?

Aportan elegancia y una sensualidad siempre distinta.

41 Sus clientes

▶ Busca en el texto las palabras que se corresponden con estas explicaciones.

1. Mujeres que tienen fama y renombre: **famosas**
2. Actrices: **estrellas**
3. Personas famosas: **celebridades**
4. Personas que se dedican a la política: **políticos**
5. Jugadores de fútbol: **futbolistas**

42 Los diseños

▶ Escribe. ¿Cómo califica el artículo las creaciones de estos diseñadores?

1. Los diseños de Óscar de la Renta son **sofisticados**.
2. Los de Carolina Herrera **son exclusivos y de buen gusto**.
3. Los de Gustavo Cadile **son de una elegancia típicamente latina**.

▶ Observa algunas creaciones de estos diseñadores. Escribe. ¿Cuál te gusta más? ¿Por qué?

| Óscar de la Renta | Carolina Herrera | Narciso Rodríguez | Gustavo Cadile | Esteban Cortázar |

Me gusta más el diseño de Narciso Rodríguez porque es elegante y sencillo.

DESAFÍO 1

43 **La moda**

▶ Relaciona cada prenda o complemento con un material.

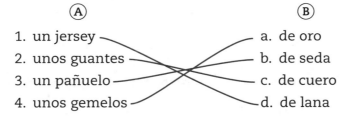

Ⓐ

1. un jersey
2. unos guantes
3. un pañuelo
4. unos gemelos

Ⓑ

a. de oro
b. de seda
c. de cuero
d. de lana

44 **El sonido S y el sonido Z. La letra s**

▶ Completa estas palabras con s, con c o con z.

1. o_**s**_curo
2. i_**z**_quierdo
3. tran_**s**_porte

4. profe_**s**_or
5. canadien_**s**_e
6. francé_**s**_

7. riquí_**s**_imo
8. conver_**s**_ar
9. a_**z**_teca

DESAFÍO 2

45 **Los objetos**

▶ Escribe una descripción de este objeto que incluya material y uso.

Es un objeto de acero inoxidable en forma
de pirámide. Se llama tetera y se utiliza para
calentar agua.

46 **El sonido S y el sonido Z. La letra z**

▶ Completa estas oraciones conjugando los verbos.

| crecer | conducir | establecer | organizar | amanecer | conocer |

1. Este niño _____**crece**_____ muy rápido.

2. No _____**conozco**_____ a tu padre, ¿me lo presentas?

3. Mis padres _____**organizaron**_____ mi fiesta de cumpleaños en secreto.

4. Yo _____**conduzco**_____ con mucha prudencia.

5. No te levantes antes de que _____**amanezca**_____.

6. En cuanto te _____**establezcas**_____ en Perú, envíame tu dirección.

DESAFÍO 3

47 **Los oficios**

▶ Escribe el oficio o profesión que describe cada adivinanza.

1. Con madera de pino, de haya o de nogal construyo los muebles para tu hogar.

_____ el carpintero _____

2. Hago paredes, pongo cimientos y a los andamios subo contento.

_____ el albañil _____

48 **El sonido S y el sonido Z. La letra c**

▶ Completa el texto con s, con z o con c.

Manolo Blahnik

Poca **s** mujere **s** **s** e re **s** i **s** ten al encanto de un par de tacone **s** altos y **s** i, ademá **s** , en el interior **s** e lee «Manolo Blahnik», e **s** a tenta **c** ión **s** e convierte en auténtico de **s** eo. Y e **s** que e **s** te canario, de padre checo y madre e **s** pañola,

e **s** un genio del cal **z** ado que, má **s** que clienta **s** , tiene auténtica **s** «enamorada **s** » que **s** e rinden ante unos **z** apatos creado **s** por él.

Mientra **s** que Paloma Picasso **s** e **s** iente «de **s** nuda» **s** i no lleva blahniks en sus pie **s** , la Spice Victoria Beckam lo primero que re **s** cataría de **s** u casa en llama **s** **s** erían **s** u **s** «Manolos». Todo un lujo, an **s** iado por cantante **s** , actri **c** e **s** , modelo **s** , aristócrata **s** y millonaria **s** de toda e **s** tirpe.

Fuente: http://www.hola.com. Texto adaptado.

49 **Los diseñadores hispanos**

▶ Relaciona el nombre de cada diseñador con su apellido.

Ⓐ

1. Óscar
2. Carolina
3. Narciso
4. Gustavo
5. Esteban

Ⓑ

a. Cortázar
b. Cadile
c. de la Renta
d. Herrera
e. Rodríguez

1 Las recetas

▶ **Marca el elemento que no corresponde a cada categoría.**

| **pescados** | ☐ atún | ☐ bacalao | ☐ salmón | ☑ camarón |

| **lácteos** | ☐ queso | ☑ huevo | ☐ leche | ☐ yogur |

| **cereales** | ☑ guisante | ☐ trigo | ☐ maíz | ☐ arroz |

| **legumbres** | ☐ lenteja | ☐ garbanzo | ☐ frijol | ☑ aguacate |

| **hortalizas** | ☐ tomate | ☐ pimiento | ☐ lechuga | ☑ naranja |

| **fruta** | ☐ uva | ☐ piña | ☑ nuez | ☐ durazno |

▶ **Clasifica estas palabras.**

cazuela	azúcar	frito	dulce	asado
cilantro	picante	sal	asar	olla
cortar	freír	a la plancha	sartén	soso

UTENSILIOS	ACCIONES	CONDIMENTOS	SABORES	PREPARACIÓN
cazuela	cortar	cilantro	picante	frito
sartén	freír	azúcar	dulce	a la plancha
olla	asar	sal	soso	asado

▶ **Completa esta receta con palabras de las actividades anteriores. Conjuga los verbos.**

El arroz chaufa

Primero, hierve el _____**arroz**_____ sin sal y resérvalo. Después, _____**corta**_____ la carne de cerdo y de pollo en tiras finas y condiméntala con el ajo picado y _____**sal**_____ al gusto. Pasa los trozos de carne por harina de maíz y _____**fríe** los en aceite hasta dorarlos. Por otro lado, en una _____**sartén**_____ haz un revuelto de huevos y resérvalo, luego saltea la cebolla picada y el _____**pimiento**_____ rojo. Una vez que está todo preparado, incorpora los distintos ingredientes al arroz, cuécelo durante tres minutos y sírvelo de inmediato.

2 La higiene personal

▶ **Escribe al menos dos objetos necesarios para realizar cada una de estas acciones.**

1. cepillarse los dientes: **cepillo de dientes, pasta de dientes**

2. bañarse o ducharse: **gel de baño, esponja**

3. afeitarse: **espuma de afeitar, maquinilla**

4. peinarse: **peine, cepillo**

5. maquillarse: **pintalabios, sombra de ojos**

▶ **Escribe. ¿Qué otros objetos utilizas tú en tu higiene personal?**

Uso el hilo dental después de cepillarme los dientes. También uso jabón

para lavarme las manos.

3 En el médico

▶ **Completa la tabla con estas palabras y añade una más.**

apendicitis	tos	gripe	operar	cardiólogo
auscultar	jarabe	fiebre	pediatra	antibiótico

ENFERMEDADES	SÍNTOMAS	ESPECIALISTAS	ACCIONES	TRATAMIENTOS
apendicitis	tos	pediatra	auscultar	jarabe
gripe	fiebre	cardiólogo	operar	antibiótico
otitis	vómitos	dermatólogo	examinar	analgésico

▶ **Escribe. ¿Cuáles de las anteriores enfermedades o síntomas has tenido? ¿Qué te indicaron para su tratamiento?**

He tenido gripe en varias ocasiones, y me dio tos y fiebre. El médico

me recetó un jarabe para la tos.

UNA NOVELA

Capítulo I
Enero

Tortas de Navidad

Ingredientes:

1 lata de sardinas	orégano
½ chorizo	1 lata de chiles serranos
1 cebolla	10 teleras

Manera de hacerse:

La cebolla tiene que estar finamente picada. Les sugiero ponerse un pequeño trozo de cebolla en la mollera[1] con el fin de evitar el molesto lagrimeo que se produce cuando uno la está cortando. Lo malo de llorar cuando uno pica cebolla no es el simple hecho de llorar, sino que a veces uno empieza, como quien dice, se pica, y ya no puede parar. No sé si a ustedes les ha pasado pero a mí la mera verdad sí. Infinidad de veces. Mamá decía que era porque yo soy igual de sensible a la cebolla que Tita, mi tía abuela.

Dicen que Tita era tan sensible que desde que estaba en el vientre de mi bisabuela lloraba y lloraba cuando esta picaba cebolla; su llanto era tan fuerte que Nacha, la cocinera de la casa, que era medio sorda, lo escuchaba sin esforzarse. Un día los sollozos fueron tan fuertes que provocaron que el parto se adelantara. Y sin que mi bisabuela pudiera decir ni pío, Tita arribó a este mundo prematuramente, sobre la mesa de la cocina, entre los olores de una sopa de fideos que estaba cocinando, los del tomillo, el laurel, el cilantro, el de la leche hervida, el de los ajos y, por supuesto, el de la cebolla. Como se imaginarán, la consabida nalgada no fue necesaria pues Tita nació llorando de antemano, tal vez porque ella sabía que su oráculo determinaba que en esta vida le estaba negado el matrimonio. Contaba Nacha que Tita fue literalmente empujada a este mundo por un torrente impresionante de lágrimas que se desbordaron sobre la mesa y el piso de la cocina.

En la tarde, ya cuando el susto había pasado y el agua, gracias al efecto de los rayos del sol, se había evaporado, Nacha barrió el residuo de las lágrimas que había quedado sobre la loseta roja que cubría el piso. Con esta sal rellenó un costal de cinco kilos que utilizaron para cocinar bastante tiempo. Este inusitado nacimiento determinó el hecho de que Tita sintiera un inmenso amor por la cocina y que la mayor parte de su vida la pasara en ella.

LAURA ESQUIVEL. *Como agua para chocolate*
© Laura Esquivel, 1989.

---

1. *cabeza*

4 **_Como agua para chocolate_**

▶ **Indica si las siguientes afirmaciones son ciertas (C) o falsas (F).**

1. En la novela se mezclan las recetas con la narración de una historia. Ⓒ   F
2. Se cuenta la historia de Tita. Ⓒ   F
3. En el primer capítulo se describe la muerte de Tita. C   Ⓕ
4. Tita nació en la cocina de su casa. Ⓒ   F

▶ **Responde.**

1. ¿Qué hacía Tita cuando su madre estaba embarazada de ella?

   Lloraba cuando su madre picaba cebolla.

2. ¿Por qué sabía Nacha lo que hacía Tita en el vientre de su madre?

   Porque el llanto de Tita era tan fuerte que Nacha podía escucharlo.

3. ¿Por qué Tita nació antes de tiempo?

   Porque sus sollozos eran tan fuertes que provocaron el parto.

4. ¿Por qué no hizo falta darle a Tita un cachete en las nalgas al nacer?

   Porque Tita ya nació llorando.

5. ¿Qué recogió Nacha del suelo de la cocina tras el parto de Tita? ¿Qué hizo con ello?

   Recogió cinco kilos de sal que utilizó para cocinar.

5 **Palabras y expresiones**

▶ **Relaciona estas palabras con su significado en el texto.**

Ⓐ   Ⓑ

1. mollera   a. Poco habitual.
2. sollozos   b. Saco de tela.
3. prematuramente   c. Antes de la fecha prevista.
4. oráculo   d. Respiraciones fuertes provocadas por el llanto.
5. costal   e. Destino.
6. inusitado   f. Cabeza.

6 **Tu opinión**

▶ **¿Te parece que _Como agua para chocolate_ es una novela realista? Razona tu respuesta.**

Es una novela mágico-realista, pues tiene elementos realistas como, por

ejemplo, la receta y los personajes. Pero también hay elementos mágicos

(el llanto de Tita, la sal de sus lágrimas...).

ALIMENTACIÓN Y NUTRICIÓN

Tita arribó a este mundo prematuramente, sobre la mesa de la cocina, entre los olores de una **sopa de fideos** que estaba cocinando, los del **tomillo**, el **laurel**, el **cilantro**, el de la **leche hervida**, el de los **ajos** y, por supuesto, el de la **cebolla**.

7 Grupos de alimentos

▶ Clasifica los alimentos en la tabla y añade un alimento más a cada categoría.

hierbabuena	clavo	lechuga	sardina	trigo
cerdo	piña	garbanzo	mejillón	frijol
almeja	nuez	aguacate	avellana	trucha
pollo	manzanilla	laurel	zanahoria	maíz

ESPECIAS	INFUSIONES	CARNES	PESCADOS	MARISCOS
clavo	hierbabuena	cerdo	sardina	almeja
laurel	manzanilla	pollo	trucha	mejillón
perejil	té	res	bacalao	camarón

FRUTAS	FRUTOS SECOS	VERDURAS Y HORTALIZAS	LEGUMBRES	CEREALES
piña	nuez	lechuga	garbanzo	trigo
aguacate	avellana	zanahoria	frijol	maíz
manzana	almendra	tomate	lenteja	avena

8 Sobre gustos

▶ Completa con alimentos, productos o platos.

1. ligero: __manzana, ensalada__
2. graso: __mantequilla, papas fritas__
3. picante: __chiles, chile con carne__
4. salado: __aceitunas, anchoas__
5. a la plancha: __pescado, bistec__
6. al horno: __pollo, lasaña__

9 Nutrición

▶ **Completa este texto con las palabras del recuadro.**

energéticos	*consumo*	*grasas*	*proteínas*	*variados*	*fibra*

CRITERIOS PARA ELABORAR TU DIETA

1. Variedad de los alimentos

Hay que consumir alimentos de todos los grupos, y escoger alimentos _____**variados**_____ dentro de cada grupo.

2. Porcentaje de los macronutrientes

Los glúcidos deben aportar el 50-55 % del total de la energía; los lípidos, el 30-35 %, y las _____**proteínas**_____, el 10-15 %.

3. Control del consumo de grasas

Un exceso de _____**grasas**_____ saturadas y colesterol en la dieta aumenta el riesgo de padecer enfermedades cardiovasculares.

4. Control del consumo de alimentos _____energéticos_____

Un exceso de estos alimentos, si nuestra actividad física no los «quema», conduce a la obesidad.

5. Consumir más legumbres, derivados de los cereales y frutas

Nos proporcionan fibra y vitaminas. Se ha descubierto que la _____**fibra**_____ mejora el tránsito de los alimentos en el tubo digestivo, y protege contra ciertos tipos de cáncer.

6. Consumo moderado de sal

Se cree que reducir el _____**consumo**_____ de sal previene la hipertensión arterial.

Fuente: *Ciencias de la vida, Enciclopedia del estudiante.* Texto adaptado

▶ **Completa con dos alimentos de cada categoría.**

1. alimentos ricos en fibra: _**avena, pan integral**_____

2. alimentos ricos en hierro: _**carne de res, lentejas**_____

3. alimentos ricos en vitamina C: _**naranjas, kiwis**_____

4. alimentos energéticos: _**almendras, pasta**_____

▶ **Escribe. ¿Crees que te alimentas adecuadamente? ¿Por qué?**

Sí, creo que como bien porque consumo frutas, verduras, legumbres, pescado y carne. Por lo general, controlo las grasas, pero creo que debo reducir el consumo de sal.

LA LETRA X

En español, la letra **x** puede representar dos sonidos distintos.

- Entre vocales o al final de palabra, representa el sonido **KS**, como en *taxi*.
- En posición inicial de palabra, su pronunciación se asemeja más al sonido **S**, como en *xilófono*.

Además, en algunos nombres de lugares, por razones históricas, el sonido **J** se representa con la letra **x**: *México, Texas*.

Se escriben con **x**:

- Las palabras que comienzan por los prefijos **ex-** y **extra-**: *exjugador, exalumno, extrajudicial, extraordinario*.
- Las palabras que comienzan por la sílaba **ex-** seguida del grupo consonántico **pr** y **pl**: *exprimir, explicar*. Se exceptúan *espliego, esplendor* y sus derivados.
- Las palabras que comienzan con **ex-** seguida de *h* o de vocal: *exhaustivo, exhibir, examen, exilio*. Se exceptúan los demostrativos *ese, esa* y *eso*, y las palabras *esencia, esófago* y *esotérico*.
- Las palabras que empiezan por **maxi-**, **hexa-** y **xilo-**: *maxifalda, hexaedro, xilófono*.
- Las palabras de la misma familia que otras que se escriben con **x**, como *examinar* y *examinador* (de *examen*).

10   Verbos con x

▶ **Completa las oraciones conjugando los verbos del recuadro.**

existir	explicar	expresar	aproximar
examinar	exprimir	explotar	asfixiar

1. ¿Tú crees que _____**existen**_____ los extraterrestres?

2. Ayer hubo un accidente y un camión cargado de combustible _____**explotó**_____.

3. A veces no me (yo) _____**expreso**_____ bien en español.

4. Ayer el médico me _____**examinó**_____ durante media hora.

5. Para hacer un jugo rico en vitamina C, (tú) _____**exprime**_____ dos naranjas y medio limón.

6. Me gusta mucho cómo _____**explica**_____ el profesor nuevo de Matemáticas.

7. Se volvió loco e intentó _____**asfixiar**_lo.

8. Juan, _____**aproxima**_____ tu silla a la mesa, por favor.

11 Palabras de la familia

▶ Forma palabras utilizando los prefijos y elementos del recuadro. Escribe tilde si es necesario.

1. **hexa** edro

2. **ex** traer

3. **extra** plano

4. **maxi** falda

5. **xiló** fono

6. **extra** escolar

7. **ex** marido

8. **hexá** gono

ex-
extra-
maxi-
xilo-
hexa-

12 Sopa de letras

▶ Busca en la sopa de letras las palabras que corresponden a estas definiciones. Todas contienen la letra *x*.

A	V	X	G	X	E	Y	Z	P	B	W	A
K	E	L	W	E	X	T	E	R	I	O	R
P	X	I	G	A	P	A	X	I	A	B	S
T	T	H	I	S	R	E	C	Y	E	R	D
Q	R	D	M	N	E	C	E	D	Q	C	M
E	A	Y	A	U	X	I	L	I	O	L	T
J	Ñ	U	E	K	P	D	E	C	K	A	O
N	O	G	X	L	E	Ñ	N	A	E	F	B
Ñ	I	Ñ	C	F	R	I	T	I	R	E	X
U	V	W	U	T	T	P	E	J	R	S	H
I	F	F	S	M	O	X	O	U	H	F	G
J	C	B	A	H	Z	I	N	Q	Z	V	J

1. Ayuda, socorro.
2. Que sobresale por sus buenas cualidades.
3. Pretexto para eludir una obligación.
4. Que tiene gran experiencia en una actividad.
5. Que está en la parte de afuera.
6. Distinto de lo normal.

13 Autodictado

▶ Completa el texto con *x* o con *s*.

Profe s iones y familia

Mi padre e **s** un e **x** celente cocinero y un e **x** traordinario
e **x** perto en cocina me **x** icana con mucha e **x** periencia. Tiene
un precio **s** o re **s** taurante donde prepara sus e **x** quisito **s**
plato **s** . En cambio, a mi madre no le gu **s** ta cocinar. Ella e **s**
e **x** perta en e **x** portación e importación y trabaja en el departamento
de comercio e **x** terior de una empre **s** a de producto **s** e **x** ótico **s** .
Es extraño, pero a mí me gu **s** taría **s** er a **s** tronauta, viajar por la gala **x** ia
y de **s** cubrir vida e **x** traterrestre en algún remoto planeta.

UNA RECETA

El texto *Enero* (pág. 108) comienza con una receta en la que se dan instrucciones para elaborar un plato. La receta se estructura en dos partes:

- **Lista de ingredientes.** Se indica qué alimentos se necesitan para preparar la receta y en qué cantidad.

> 1 lata de sardinas
> ½ chorizo
> 1 cebolla
> orégano

- **Modo de preparación.** Se dan instrucciones para preparar el plato atendiendo a dos tipos de cuestiones:
  - Qué debe hacerse. Para ello, puedes usar el imperativo, el infinitivo o expresiones de obligación como *tener que* y *hay que*.
  - En qué orden deben hacerse las cosas.

> La cebolla tiene que estar finamente picada.

Una **receta** es un texto en el que se explican los pasos que hay que seguir para elaborar un plato. En una receta deben incluirse una lista de ingredientes y una explicación sobre el modo de preparación del plato.

14 Una receta

▶ **Vamos a escribir una receta de origen hispano. Sigue estos pasos.**

A. Elige la receta que quieres escribir. Te damos algunas ideas.

☐ *Una receta hispana que se prepara en mi casa.*
☑ *Una receta del país del que es originaria mi familia.*
☐ *La receta de otro país de Hispanoamérica.*
☐ *Otra:* _____

B. Pregunta o busca. ¿Qué ingredientes necesitas? ¿En qué cantidad?

1.5 kg de lomo de cerdo	½ taza de aceite
90 g de pasta de achiote	6 chiles habaneros
1 taza de jugo de naranja	1 cebolla morada
½ taza de jugo de limón	sal al gusto
4 hojas grandes de plátano	

C. Pregunta o busca. ¿Qué debes hacer con los ingredientes? Anota los pasos de forma ordenada. Puedes numerarlos o utilizar expresiones como *primero, a continuación, después, por último...*

1. Marine la carne de cerdo toda la noche.

2. Hornee la carne dentro de las hojas de plátano a 329 °F.

3. Prepare una salsa para acompañar la carne.

4. Sirva la carne con la salsa.

D. Ahora redacta tu receta.

- Ponle un título.
- Haz una lista con los ingredientes y sus cantidades.
- Describe el proceso de forma ordenada. Puedes utilizar el imperativo, el infinitivo u otras fórmulas de obligación.
- Puedes incluir una foto del plato ya terminado.

Cochinita pibil

Ingredientes:

1.5 kg de lomo de cerdo	½ taza de aceite
90 g de pasta de achiote	6 chiles habaneros
1 taza de jugo de naranja	1 cebolla morada
½ taza de jugo de limón	sal al gusto
4 hojas grandes de plátano	

1. Marine la carne toda la noche en el refrigerador con el achiote mezclado con ¾ partes del jugo de naranja y de limón, y sal.

2. Coloque la carne marinada sobre las hojas de plátano en una bandeja apta para el horno y bañe la carne con el aceite. Después, cierre las hojas formando un paquete, cubra el recipiente con papel de aluminio y hornee dos horas a 329 °F.

3. Prepare una salsa para acompañar la carne con el resto del jugo de naranja y de limón, los chiles asados y la cebolla picada.

4. Saque la carne del horno, verifique que esté tierna y sírvala con la salsa.

E. Recuerda que debes revisar tu texto antes de darlo por terminado.

UNA GUÍA

PROGRAMA «5 PASOS»

¿Qué es «5 Pasos»?

Es un programa para los adolescentes que promueve el cambio de conductas y la adopción de hábitos saludables.

Paso 1 Actívate

La actividad física regular es una parte importante de un estilo de vida saludable en los adolescentes, pues ayuda a tu desarrollo. Además, mejora el sistema cardiovascular, ayuda a relajarse, mejora la postura, mejora la autoestima, da energía y mejora el estado de ánimo. La meta es activarte 60 minutos al día. Para ello solo tienes que caminar, trotar, correr, subir escaleras, andar en bicicleta, bailar, brincar o nadar. ¡Adelante, será muy divertido y saludable!

Paso 2 Toma agua

Mantener adecuadamente hidratado el organismo es vital para que tengas un buen rendimiento físico y mental; además, esto ayuda a que tu piel se vea bien y tu digestión sea correcta. No obstante, en la actualidad muchos adolescentes solo consumen bebidas azucaradas, lo que contribuye a la ingesta de calorías y a la obesidad. La meta es que consumas diariamente 6-8 vasos de agua.

Paso 3 Come verduras y frutas

Debes consumirlas porque tienen las vitaminas, la fibra, los nutrimentos inorgánicos y el agua que otros alimentos no contienen. Además, aportan muy pocas calorías y te ayudan a no subir de peso tan fácilmente. Puedes preparar las verduras con limón, sal y chile o aderezarlas. Las frutas las puedes preparar de la misma manera que las verduras o con granola y yogur. No olvides la sugerencia «cinco por día», es decir, comer tres verduras y dos frutas.

Paso 4 Mídete

Se trata de un hábito que te ayuda a que conozcas y monitorices tu estado de salud física y emocional, lo cual te permitirá adquirir e incorporar a tu vida prácticas saludables. También te puede ayudar a prevenir problemas de la conducta alimentaria, como la bulimia y la anorexia, o problemas de sobrepeso u obesidad.

Paso 5 Comparte

Como seguramente sabes, muchos jóvenes pasan varias horas frente al televisor o la computadora, lo que les resta tiempo a que realicen actividades importantes, tales como la lectura, el trabajo escolar, el juego, la interacción con los amigos y el desarrollo social. Compartir te ayuda a crear mejores lazos con tus amigos y a disfrutar todos juntos de un estilo de vida saludable. Asimismo, puedes compartir tus emociones y sentimientos con ellos, lo que te puede poner en sintonía con los demás, así como sentirte comprendido y escuchado, y saber que puedes contar con su apoyo y ayuda cuando lo necesites.

Fuente: http://5pasos.mx/index.php. Texto adaptado.

15 **El programa «5 Pasos»**

▶ Marca. ¿Cuáles de los cinco pasos que aconseja el programa sigues tú? Después, responde.

☑ **Paso 1 Actívate**

• ¿Cuántos minutos dedicas al día a hacer deporte?

  Unos treinta minutos.

• ¿Cuáles de las actividades propuestas por el programa realizas?

  Camino y ando en bicicleta con mis amigos.

☐ **Paso 2 Toma agua**

• ¿Cuántos vasos de agua tomas al día? ¿Y cuántos refrescos?

  Tomo unos tres vasos de agua y un refresco.

☑ **Paso 3 Come verduras y frutas**

• ¿Cuántas raciones de frutas y verduras tomas al día?

  Como tres raciones de fruta y dos de verdura.

• ¿Las preparas como sugiere el programa o de otras maneras?

  Las verduras las hago al vapor.

☐ **Paso 4 Mídete**

• ¿Cada cuánto tiempo te pesas? ¿Lo anotas?

  Me peso unas dos o tres veces al año. No lo anoto.

☑ **Paso 5 Comparte**

• ¿Cuánto tiempo dedicas al día a ver la televisión?

  Unos treinta minutos al día.

• ¿Cuánto tiempo estás delante de la computadora?

  Unas dos horas al día.

• ¿Dedicas un rato diariamente a estar con tus amigos?

  Sí, todas las tardes salgo o hablo con mis amigos.

HÁBITOS SALUDABLES E HIGIENE PERSONAL

La **actividad física regular** es una parte importante de un estilo de vida saludable en los adolescentes, pues ayuda a tu desarrollo. Además, mejora el sistema cardiovascular, ayuda a **relajarse**, mejora la **postura**, mejora la **autoestima**, da **energía** y mejora el **estado de ánimo**. La meta es activarte 60 minutos al día. Para ello solo tienes que **caminar, trotar, correr, subir escaleras, andar en bicicleta, bailar, brincar** o **nadar.**

16 Una buena higiene

▶ Completa el texto con las palabras del recuadro.

desodorante	jabón	manos	ropa interior	uñas
espinillas	champú	dientes	seda dental	orejas

Pasos para una buena higiene personal

- Dúchate diariamente utilizando abundante ___**jabón**___.

- Lávate el cabello con ___**champú**___ y agua cuando esté sucio.

- Lávate la cara y el cuello con jabón y agua para controlar las ___**espinillas**___ y la piel grasosa.

- Lávate alrededor de las ___**orejas**___ con agua y jabón. No introduzcas objetos en los oídos para limpiarlos.

- Cepíllate correctamente los ___**dientes**___ después de cada comida, al levantarte y antes de dormir.

- Usa la ___**seda dental**___ para remover restos de alimentos que han quedado entre los dientes.

- Lávate siempre las ___**manos**___ antes de comer y después de ir al baño.

- Mantén las ___**uñas**___ limpias y cortas.

- Cambia a diario la ___**ropa interior**___, camisas, calcetines y otras prendas de vestir que estén en contacto directo con la piel.

- Usa ___**desodorante**___ no irritante para evitar el sudor y los olores.

▶ Escribe algún otro consejo para mantener una buena higiene personal.

1. Usa un cepillo de uñas para limpiar bien las uñas.

2. Usa calzado cómodo que facilite la transpiración de los pies.

3. Al cepillarte los dientes, cepíllate también la lengua.

17 **Actividades saludables**

▶ Relaciona los verbos con sus complementos.

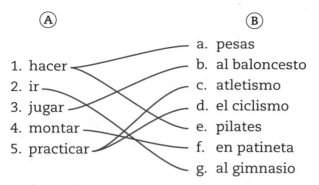

(A)

1. hacer
2. ir
3. jugar
4. montar
5. practicar

(B)

a. pesas
b. al baloncesto
c. atletismo
d. el ciclismo
e. pilates
f. en patineta
g. al gimnasio

18 **Contra el estrés**

▶ Completa el texto poniendo los verbos del recuadro en imperativo.

| pasar | tener | comer | practicar | ser | hablar | intentar | respirar | reír |

¿Cómo combatir el estrés?

Hay algunas medidas que puedes tomar para evitar que las situaciones te afecten de manera negativa.

- _Ten_ un horario fijo para dormir.

- _Practica_ algún deporte 30 minutos al día.

- _Respira_ profundo, inhala y exhala lentamente.

- _Habla_ con tu familia y amigos de confianza.

- _Pasa_ más tiempo con la gente que te apoya.

- _Come_ tan bien como puedas, pero no te excedas.

- No _intentes_ hacer todo de una sola vez, date tu tiempo.

- _Sé_ realista en tus metas, no te excedas.

- _Ríe_ te, el buen humor ayuda a reducir los efectos negativos.

Fuente: http://www.promocion.salud.gob.mx. Texto adaptado.

▶ Escribe. ¿Cuáles de las anteriores medidas tomas tú?

Yo hago ejercicio treinta minutos al día. También hablo y paso tiempo con

mis seres queridos. Como bien y de forma saludable.

LA LETRA *H*

En español, la letra **h** no representa ningún sonido. A diferencia del inglés, la **h** nunca se agrupa en español con las consonantes **p**, **t** o **g**.

En español, se escribe **h** en los siguientes casos:

- Las palabras que comienzan por **hia-**, **hie-**, **hue-**, **hui-**: *hiato*, *hielo*, *hueso*, *huipil*.

- Las palabras que empiezan por **herm-**, **histo-**, **hog-**, **holg-**, **horm-**, **horr-**, **hosp-** y **hum-** + vocal, excepto *ermita* y sus derivados, y *ogro*: *hermano*, *historia*, *hogar*, *holgazán*, *hormiga*, *horror*, *hospital*, *humo*.

- Las palabras que empiezan por **hiper-**, **hipo-**, **hetero-** y **homo-**: *hipermercado*, *hipopótamo*, *heterogéneo*, *homogéneo*.

- Las palabras que empiezan por **hexa-**, **hepta-**, **hecto-** y **hemi-**: *hexaedro*, *heptagonal*, *hectolitro*, *hemiciclo*.

- Las palabras que empiezan por **hidr-**, **helio-** y **helico-**: *hidroavión*, *heliocéntrico*, *helicóptero*.

- Los verbos **haber**, **habitar**, **hablar**, **hacer**, **hallar**, **helar**, **herir**, **hervir**, **hinchar** y **hundir** y sus formas verbales: *hay*, *hacen*, *hablo*, *hallaron*…

- Algunas interjecciones, como *bah*, *huy*, *eh*, *hala*.

- Las palabras formadas a partir de otras que se escriben con **h**: *deshielo*, *rehabilitación*. Se exceptúan los derivados de *huevo*, *hueso*, *huérfano* y *hueco*.

---

19 **Palabras**

▶ **Forma palabras.**

1. ___hidro___avión
2. ___hiper___ mercado
3. ___hemi___ sferio
4. ___hecto___ litro
5. ___hipo___ alergénico
6. ___homo___ géneo
7. ___hetero___ doxo
8. ___hepta___ sílabo

hidro-	hiper-
hipo-	homo-
hecto-	hemi-
hetero-	hepta-

▶ **Elige seis de las palabras anteriores y escribe una oración con cada una.**

1. **Los hidroaviones se utilizan mucho en la extinción de incendios.**
2. **Una vez al mes hacemos la compra en un hipermercado.**
3. **Vivo en el hemisferio occidental.**
4. **Uso productos hipoalergénicos para la piel.**
5. **Los gustos musicales de mis compañeros no son homogéneos.**
6. **Algunos poemas tienen versos heptasílabos.**

20 *H inicial*

▶ **Escribe *h* donde sea necesario.**

1. __h__iedra
2. __h__ueco
3. __h__uida
4. __h__uérfano
5. __h__uesos
6. __h__uellas
7. ____exóticos
8. ____óseo
9. ____óvulo
10. __h__orrible
11. __h__umilde
12. __h__uésped

▶ **Completa estas oraciones con algunas de las palabras anteriores.**

1. Las ____**huellas**____ dactilares de una persona nunca son iguales a las de otra.

2. Aunque es un gran científico, es una persona muy ____**humilde**____, nada orgullosa.

3. Para tener unos ____**huesos**____ fuertes hace falta tomar alimentos ricos en calcio.

4. Está prohibido introducir en el país plantas y animales ____**exóticos**____.

21 Verbos con *h*

▶ **Completa las oraciones conjugando los verbos del recuadro.**

1. Mis padres siempre ____**ahorran**____ el 10 % de su sueldo.

2. El agua ____**hierve**____ a 212 °F.

3. El Titanic se ____**hundió**____ el 14 de abril de 1912.

4. Ayer mismo ____**hinché**____ las ruedas de mi bicicleta, pero ya se han deshinchado.

5. ¿Sabes cuántos planetas ____**hay**____ en el sistema solar?

6. Las leyes de mi país ____**prohíben**____ el maltrato animal.

ahorrar
haber
hervir
prohibir
hinchar
hundir

22 Autodictado

▶ **Completa el texto con *h* donde sea necesario.**

Un cuento antes de dormir

—__H__oy te voy ____a contar la __h__istoria de la cigarra y la __h__ormiga.

—¡A __h__! ¿La de la __h__ormiga que pasa __h__ambre y frío en ____invierno?

—Sí, ____esa.

—¡Ba __h__! ____esa ya me la sé. Cuéntame la del __h__éroe __h__indú.

—¿La del __h__éroe __h__indú?

—Sí, la del niño __h__uérfano que crece en la selva.

—¡A __h__! La del *Libro de la selva.* ¡__H__uy! Pero ____esa ____es muy larga.

—Venga, por favor, papá.

UNA GUÍA

En el texto *Programa «5 Pasos»* (pág. 116) se nos dan consejos para mejorar nuestra salud.

> **Paso 1 Actívate**
>
> *La actividad física regular es una parte importante de un estilo de vida saludable en los adolescentes, pues ayuda a tu desarrollo. Además, mejora el sistema cardiovascular, ayuda a relajarse, mejora la postura, mejora la autoestima, da energía y mejora el estado de ánimo. La meta es activarte 60 minutos al día. Para ello solo tienes que caminar, trotar, correr, subir escaleras, andar en bicicleta, bailar, brincar o nadar.*

En las **guías** la información se presenta ordenadamente siguiendo las distintas fases o pasos necesarios para conseguir una meta: en este caso, mejorar nuestra salud. Con frecuencia se utilizan el imperativo, las perífrasis verbales *tener que* o *deber* + infinitivo, y estructuras como *te aconsejo, te recomiendo, es aconsejable, es importante* + *que* + subjuntivo.

23 Una guía

▶ **Vamos a escribir una guía para mejorar nuestra salud y la de nuestros compañeros(as). Sigue estos pasos.**

A. Identifica cuatro malos hábitos tuyos y de tus compañeros(as) que perjudiquen su salud tanto física como mental. Te damos algunas ideas.

- ☑ *Pasar mucho tiempo delante de la computadora.*
- ☑ *Escuchar música con auriculares a un volumen muy alto.*
- ☑ *Beber muchos refrescos.*
- ☑ *Comer mucha comida basura.*
- ☐ *Dormir menos de ocho horas al día.*
- ☐ *Pasar mucho tiempo solos.*
- ☐ Otro: _____

B. Describe. ¿En qué consiste cada uno de los malos hábitos que has elegido? Aporta datos, frecuencia, etc.

Pasar más de dos horas diarias frente a una pantalla.

Los ruidos de más de 85 decibelios son dañinos.

Tomar más de un refresco diariamente.

Comer diariamente alimentos ricos en grasas saturadas.

C. Ahora describe las consecuencias que cada mal hábito tiene sobre su salud física y mental. Busca información, si es necesario.

1. El sedentarismo contribuye al sobrepeso.

2. Los ruidos fuertes causan pérdida de audición.

3. Tomar refrescos regularmente incrementa el riesgo de diabetes.

4. El consumo de comida basura aumenta el nivel de colesterol.

D. Por último, escribe una propuesta para corregir cada mal hábito que has elegido.

1. Haz ejercicio todos los días, preferiblemente al aire libre.

2. Baja el volumen de la música y evita los ruidos fuertes.

3. Toma entre 6 y 8 vasos de agua al día y evita los refrescos.

4. Evita la comida basura y consume fruta, verdura y pescado.

E. Redacta ahora la guía.
- Pon un título general y un título a cada mal hábito.
- En cada apartado describe el problema, explica sus consecuencias y propón soluciones.

GUÍA PARA UNA VIDA SALUDABLE

Sedentarismo enfrente de una pantalla: Pasar más de dos horas al día enfrente de una pantalla contribuye al sobrepeso. Haz ejercicio, sal y reúnete con tus amigos.

Volumen demasiado alto: Cualquier sonido o ruido a más de 85 decibelios es dañino para el oído. Baja el volumen de tu música.

Abuso de los refrescos: Cada vaso diario que se tome de refresco aumenta el riesgo de diabetes en un 10%. ¡Toma agua!

La comida basura: El consumo regular de comida basura aumenta el nivel de colesterol. Come fruta, verdura y pescado.

F. Revisa y corrige tu escrito.

UN TEXTO INFORMATIVO

Las consultas médicas más frecuentes de la adolescencia

Hay determinados trastornos que se presentan en la adolescencia. Conocerlos implica poder prevenir la mayoría de ellos

La adolescencia se caracteriza por ser una etapa llena de satisfacciones, pero también de contradicciones. En ella se pueden encontrar trastornos asociados a la edad y a las modificaciones hormonales que se van sucediendo durante este proceso.

¿Cuáles son los problemas más frecuentes que se padecen en la adolescencia?

1. **Diabetes.** Tiene rasgos hereditarios, pero también se produce como consecuencia de una mala educación alimentaria.

2. **Hipertensión.** Cada vez hay más jóvenes que presentan la tensión arterial alta.

3. **Problemas de estrés.** Debido a los cambios hormonales y psicológicos que se despiertan durante esta etapa, muchos jóvenes son más propensos a presentar episodios de estrés que desembocan en otras patologías físicas.

4. **Aparición de acné y problemas en la piel.** Esto se debe básicamente a las hormonas que se están adaptando al nuevo cuerpo que quiere pasar a ser adulto. Son cambios que pueden durar algunos años hasta que se normaliza.

5. **Anorexia.** La presión social por tener un cuerpo delgado y esbelto hace que muchos jóvenes decidan dejar de comer y dañarse física y emocionalmente para poder encajar en el grupo social al que pertenecen. Esta patología es típica de la adolescencia y, si no se trata a tiempo, puede resultar mortal.

6. **Obesidad.** Cada vez hay más niños con exceso de peso que luego se convierten en adolescentes obesos. La mala alimentación, la ingesta excesiva de dulces y probablemente provenir de familia con antecedentes de obesidad hace de esta patología una de las más graves que se pueden experimentar en la adolescencia, ya que trae aparejada un sinfín de enfermedades.

7. **Lesiones deportivas.** Las lesiones debidas al deporte también son muy habituales durante esta etapa de la vida, ya que los jóvenes son quienes más expuestos están a practicar deportes de alto riesgo o ejercicios en la escuela que pueden provocar esguinces, roturas de ligamentos o demás accidentes asociados a la práctica deportiva.

Otros de los inconvenientes que pueden surgir debido al cambio hormonal son la pérdida de cabello, la aparición de caspa y la excesiva grasa en el rostro.

Fuente: http://www.sanar.org. Texto adaptado.

24 **La salud de los adolescentes**

▶ Indica si las siguientes afirmaciones son ciertas (C) o falsas (F).

1. Los adolescentes no suelen tener problemas psicológicos.   C   Ⓕ

2. Los problemas de estrés pueden derivar en otras enfermedades físicas.   Ⓒ   F

3. La anorexia puede llevar a la muerte.   Ⓒ   F

4. El exceso de peso no solo tiene consecuencias estéticas.   Ⓒ   F

▶ Corrige la afirmación falsa.

Los adolescentes pueden tener a veces problemas psicológicos.

25 **Palabras y expresiones**

▶ Relaciona cada problema o enfermedad con su explicación.

Ⓐ   Ⓑ

1. diabetes   a. Tensión provocada por situaciones agobiantes que originan reacciones físicas o trastornos psicológicos a veces graves.

2. estrés   b. Falta anormal de ganas de comer, dentro de un cuadro depresivo, por lo general en mujeres adolescentes, y que puede ser muy grave.

3. anorexia

                       c. Escamillas blancas que se forman en el cuero cabelludo.

4. esguince   d. Enfermedad que se caracteriza por un aumento de la concentración de glucosa en la sangre.

5. caspa   e. Torcedura violenta y dolorosa de una articulación.

▶ Reescribe estas oraciones sustituyendo las expresiones destacadas por otras equivalentes.

1. Muchos jóvenes deciden dejar de comer para poder **encajar en** el grupo social al que pertenecen.

Muchos jóvenes dejan de comer para **adaptarse al** grupo social...

2. La obesidad **trae aparejado un sinfín** de enfermedades.

La obesidad **trae consigo un gran número** de enfermedades.

26 **Tu opinión**

▶ Escribe. ¿Cuál es para ti el principal problema de salud de la gente de tu edad? ¿Por qué?

Creo que el principal problema es la falta de actividad física. Eso trae como consecuencia problemas de peso, riesgo de padecer diabetes y un alto nivel de colesterol.

LA CONSULTA MÉDICA

Las **lesiones** debidas al deporte también son muy habituales durante esta etapa de la vida, ya que los jóvenes son quienes más están expuestos a practicar deportes de alto riesgo o ejercicios en el colegio que pueden provocar **esguinces**, **roturas de ligamentos** o demás accidentes asociados a la práctica deportiva.

27 Problemas y especialistas

▶ Relaciona los problemas o enfermedades con el especialista al que se suele acudir.

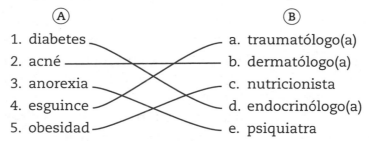

Ⓐ	Ⓑ
1. diabetes	a. traumatólogo(a)
2. acné	b. dermatólogo(a)
3. anorexia	c. nutricionista
4. esguince	d. endocrinólogo(a)
5. obesidad	e. psiquiatra

▶ Escribe. ¿Has acudido alguna vez a algún otro especialista? ¿Por qué?

ANSWERS WILL VARY

He ido al otorrinolaringólogo por una infección de oídos.

28 Síntomas

▶ Completa estos problemas de salud con las palabras del recuadro.

concentrarse   vómitos   escalofríos   apetito   musculares   sentirse   diarrea

1. Gripe: quebrantamiento del estado general, tener _____**escalofríos**_____, fiebre de hasta 104 °F, estornudos, tos, dolor de cabeza, molestias _____**musculares**_____, dolor de garganta, etc.

2. Gastroenteritis vírica: náuseas y _____**vómitos**_____, retortijones, _____**diarrea**_____, fiebre moderada, cansancio y dolores musculares, escalofríos y pérdida del apetito.

3. Depresión: pérdida de interés en las cosas que antes disfrutaba, _____**sentirse**_____ triste, que le aumente o disminuya el _____**apetito**_____ o el peso, tener problemas para _____**concentrarse**_____ y no poder dormir o dormir demasiado.

29 Diagnóstico

▶ **Relaciona el principio con el final de cada oración.**

Ⓐ

1. Mi médico cree que tengo anemia, así que debo hacerme
2. Me caí y me dolía mucho la muñeca, así que me hicieron
3. A los deportistas profesionales les hacen por sorpresa
4. Mi esposa está embarazada de 20 semanas y por la última
5. A mi padre le dolía con frecuencia el estómago, así que le hicieron

Ⓑ

a. una radiografía para ver si me había roto algún hueso.
b. una endoscopia para ver qué le pasaba.
c. ecografía ya sabemos que espera una niña.
d. análisis de orina para detectar si han consumido alguna sustancia no permitida.
e. un análisis de sangre.

▶ **Escribe. ¿Te han hecho alguna vez una prueba médica? ¿Cuál?**

Me han hecho análisis de sangre y de orina. También me han hecho

radiografías de los dientes y muelas.

30 Tratamientos

▶ **Completa este texto con las palabras del recuadro.**

| prescripción | analgésicos | antibióticos |

El tratamiento de la gripe

No hay ningún medicamento que cure la gripe, de modo que su tratamiento se reduce al alivio de los síntomas (antitérmicos o ____analgésicos____). Es necesario recordar que al ser un proceso vírico no es eficaz el tratamiento con ____antibióticos____, pudiendo dar lugar, en cambio, a resistencias bacterianas. Estos solo se deben administrar bajo estricta ____prescripción____ médica y para tratar o prevenir las complicaciones en personas cuyo estado de salud previo así lo aconseje.

Fuente: http://www.tuotromedico.com. Texto adaptado.

▶ **Escribe. ¿Alguna vez has tomado antibióticos? ¿Por qué?**

Sí, el médico me recetó antibióticos en una ocasión porque

tenía amigdalitis.

REPASO

31 **El sonido S y el sonido Z. La letra s**

▶ Completa el diálogo con *s*, con *c* o con *z*.

Problema _s_ en la e_s_cuela

—Tenemo _s_ que hablar. Tengo la impre _s_ ión de que _S_ ofía tiene _s_ erios problema _s_ en la e _s_ cuela.

—¿Tú cree _s_ ? ¿Por qué lo di _c_ e _s_ ?

—Porque últimamente le cue _s_ ta mucho e _s_ tudiar. Está muy di _s_ traída. Ademá _s_ , yo la veo tri _s_ te y pe _s_ imista, sin esperan _z_ a. Antes era una niña muy alegre y cariño _s_ a, y ahora _s_ e pone furio _s_ a por cualquier tontería.

— _S_ u profe _s_ or me dijo que e _s_ una niña li _s_ tísima, pero que de un tiempo a e _s_ ta parte no progre _s_ a.

—Yo ya intenté conver _s_ ar con ella, pero no obtuve ningún re _s_ ultado. Tenemos que ha _c_ er algo. A lo mejor debemo _s_ llevarla al p _s_ icólogo para ver _s_ i puede ayudarla.

— _S_ í, me pare _c_ e una buena idea.

32 **El sonido S y el sonido Z. La letra z**

▶ Completa estas oraciones conjugando los verbos del recuadro.

crecer	conducir	adelgazar	reconocer	parecer	apetecer	desobedecer

1. Yo siempre ___**adelgazo**___ en verano porque hago más ejercicio.

2. Cuando ___**crezcas**___ un poco más, podrás ir solo al parque.

3. Como me ___**desobedezcas**___ de nuevo, te quedas sin ver la televisión.

4. ___**Reconozco**___ que me equivoqué, perdona.

5. Yo nunca ___**conduzco**___ sin llevar abrochado el cinturón de seguridad.

6. Mi hermana María se ___**parece**___ mucho a nuestra madre.

7. Cuando te ___**apetezca**___ cenar, me avisas.

33 El sonido S y el sonido Z. La letra *c*

▶ **Escribe el sustantivo terminado en *-ción* o *-sión* que corresponde a cada verbo.**

1. adoptar: __adopción__

2. repetir: __repetición__

3. acusar: __acusación__

4. concluir: __conclusión__

5. atender: __atención__

6. admitir: __admisión__

34 La letra *x*

▶ **Completa estas palabras con *x* o con *s*.**

1. __X__ilófono: instrumento musical de percusión hecho con listones de madera.

2. E__x__marido: respecto a una mujer, hombre que estuvo casado con ella.

3. E__x__traordinario: que excede lo normal o lo ordinario.

4. E__s__ófago: conducto que va desde la faringe al estómago.

5. E__s__encia: extracto líquido y concentrado de una sustancia.

35 La letra *h*

▶ **Relaciona las columnas para formar palabras.**

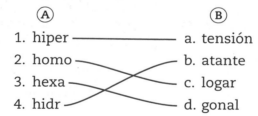

Ⓐ

1. hiper
2. homo
3. hexa
4. hidr

Ⓑ

a. tensión
b. atante
c. logar
d. gonal

36 Autodictado

▶ **Completa el poema con las letras *s*, *z*, *c* o *h*, si es necesario.**

__S__ olo __s__ é

__S__ olo __s__ é __ __ andar muy de __s__ pa __c__ io,
__ __ a pie o en bi __c__ icleta.
¡Qui __s__ iera __s__ er un atleta!
Ave __h__ umana del e __s__ pa __c__ io.
Que mi cuerpo en la __s__ anilla __s__
fue __s__ e fle __x__ ible y erecto.

Ten __s__ o mis mú __s__ culo __s__ . Recto.
__S__ in encoger la __s__ rodilla __s__ .
Y ganar mucha __s__ medalla __s__
—má __s__ que un bravo militar—.
Qui __s__ iera también __s__ altar
¡con la pértiga alta __s__ valla __s__ !

MARÍA ELVIRA LACACI. *Poesía española para jóvenes.*

EL TEXTO INFORMATIVO

En el texto *Las consultas médicas más frecuentes de la adolescencia* (pág. 124) se exponen los problemas de salud más frecuentes que sufren los adolescentes. Es un texto informativo.

> *Anorexia. La presión social por tener un cuerpo delgado y esbelto hace que muchos jóvenes decidan dejar de comer y dañarse física y emocionalmente para poder encajar en el grupo social al que pertenecen. Esta patología es típica de la adolescencia y, si no se trata a tiempo, puede resultar mortal.*

La misión de este tipo de **textos informativos** es transmitir información de manera clara, sencilla y organizada.

37 **Un texto informativo**

▶ **Vamos a redactar un texto informativo sobre un problema de salud. Sigue estos pasos.**

A. Elige un problema de salud que te interese. Puedes elegir alguno de los expuestos en el texto *Las consultas médicas más frecuentes de la adolescencia* (pág. 124).

- ☐ *Diabetes*
- ☐ *Hipertensión*
- ☑ *Estrés*
- ☐ *Acné*
- ☐ *Anorexia*
- ☐ *Obesidad*
- ☐ *Lesiones deportivas*
- ☐ *Otro:* _____

B. Piensa en los aspectos más importantes de ese problema. Te damos algunas ideas.

- ☑ *Definición*
- ☑ *Causas de la enfermedad*
- ☑ *Síntomas*
- ☐ *Otros:* _____
- ☐ *Pruebas diagnósticas*
- ☑ *Tratamiento*
- ☐ *Posibles secuelas*

C. Busca información sobre los aspectos que antes has seleccionado.

Causas: cambios hormonales y corporales, exigencias del entorno, pensamientos negativos, cambios en el entorno familiar...

Síntomas: cansancio excesivo, irritabilidad, insomnio, negatividad.

Tratamiento: reconocer el problema, aprender técnicas de relajación, hacer deporte y actividades de ocio.

D. Ahora redacta el texto informativo.

- Ponle un título.
- Incluye toda la información obtenida durante tu investigación.
- Recuerda que debes redactar el texto, no copiarlo.
- Puedes incluir alguna fotografía, dibujo o esquema que ilustre la información.
- Señala también las fuentes de información que has utilizado.

EL ESTRÉS EN LA ADOLESCENCIA

En la adolescencia el joven comienza a enfrentarse a situaciones propias de los adultos sin haber aún desarrollado la madurez y los recursos necesarios para manejar esas situaciones. Eso lleva en muchos casos a la aparición de estrés en el joven, que siente que los sucesos de su entorno lo superan y que no puede hacer frente a la presión.

Causas más comunes

Los cambios hormonales, corporales y psicológicos propios de la adolescencia son las causas más comunes del estrés en los jóvenes. Otros factores importantes son las presiones académicas y familiares, y los cambios en el entorno familiar.

Síntomas

El cansancio excesivo, la irritabilidad, la negatividad y el insomnio suelen ser los síntomas más comunes del estrés.

Tratamiento

El primer paso es ayudar al joven a reconocer el problema. Para aliviar el estrés es útil aprender técnicas de relajación y participar en actividades deportivas y de ocio.

E. Recuerda que debes revisar el escrito antes de darlo por terminado.

LA COCINA LIMEÑA

Lima, la capital de Perú, es también conocida como la capital gastronómica de Suramérica gracias a su cocina, que heredó las excelencias culinarias prehispánicas y coloniales, así como el aporte de las mejores cocinas de Oriente y Occidente.

Causa limeña

Por un lado, el pescado y los frutos de mar son la base de platos como el tiradito (versión suave del cebiche, pero con crema de ají amarillo o rocoto sin cebolla), el arroz con mariscos, choritos a la chalaca (mejillones sancochados acompañados de limón, cebolla, tomate, ají, rocoto y perejil finamente picados) y la jalea mixta (chicharrón de mariscos, pulpo y pescado), entre otras delicias.

De otro lado, la cocina afroperuana ofrece los famosos anticuchos (brochetas de corazón de res a la plancha), el cau-cau (guiso de mondongo y papas con sofrito de palillo, ají amarillo y hierbas) y el tacu-tacu (amalgama de arroz y frijoles cocidos, rellena de carne o mariscos, sofrita en aceite caliente).

La cocina criolla recomienda la causa limeña (capas de puré de papa más limón y ají amarillo, rellenas de ave, frutos de mar y tomate), el tamal (masa cocida de maíz seco con ají y relleno de gallina o cerdo envuelta en hojas de plátano), el ají de gallina (pechugas de pollo desmenuzadas en un guiso de ají, leche y especias) y el célebre sancochado (cocido de carnes de res, ave y cerdo, repollo, verduras y legumbres, con papa y maíz, acompañado de diversas cremas).

Entre las adaptaciones de la cocina china, denominada cocina chifa, el arroz chaufa (arroz cocido con trozos de pollo y cerdo más cebollita china, todo pasado por aceite y salsa de soya o sillao) y el lomo saltado (sofrito de carne, cebolla y tomate con ají y salsa de soya) son los favoritos de los hogares limeños.

Arroz chaufa

Arroz con leche

La interminable lista de postres la encabezan el suspiro a la limeña (suave merengue de claras en almíbar con dulce de leche), la mazamorra morada (dulce espeso de maíz morado con harina de camote, fruta picada y especias), el arroz con leche (arroz, leche y azúcar hervidos) y los picarones (buñuelos fritos de harina bañados en miel).

Para beber se prefiere la chicha morada (refresco de maíz morado) y la peruanísima cola (agua gaseosa).

Fuente: http://www.perumuchogusto.com. Texto adaptado.

38 Comprensión

▶ **Responde.**

1. ¿Qué tradiciones culinarias se mezclan en la cocina limeña?

   Tradiciones prehispánicas, coloniales, africanas y chinas.

2. ¿Qué ingredientes se repiten con más frecuencia en los distintos platos?

   El ají (chile), el arroz, la papa y el maíz.

3. ¿Qué tipos de carnes se utilizan?

   Carne de res, de cerdo y pollo.

39 Los ingredientes

▶ **Marca los ingredientes que se utilizan en la cocina limeña. Después, escribe su nombre.**

arroz	ají o chile	cebolla	mejillón

maíz	salsa de soya	lentejas	pimiento

40 Tu plato preferido

▶ **Elige el plato de la cocina limeña que más te apetezca, busca su receta y cópiala.**

   Jalea mixta: Elija mariscos de su preferencia (calamares, pulpo, mejillones,

   caracol marino…). Salpimente los mariscos, páselos por harina de maíz y

   fríalos con abundante aceite hasta que se doren.

DESAFÍO 1

41 Alimentación y nutrición

▶ Marca el nombre correcto de cada alimento.

☐ garbanzos   ☑ nuez   ☐ trigo   ☐ clavo
☑ frijoles   ☐ avellana ☑ maíz   ☑ laurel

42 La letra *x*

▶ Completa las oraciones con *x* o con *s*.

1. El e **S** poso de mi **S** obrina e **S** me **X** icano y e **S** e **X** jugador de fútbol.

2. El **S** ábado no **S** vamo **S** de e **X** cursión a la montaña para e **S** quiar.

3. Mi padre e **S** una persona e **X** traordinaria, e **S** cariño **S** o y fle **X** ible.

DESAFÍO 2

43 Hábitos saludables e higiene personal

▶ Relaciona las dos columnas para formar hábitos saludables.

Ⓐ   Ⓑ

1. Tener   a. profundamente.
2. Practicar   b. los dientes después de cada comida.
3. Respirar   c. más con la familia.
4. Pasar   d. algún deporte.
5. Hablar   e. un horario fijo para dormir.
6. Reír   f. más tiempo con los amigos.
7. Cepillarse   g. con frecuencia.

44 La letra *h*

▶ Escribe *h* donde sea necesario.

1. a **h** orrar   4. **h** uérfano   7. ___exótico   10. ___emigrante
2. **h** elar   5. **h** ervir   8. **h** uevo   11. **h** umilde
3. **h** uida   6. pro **h** ibir   9. des **h** ielo 12. **h** umo

DESAFÍO 3

45 **La consulta médica**

▶ Completa este texto con las palabras del recuadro.

| analgésico | cabeza | antibióticos | tos | *fiebre* | síntomas | estornudos |

El resfriado. Los ____**síntomas**____ más usuales del resfriado son los ____**estornudos**____, los ojos llorosos, las molestias de garganta, la ronquera y la ____**tos**____. También se pueden tener dolores de ____**cabeza**____ y musculares, y ____**fiebre**____ leve. Estos procesos no se curan con ____**antibióticos**____. Muchas veces puede bastar con un ____**analgésico**____ suave.

46 **Repaso**

▶ Completa el texto con las letras *s, c, z* o *x*. Escribe *h* donde sea necesario.

Es ____ indudable que, en las primeras etapas de la vida, los niños y ____ adoles **c** entes presentan ne **c** e **s** idades ____ energéticas, nutritivas y de ____ ejerci **c** io fí **s** ico diario que difieren de las de los ____ adultos en general. Es muy importante que reali **c** en **c** inco comidas al día y que se **h** idraten adecuadamente, ya que en el ca **s** o de los niños es más fá **c** il que pade **z** can una des **h** idratación a causa del calor.

El ejerci **c** io fí **s** ico debe ser reali **z** ado de forma **h** abitual y diaria para ____ evitar el sedentari **s** mo y po **s** ibles problemas de sobrepe **s** o en el futuro. A **s** imi **s** mo, debemos ser e **x** igentes e inculcarles actividades diarias que les reporten benefi **c** ios a lo largo de su vida.

Fuente: http://www.madrid.org. Texto adaptado.

47 **La cocina limeña**

▶ Marca los platos que son típicos de la cocina limeña.

☑ el arroz chaufa   ☐ el guacamole   ☑ el tiradito   ☑ el sancochado

1 Profesiones

▶ **Escribe el nombre de las profesiones señaladas en el dibujo.**

1. __veterinaria__	6. __científico__	11. __pintor__
2. __camionero__	7. __profesora__	12. __plomero__
3. __sacerdote__	8. __soldado__	13. __electricista__
4. __periodista__	9. __albañil__	14. __jardinero__
5. __jueza__	10. __carpintero__	15. __mecánico__

2 Funciones

▶ **Relaciona cada profesión con su labor.**

Ⓐ   Ⓑ

1. taxista   a. Cuidar de los animales y aliviar sus enfermedades.

2. veterinario(a)   b. Trabajar la madera.

3. enfermero(a)   c. Labrar y cultivar la tierra.

4. agricultor(a)   d. Prestar asistencia a los enfermos.

5. carpintero(a)   e. Cuidar las plantas en jardines y parques.

6. jardinero(a)   f. Conducir un taxi.

▶ **Elige otra de las profesiones que aparecen en el dibujo de la página anterior y describe su trabajo.**

<u>El mecánico repara y mantiene a punto los vehículos.</u>

3 Cualidades

▶ **Clasifica, según tu criterio, las siguientes cualidades como positivas o negativas en un trabajador.**

amable	cortés	egoísta	inquieto	gracioso
ambicioso	curioso	autoritario	inteligente	responsable

POSITIVAS		NEGATIVAS	
amable	inteligente	egoísta	autoritario
ambicioso	gracioso	inquieto	desordenado
cortés	responsable		
curioso	paciente		

▶ **Añade una cualidad más en cada columna.**

4 De mayor quiero ser…

▶ **Escribe. ¿Qué querías ser de mayor cuando eras un niño? ¿Por qué?**

<u>Yo quería ser astronauta porque me encantaba el espacio y quería conocer</u>
<u>y explorar otros planetas.</u>

UN REPORTAJE: LAS CARRERAS DEL FUTURO

De acuerdo con la Organización para la Cooperación y Desarrollo Económico (OCDE), en el siglo que comienza el mundo laboral y la creación de la riqueza se fundamentarán cada vez más en la información, ya sea en carreras profesionales o técnicas.

Siete de las diez carreras mejor pagadas en México están en las ingenierías, aunque también habrá demanda de profesionales y trabajadores «generalistas», capaces de funcionar en diferentes puestos.

Ingeniería Mecatrónica

Para Raúl Márquez, Guillermo Castro y Francisco Noriega, de la Universidad Iberoamericana, el mundo no puede ser concebido sin la automatización de diversos procesos de la vida cotidiana.

Administración de la Hospitalidad

«Vendemos servicios, no productos, y esa es la diferencia con los administradores», aseguran Mónica García de la Cadena y Estéfani Martínez, de la Universidad Iberoamericana, quienes se sienten privilegiadas de pertenecer a una carrera especializada en servicios prestados en hoteles, hospitales, asilos.

Ingeniería Eléctrico Electrónica

Decidió estudiar esta carrera porque las matemáticas nunca se le complicaron. Carmen Pérez, de la UNAM, hoy sabe que tampoco se le complicará encontrar un trabajo porque la aplicación que puede darle a su profesión es diversa. A ella le interesa trabajar en la construcción de sistemas energéticos en México.

Ingeniería Biomédica

Un problema de columna vertebral motivó a Israel Morales Reyes a estudiar la maestría en Ingeniería Biomédica en la UAM, después de realizar su licenciatura en Ingeniería Mecatrónica. Él tiene claro que dedicará sus esfuerzos a la elaboración de prótesis, industria aún no desarrollada en México.

Hidrobiología

Monserrat Orijel y Carlos Fernández estudian en la UAM una de las carreras poco conocidas en el ámbito profesional. Sin embargo, saben que desde su profesión podrán incidir en el impacto ambiental de la contaminación del agua, en la acuacultura y en la investigación en general de cuerpos acuáticos y recursos sustentables para México.

Diseño Interactivo

Alma Rodríguez, de la Universidad Iberoamericana, asegura que la profesión que estudia surge de la necesidad de un mercado laboral que mira no solo al presente, sino al futuro y que requiere de un perfil especializado relacionado con la mercadotecnia, los sistemas de comunicación y el diseño gráfico. La apuesta del diseño de videojuegos es una de las aplicaciones que los profesionales pueden dar a los conocimientos adquiridos.

Fuente: http://www.eluniversal.com.mx.

Texto adaptado.

5 **Las carreras del futuro**

▶ **Indica si las siguientes afirmaciones son ciertas (C) o falsas (F).**

1. Las carreras de ingeniería tienen mucho futuro.   Ⓒ   F

2. La carrera de Administración de la Hospitalidad se centra
   en la formación de los directivos de hoteles y hospitales.   Ⓒ   F

3. Si estás interesado en los sistemas de producción de energía,
   debes estudiar Ingeniería Mecatrónica.   C   Ⓕ

▶ **Escribe la carrera del reportaje correspondiente a cada explicación.**

1. __Ingeniería Mecatrónica_____. Ingeniería que une la mecánica,
   la electrónica, la ingeniería de control y la informática para diseñar y desarrollar
   sistemas de control para productos o procesos inteligentes.

2. __Administración de la Hospitalidad_____. Carrera orientada a la formación
   de profesionales que sean capaces de dirigir diferentes empresas que conforman
   el sector de la hospitalidad, entre los cuales se encuentran el de hospedaje,
   alimentos y bebidas, turismo, entretenimiento, transporte, asistencia y hospitales.

3. __Ingeniería Biomédica_____. Ingeniería que se dedica al diseño
   y construcción de productos sanitarios y tecnologías sanitarias como los equipos
   médicos, las prótesis, los dispositivos médicos, los dispositivos de diagnóstico
   y de terapia.

▶ **Escribe. ¿Qué carreras de las del reportaje deben estudiar estos chicos?**

Desde pequeño he querido trabajar diseñando videojuegos.

Debe estudiar __Diseño Interactivo.__

Debe estudiar __Hidrobiología.__

Siempre me ha gustado la naturaleza y pertenezco a varias organizaciones ecologistas. Estoy muy interesada en preservar la vida en los mares y océanos.

6 **Palabras y expresiones**

▶ **Relaciona cada palabra con su explicación.**

Ⓐ

Ⓑ

1. licenciatura

2. maestría

3. doctorado

a. Curso de posgrado en una determinada especialidad.

b. Estudios universitarios necesarios para obtener
   el grado académico superior.

c. Estudios universitarios necesarios para obtener
   el grado de licenciado.

PROFESIONES Y CARGOS

Siete de las diez **carreras** mejor pagadas en México están en las **ingenierías**, aunque también habrá demanda de **profesionales** y **trabajadores** «generalistas», capaces de funcionar en diferentes puestos.

7 Más profesiones

▶ **Relaciona los profesionales que suelen trabajar juntos.**

A

1. arquitecto(a)
2. piloto
3. veterinario(a)
4. médico(a)
5. ingeniero(a) industrial

B

a. auxiliar de clínica
b. enfermero(a)
c. ingeniero(a) técnico industrial
d. copiloto
e. ingeniero(a) de edificación

▶ **Escribe. ¿Dónde trabajan estas personas?**

1. Mi prima es arquitecta y trabaja en un _____**estudio**_____ de arquitectura.

2. Mi padre es enfermero y trabaja en una _____**clínica**_____ privada.

3. Mi hermano es copiloto en una gran _____**compañía**_____ aérea.

> compañía
> clínica
> estudio

8 ¿En qué consiste su trabajo?

▶ **Completa estas definiciones conjugando los verbos del recuadro.**

> supervisar   servir (2)   atender   ayudar   diseñar

1. El/La ingeniero(a) de telecomunicaciones _____**diseña**_____ y calcula sistemas y redes. Además, dirige servicios de telecomunicaciones y ejecuta, _____**supervisa**_____ y evalúa proyectos relacionados con el área.

2. El/La médico(a) de familia _____**atiende**_____ a los enfermos.

3. El/La militar _____**sirve**_____ en el ejército.

4. El/La mesero(a) _____**sirve**_____ consumiciones en un bar o restaurante.

5. El/La ayudante de cocina _____**ayuda**_____ al cocinero en la cocina del restaurante.

▶ **Escribe. ¿Qué hacen estas personas en su trabajo?**

1. El/La arquitecto(a) <u>diseña y proyecta las edificaciones y supervisa</u>

   <u>su construcción.</u>

2. El/La veterinario(a) <u>atiende y cura a los animales.</u>

3. El/La plomero(a) <u>instala, mantiene y repara los grifos y las tuberías</u>

   <u>de una edificación.</u>

4. El/La contador(a) <u>es la persona que lleva las cuentas de una empresa</u>

   <u>o de una entidad.</u>

9 **El organigrama de una empresa**

▶ Completa este organigrama de una empresa con las palabras del recuadro.

jefe	comunicación	humanos	general	delegado	comercial	director

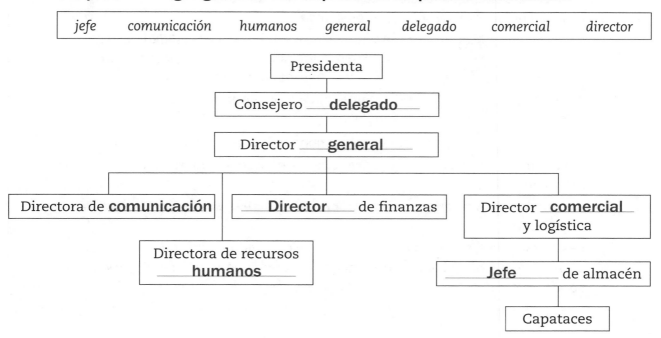

▶ **Escribe. ¿Qué cargos de los anteriores cumplen estas funciones?**

1. El/La _____ **director(a) de comunicación** _____ planifica y gestiona cualquier
   tipo de actividad que afecte a la imagen pública de su organización.

2. El/La _____ **director(a) de recursos humanos** _____ tiene como responsabilidad
   primordial conducir el proceso de selección de personal y planificar la capacitación
   del personal a través de cursos o seminarios.

3. El/La _____ **director(a) comercial y logística** _____ es el responsable del
   cumplimiento de los objetivos de ventas de la compañía.

EL SONIDO B. LA LETRA *B*

El sonido **B** se puede representar con las letras **b** y **v**.
En general, se escribe con **b** en los siguientes casos:

- Las palabras que empiezan por **br-** y **bl-**: *brazo, bloc.*
- Las palabras que empiezan por **bu-**, **bur-** y **bus-**: *buey, burbuja, busto.*
- Las palabras que empiezan por las sílabas **bar-**, **bor-**: *barba, borde.*
- Las palabras que empiezan por **abo-**, **abu-**: *abogado, aburrido.*
- Las palabras que empiezan por **alb-**, **arb-**: *albañil, árbol.* Se exceptúa *arveja.*
- Ante cualquier consonante, excepto *ovni*, y a final de palabra: *abdomen, club.*
- Los prefijos **bi-**, **bis-**, **biz-**, **sub-**, **bien-**, **bene-**, **bio-** y **biblio-**: *bicicleta, bisabuelo, bizcocho, submarino, bienvenida, benefactor, biosfera, biblioteca.*

- Las palabras que terminan en **-bilidad**, excepto *movilidad*, y las que terminan en **-bundo** y **-bunda**: *afabilidad, nauseabundo, moribunda.*
- Las palabras que incluyen **fobia** y **fobo**: *xenofobia, xenófobo.*

Además, muchas formas verbales se escriben con **b**, entre ellas las siguientes:

- El imperfecto de indicativo de los verbos en **-ar** y del verbo **ir**: *cantaba, saltábamos, iba.*
- Las formas de los verbos **beber**, **caber**, **deber**, **haber**, **saber** y **sorber**: *habrá, sabes, cabe, bebe.*
- Las formas de los verbos terminados en **-bir** y **-buir**, como *escribir* y *distribuir*: *escríbeme, distribuyeron.* Se exceptúan las formas de *hervir*, *servir* y *vivir*: *hirvió, servía, vive.*

10 **Palabras con *b***

▶ **Forma palabras utilizando los prefijos del recuadro.**

bi-	bien-
bis-	bene-
biz-	bio-
sub-	biblio-

1. _____ **bi** mensual
2. _____ **bien** venida
3. _____ **bio** logía
4. _____ **biblio** teca

5. _____ **bene** ficio
6. _____ **bis** abuelo
7. _____ **sub** terráneo
8. _____ **biz** nieto

11 Crucigrama con *b*

▶ Completa el crucigrama. Todas son palabras que contienen la letra *b*.

```
                    3
                    C                           4
                    L                           V
        5  A  M  A  B  I  L  I  D  A  D
                    U            6  A  B  O  G  A  D  O
        1           S                           A
        C        2  X  T                        B
    7 G O  B  I  E  R  N  O                      U
        B           E  O                         N
        A           N  F                         D
        R           Ó  O                         O
        D           F
        E           O  B
                    B  I
                    O  A
```

VERTICALES

1. Que no es valiente.
2. Que siente odio hacia los extranjeros.
3. Terror a los lugares cerrados.
4. Persona que va de un lugar a otro, sin domicilio fijo.

HORIZONTALES

5. Cualidad de ser amable.
6. Persona que defiende a sus clientes en los juicios.
7. Conjunto de personas y organismos que dirigen un Estado.

12 Autodictado

▶ Completa el texto con *b* o con *v*.

Te contaré un cuento

¡Si te has quedado dormido!
Pues ya no te cuento el cuento
del __v__iejo dueño del huerto,
ni el cuento de la pastora
que se la comió la lo__b__a,
ni el cuento del dragón __v__erde,
ni el de la __v__aca que muerde,
ni el cuento de la princesa
dentro del «__b__alleno» presa.

GLORIA FUERTES. *Con alegría. Antología.
50 años de poesía.*

RELACIONAR IDEAS (I)

Siete de las diez carreras mejor pagadas en México están en las ingenierías, **aunque** *también habrá demanda de profesionales y trabajadores «generalistas», capaces de funcionar en diferentes puestos.*

Para establecer relaciones entre las ideas del texto, usamos distintas palabras y expresiones, a las que llamamos **conectores**. Con estas palabras podemos expresar diferentes ideas: causa, consecuencia, finalidad, contraste…

Principales conectores

TIEMPO	*cuando, antes de (que), después de (que), mientras*
CAUSA	*porque, por, gracias a (que), ya que*
FINALIDAD	*para (que), a (que)*
CONSECUENCIA	*así es (que), por eso, por lo tanto, por lo que, en consecuencia*
CONTRAPOSICIÓN	*aunque, a pesar de (que), sin embargo, en cambio*
CONDICIÓN	*si, siempre que*

13 **Causas y fines**

▶ **Relaciona las dos columnas para formar oraciones.**

Ⓐ

1. Te he inscrito en esta escuela
2. Encontré este trabajo
3. Vengo

Ⓑ

a. gracias a que hice muy bien la entrevista.
b. a que me ayudes a preparar el examen.
c. para que aprendas inglés.

▶ **Completa las oraciones con los conectores del recuadro.**

porque	*gracias a*	*por*	*para*	*a*

1. He encontrado trabajo _____**gracias a**_____ mis contactos en la universidad.

2. No encuentro trabajo _____**por**_____ no haber estudiado.

3. No encontré trabajo ____**porque**____ no le dediqué tiempo.

4. _____**Para**_____ encontrar trabajo, hay que dedicar mucho tiempo.

5. Vengo _____**a**_____ decirte que ya encontré trabajo.

14 Cuestión de tiempo

▶ Escribe oraciones relacionando las ideas de las dos columnas y utilizando algunos de los conectores del recuadro.

antes de (que) después de (que) cuando mientras

A

1. te llamen para realizar una entrevista
2. dura la entrevista de trabajo
3. terminar la entrevista

B

a. apunta la fecha y el nombre del entrevistador
b. mira siempre a los ojos a tu entrevistador
c. busca información sobre la empresa

1. **Cuando te llamen para realizar una entrevista apunta la fecha y el nombre del entrevistador.**

2. **Mientras dura la entrevista de trabajo mira siempre a los ojos a tu entrevistador.**

3. **Después de terminar la entrevista busca información sobre la empresa.**

15 Más conectores

▶ Completa estas oraciones con el conector adecuado.

aunque siempre que así que si por eso

1. Me gusta mucho cocinar, **así que** voy a estudiar Gastronomía.

2. **Aunque** no tengo mucho tiempo libre, me encanta mi trabajo en el hospital.

3. **Si** sigues estudiando tanto, podrás ser lo que quieras de mayor.

4. La semana pasada encontré trabajo; **por eso** estoy tan contento.

5. **Siempre que** cumplas los requisitos, podrás hacer la entrevista.

▶ Escribe. ¿Cómo crees que debe ser y cómo debe comportarse un buen empleado? Utiliza todos los conectores que puedas.

Debe desempeñar su función porque es su responsabilidad. Tiene que estar comprometido con la empresa para ser un buen empleado y estar considerado como tal por los superiores. Aunque no tenga mucho tiempo, actualiza sus conocimientos.

OFERTAS DE EMPLEO

Publicado: 06/11

MENSAJERO CON MOTO - BOGOTÁ

Importante empresa del sector privado requiere mensajero con moto, formación bachiller, experiencia de un año en labores de mensajería. Horario: de lunes a viernes, 8 horas diarias. Tipo de contrato: reemplazo de 15 días. Requisitos: ser bachiller y persona comprometida.

Publicado: 09/11

APRENDIZ DE SISTEMAS - Varias ciudades

Empresa de *marketing* solicita aprendices que se encuentren en etapa lectiva en programas de sistemas, tecnología, *software* y redes, etc. Requisitos: estudiantes que deban realizar su práctica únicamente en los meses de julio o agosto. Las personas interesadas deben enviar su hoja de vida. Si usted es desempleado, no es estudiante, o no cumple con este perfil al 100 %, por favor, no envíe su hoja de vida. Años de experiencia: sin experiencia.

Publicado: 06/12

MESEROS - Varias ciudades

Importante empresa necesita meseros con experiencia mínima de un año ejerciendo actividades de servicios básicos de mesa, bar y atención al cliente. Tareas que debe realizar: garantizar una excelente prestación en el servicio de mesa mediante el ofrecimiento y servicio oportuno de alimentos y bebidas. Horario: de lunes a sábados, aunque es necesaria la disponibilidad domingos y festivos. Nivel educativo: bachillerato. Tipo de contrato: indefinido.

Publicado: 07/12

MUÑECO CAMINANTE - BOGOTÁ

Se requiere persona con o sin experiencia para trabajar durante todo un mes portando un disfraz de producto de consumo masivo. Horario: 9 a. m. a 5 p. m., en parque de atracciones, con varios descansos durante el día. Salario: mínimo + prestaciones de ley. Requisitos: persona con interés y disponibilidad.

Publicado: 07/12

ESTUDIANTES EN VACACIONES - BOGOTÁ

Gran oportunidad para iniciar su vida laboral. Importante almacén requiere para su temporada navideña personal con o sin experiencia para trabajar como auxiliares de bodega, ventas y surtido en todas las áreas del almacén. Requisitos: disponibilidad de tiempo para trabajar en turnos rotativos de 6 horas de domingo a domingo del 15 al 31 de diciembre, ser bachiller, responsable, excelente presentación personal, actitud de aprendizaje y de servicio al cliente, buenas relaciones interpersonales. Si está realmente interesado, envíe su hoja de vida indicando el cargo. Contratación inmediata.

Fuente: http://clasificados.eltiempo.com/. Texto adaptado.

16 Ofertas de empleo

▶ Marca las ofertas que cumplen los requisitos.

	MENSAJERO CON MOTO	APRENDIZ SISTEMAS	MESERO	MUÑECO CAMINANTE	ESTUDIANTE VACACIONES
Se requiere experiencia.	☑	☐	☑	☐	☐
Se requiere tener el título de bachiller.	☑	☐	☑	☐	☑
Hay que ser estudiante.	☐	☑	☐	☐	☐
Se requiere disponibilidad para trabajar durante los fines de semana.	☐	☐	☑	☐	☑
Se requiere buena presencia.	☐	☐	☐	☐	☑
Se ofrece un contrato indefinido.	☐	☐	☑	☐	☐
Es un trabajo por un tiempo definido.	☑	☑	☐	☑	☑
Se ofrece el salario mínimo.	☐	☐	☐	☑	☐

▶ Escribe. ¿Qué ofertas de trabajo le recomendarías a estas personas? ¿Por qué?

Me gustaría encontrar un trabajo para ganar un poco de dinero durante las vacaciones de Navidad.

Estudiantes en vacaciones porque es
un trabajo para las Navidades.

Soy estudiante de Ingeniería de Sistemas y me gustaría hacer prácticas este verano.

Aprendiz de sistemas porque todavía está
estudiando y quiere trabajar en verano.

TRABAJO

Importante empresa del sector privado requiere mensajero con moto, **formación** bachiller, **experiencia** de un año en labores de mensajería. **Horario:** de lunes a viernes, 8 horas diarias. **Tipo de contrato:** reemplazo de 15 días. **Requisitos:** ser bachiller y persona **comprometida**.

17 ## Requisitos y condiciones de trabajo

▶ **Clasifica las palabras en la tabla.**

CONTRATO	JORNADA	NIVEL EDUCATIVO
indefinido	completa	bachiller
eventual	a tiempo parcial	licenciado

indefinido
bachiller
completa
eventual
licenciado
a tiempo parcial

▶ **Completa esta oferta de trabajo con algunas de las palabras anteriores.**

RECEPCIONISTA

Importante empresa hotelera a nivel nacional solicita recepcionista con experiencia mínima de un año en atención al cliente. _____**Jornada**_____ completa. Horario: de lunes a sábado. Nivel de estudio: _____**bachiller**_____.
Tipo de _____**contrato**_____: indefinido.

18 ## Cualidades

▶ **Relaciona estas profesiones con las cualidades deseables para cada una.**

Ⓐ   Ⓑ

a. Tener una excelente presentación personal.

1. recepcionista   b. Tener buena memoria.

c. Ser una persona organizada.

d. Ser una persona servicial.

e. Ser creativo.

2. diseñador gráfico   f. Manejar el idioma inglés.

g. Tener facilidad para el trabajo en equipo.

h. Tener capacidad de negociación.

3. vendedor   i. Tener excelentes relaciones interpersonales.

j. Manejar programas de diseño.

▶ **Escribe. ¿Cuáles de las anteriores cualidades posees tú? ¿Para qué trabajo crees que estás más capacitado?**

Soy una persona muy organizada y creativa. Hablo inglés y manejo algunos

programas de diseño, así que estoy capacitada para ser diseñadora gráfica.

19 Lo que valoran los empleados

▶ **Completa el texto con las palabras del recuadro.**

formación	seguridad	ambiente	retribución	perspectivas
calidad	financiera	gestión	conciliar	sueldos

¿Qué valoran los trabajadores españoles a la hora de elegir una empresa?

La **seguridad** laboral ocupa el primer lugar en todos los grupos de edad. También se identifican como valores importantes el respeto, la **retribución** competitiva, un **ambiente** de trabajo agradable y las **perspectivas** de futuro. Además, también es importante que la empresa ofrezca la posibilidad de **conciliar** la vida personal y laboral. A pesar de todo, estos aspectos varían considerablemente en función del género. Los hombres, por ejemplo, otorgan más importancia a la buena **gestión**, la salud **financiera**, la **calidad** de los productos, la **formación** y una imagen de marca. En cambio, las mujeres dan más importancia a la localización, la conciliación, el ambiente de trabajo, la seguridad laboral a largo plazo, los mejores **sueldos** y un trabajo interesante.

Fuente: http://www.diariojuridico.com. Texto adaptado.

▶ **Marca. ¿Qué es para ti lo más importante en un trabajo? ¿Por qué?**

☐ el tipo de contrato   ☐ los días de vacaciones   ☐ la flexibilidad
☐ el sueldo   ☐ la formación   ☑ las posibilidades
☐ el horario   ☐ el ambiente laboral   de ascenso

La posibilidad de ascender, porque creo que se tienen que premiar

los esfuerzos que se realizan en favor de una empresa y porque alienta

a una superación constante por parte del trabajador.

EL SONIDO B. LA LETRA V

El sonido **B** puede escribirse con **b** o con **v**. Se escriben con **v**:

- Las palabras que empiezan por **villa-**, excepto *billar*, y por los prefijos **vice-**, **vi-** y **viz-**: *villancico, vicepresidente, virrey, vizconde.*

- Las palabras que empiezan por **video-**: *videojuego.*

- Las palabras que empiezan por las sílabas **pri-**, **pro-**: *privado, provincia*. Se exceptúan *probable, probar, probeta* y *problema.*

- Las palabras que empiezan por la sílaba **di** seguida del sonido **B**, a excepción de *dibujar* y sus derivados: *divorcio, divertido.*

- Las palabras que empiezan por **ll** y tienen el sonido **B**: *llovizna, llavero* y el imperfecto de *llamar, llegar, llenar* y *llevar.*

- Las palabras que contienen el sonido **B** después de **b** o **d**, de la secuencia **ol** y de la sílaba **cla**: *subvención, advertencia, olvidar, clavel*. Se exceptúa el imperfecto de *mezclar: mezclaba.*

- Los adjetivos que terminan en **-ave**, **-avo**, **-eve**, **-evo**, **-ivo** y sus femeninos: *suave, eslavo, leve, longevo, repetitivo.*

- Los adjetivos que terminan en **-ívoro**, **-ívora**: *omnívoro, carnívora.*

- Las formas de los verbos que tienen el sonido **B**, pero que no tienen ni **b** ni **v** en su infinitivo: de *andar, anduve*; de *contener, contuvo.*

- El presente de indicativo, el imperativo y el presente de subjuntivo del verbo **ir**: *voy, ve, vaya.*

- Los verbos **mover**, **valer**, **ver**, **venir** y **volar**, y las palabras de la familia: *movimiento, valor, vista, vuelta, vuelo.*

---

20   **Palabras con v**

▶ **Forma palabras.**

1. ____villancico
2. __**video**conferencia
3. ____**vi**rrey
4. ____**viz**conde
5. ____**vice**presidente
6. herb**ívoro**____
7. ____**vice**rrector
8. ___**video**teca

villa-	vi-
video-	-ívoro
vice-	viz-

ANSWERS WILL VARY

▶ **Elige tres de las palabras anteriores y escribe una oración con cada una.**

1. **Felipe fue nombrado vicepresidente de la empresa.**
2. **El profesor se reunió con el vicerrector de la universidad.**
3. **La vaca es un animal herbívoro porque se alimenta de pasto.**

21 **Verbos con _v_**

▶ Completa los verbos del recuadro con _v_ o con _b_. Después, completa las oraciones conjugando algunos de los verbos.

di**v**ertirse	mo**v**er	**v**enir	la**v**ar	ro**b**ar	ser**v**ir
di**b**ujar	**v**aler	**v**olar	di**v**orciarse	ol**v**idarse	**v**estir
llo**v**er	**v**er	atre**v**erse	le**v**antarse	cla**v**ar	a**b**rir

1. No (yo) _____**me atrevo**_____ a decirle a Mauricio que lo quiero.

2. En el norte de España _____**llueve**_____ con frecuencia.

3. De niño, Picasso _____**dibujaba**_____ en la arena de las playas de Málaga.

4. ¿Te (yo) _____**sirvo**_____ más agua?

5. Leonardo siempre _____**se olvida**_____ de la fecha de mi cumpleaños.

6. Nosotros, de lunes a viernes, _____**nos levantamos**_____ a las siete de la mañana.

▶ Completa las oraciones conjugando los verbos del recuadro.

| estar |
| andar |
| irse |

1. Ayer (yo) _____**anduve**_____ unos ocho kilómetros.

2. No (usted) _____**se vaya**_____, por favor, espere un momento.

3. Ayer (nosotros) _____**estuvimos**_____ en casa de la abuela.

22 **Autodictado**

▶ Completa este texto con _v_ o con _b_.

Un trabajo divertido

¿Cree usted que su tra**b**ajo es difícil? Pues imagine lo «complicado» que sería tra**b**ajar en un lugar donde la función principal es pro**b**ar los **v**ideojuegos nue**v**os que salen al mercado. ¿Le parece di**v**ertido?

Pues así es una parte de la **v**ida la **b**oral de Paul Raines, CEO de GameStop, una gigantesca empresa multinacional de **v**enta de **v**ideojuegos, accesorios y programas para computadoras u**b**icada en Texas. Por supuesto que su tra**b**ajo **v**a más allá de sentarse y pro**b**ar las no**v**edades en la industria. La principal responsa**b**ilidad de Raines es sacar adelante una empresa con 45.000 empleados, por lo que «siempre **b**usco inno**v**ar y mantener un equili**b**rio entre la creati**v**idad, **b**uen am**b**iente la**b**oral y ser**v**icio al cliente» afirmó en una entre**v**ista realizada por la re**v**ista _Summa_.

Fuente: http://www.revistasumma.com. Texto adaptado.

EL CURRÍCULUM VÍTAE

En casi todas las ofertas de trabajo que has leído en la página 146 se pide que los candidatos envíen su currículum vítae u hoja de vida.

En general, en todo currículum vítae se distinguen los siguientes apartados:

- **Datos personales.**

> *Carlos Bustamante Alonso*
> *C/ Santiago, 28, 47001 Valladolid*
> *Tel.: 980 00 00 00*
> **Correo electrónico:**
> *bustamantealo@hotmail.com*

- **Formación académica.**

> **Formación académica**
> **2004** *Licenciatura en Farmacia*
> **1998** *Bachillerato en el Instituto de Enseñanza Secundaria Núñez de Arce*
> **1996** *Enseñanza Secundaria Obligatoria en el Instituto de Enseñanza Secundaria Ramón y Cajal*

- **Experiencia profesional.**

> **Experiencia profesional**
> **2004** *Comercial en la empresa* Healthcare Ltd.
> **2002** *Auxiliar en la* Farmacia Serrano

- **Otros datos de interés.**

> **Otros datos de interés**
> *Conocimientos informáticos a nivel de usuario en distintos programas.*
> *Carné de conducir y vehículo propio.*
> *Disponibilidad para viajar.*

El **currículum vítae** es un breve historial en el que se resumen los **datos personales**, la **formación académica** y la **experiencia profesional** de una persona.

23 Un currículum vítae

▶ **Vamos a escribir un currículum vítae. Sigue estos pasos.**

A. Elige una de las ofertas de empleo de la página 146 para solicitar trabajo.

☐ *mensajero con moto*   ☐ *muñeco caminante*   ☑ *meseros*
☐ *aprendiz de sistemas*   ☐ *estudiante vacaciones*

B. Ahora redacta el currículum vítae.

- Incluye los cuatro apartados principales: datos personales, formación académica, experiencia profesional y otros datos de interés.

- Hazlo interesante para la oferta que has elegido.

- Recuerda que la limpieza, el orden y la claridad del escrito deben transmitir una imagen favorable de la persona que lo ha elaborado.

• Datos personales.

Andrés García Patiño

Avda. El Dorado n.º 100, 110911 Bogotá

Tel.: (1) 422 5566

Correo electrónico: andygarpat@gmail.com

• Formación académica.

2010 Bachillerato en el Colegio Emmanuel Rubiano, Bogotá

2000 Graduado de primaria en la Escuela Susana López de Valencia, Bogotá

• Experiencia profesional.

2010-2012 Mesero a tiempo completo en el restaurante de comida italiana Firenze en Bogotá.

2008-2010 Ayudante de mesero durante las vacaciones de verano en el restaurante La Hacienda en Bogotá.

• Otros datos de interés.

Curso de cata de quesos en el Hotel Hilton de Bogotá.

Conocimientos básicos de inglés.

C. Revista tu texto antes de darlo por terminado.

ENTREVISTA A SHAKIRA

¿Qué viene a tu cabeza cuando recuerdas esa vez que tus papás te llevaron al parque Suri Salcedo, de Barranquilla?

El día en que me enteré de la crisis financiera. Mi papá y mi mamá habían perdido sus negocios. Yo tenía unos 7 u 8 años y estaba muy frustrada pues me di cuenta de que mi vida no iba a ser igual.

Entonces me llevaron al Suri Salcedo para mostrarme una realidad aún más dura que la mía. Y me impactó ver niños huérfanos, desamparados. Fue tan fuerte que me obsesioné con la idea de hacer algo, algún día, por estos niños. Por eso, cuando decidí a los 18 años crear Pies Descalzos, el eje siempre fue la niñez desprotegida. Para mí es importantísimo saber qué está pasando con cada uno de estos niños; porque los conozco, sé sus nombres y sus historias.

¿Qué frases, qué miradas recuerdas de estos niños?

Hay tantas historias que me han hecho llorar de alegría… Como la de Ángel, un niño que trabajaba en el mercado de Bogotá cargando bultos. Conocimos al papá y le ofrecimos que lo mandara a una de nuestras escuelas para alimentarlo. Porque la fundación no solo construye escuelas y proporciona la educación, sino también el acompañamiento psicológico y sobre todo la alimentación. Un niño no puede aprender con el estómago vacío. Ángel hoy no trabaja más; estudia y le va muy bien. Cuando comenzamos a trabajar en el Chocó, los niños no habían probado ni siquiera el sabor de la carne. Hoy no tenemos ningún niño mal nutrido en nuestras escuelas.

¿Y el alumno estrella?

Héctor Horacio, que ahora está becado en la Universidad Jorge Tadeo Lozano, estudiando Biología. Lo más bonito de todo es que este niño, que venía de una historia muy dramática y de pobreza extrema, está estudiando para ser un profesional y regresar a las escuelas a ayudar para devolver un poco de lo que ha recibido. Cuando ofrecemos una oportunidad a un niño desprotegido, estamos rompiendo el círculo vicioso de la pobreza.

Esa es solo una parte de tu labor social, la otra es la Fundación Alas con sus conciertos…

Lo que logramos con estos conciertos fue que 400 mil personas asistieran, que más de 30 artistas se reunieran en los escenarios alrededor de una misma causa, que uniéramos nuestras voces y las usáramos a favor de aquellos que no pueden usar las suyas. Concientizar e informar sobre la importancia de invertir en el sector infantil más vulnerable, desde la más tierna infancia, desde el vientre, algo que hoy se llama desarrollo infantil temprano.

Fuente: http://www.eltiempo.com/elenco. Texto adaptado.

24 **La labor social de Shakira**

▶ Responde.

1. ¿Por qué llevaron sus padres a Shakira al parque Suri Salcedo cuando era una niña?

   Para mostrarle una realidad aún más dura que la que estaban pasando
   ella y su familia.

2. ¿Qué decidió Shakira tras esa visita?

   Decidió crear la fundación Pies Descalzos para ayudar a los niños
   desprotegidos.

3. ¿Qué labores realiza la fundación Pies Descalzos?

   Construye escuelas, proporciona educación, alimenta y da apoyo
   psicológico a los niños desprotegidos.

4. ¿Qué ha conseguido el alumno Héctor Horacio?

   Ha conseguido ingresar en la Universidad Jorge Tadeo Lozano
   con una beca para estudiar Biología.

5. ¿Cuál es el objetivo de la Fundación Alas?

   Concienciar e informar sobre la importancia de invertir en el desarrollo
   infantil temprano.

25 **Palabras y expresiones**

▶ Relaciona las dos columnas para combinar estas palabras. Después, escribe
una oración con cada una.

  A   B

1. mal   a. infancia   1. Hay muchos niños mal nutridos en el mundo.
2. pobreza   b. nutrido   2. No se han erradicado la pobreza extrema y el hambre.
3. tierna   c. extrema   3. Conozco a Ana desde la más tierna infancia.

26 **Ahora tú**

▶ Visita las páginas web de las fundaciones Pies Descalzos y Alas, y escribe. ¿Con cuál
te gustaría colaborar? ¿Por qué?

   Me gustaría colaborar con la fundación Pies Descalzos porque creo que
   la igualdad de oportunidades educativas para todos los niños es algo
   fundamental para crear una sociedad más justa.

VOLUNTARIADO Y TRABAJO COMUNITARIO

Porque la **fundación** no solo **construye** escuelas y proporciona la **educación**, sino también el **acompañamiento** psicológico y sobre todo la **alimentación**.

27 **Palabras de la familia**

▶ Escribe en cada caso el sustantivo o el verbo que corresponde.

Sustantivo	Verbo
convivencia	→ convivir
cooperación	→ cooperar
integración	→ **integrar**
organización	→ organizar
impulso	→ **impulsar**
desarrollo	→ desarrollar

Sustantivo	Verbo
colaboración	→ **colaborar**
educación	→ educar
protección	→ **proteger**
tolerancia	→ tolerar
contribución	→ **contribuir**
promoción	→ promover

▶ Completa este texto con algunas de las palabras anteriores.

ALAS promueve el Desarrollo Infantil Temprano en América Latina

América Latina en Acción Solidaria (ALAS) es una _____**organización**_____ sin ánimo de lucro fundada el 12 de diciembre de 2006 en Ciudad de Panamá. El objetivo es _____**impulsar**_____ programas educativos integrales de calidad para el Desarrollo Infantil Temprano (DIT) que generen cambios en las políticas públicas de los gobiernos. En América Latina 9 millones de niños menores de cinco años sufren de desnutrición crónica y 22 millones no reciben _____**educación**_____.

La desnutrición y la ausencia de cuidados en edad temprana es el principal mecanismo de la transmisión de la desigualdad, por lo que los expertos coinciden en que el _____**desarrollo**_____ infantil temprano es una de las herramientas más eficaces para acabar con el ciclo intergeneracional de la pobreza.

Fuente: http://fundacionalas.org. Texto adaptado.

28 Sopa de letras

▶ Busca en la sopa de letras las palabras que corresponden a estas definiciones.

C	V	X	G	X	E	Y	Z	P	B	W	A
O	J	U	N	T	A	C	I	A	N	Ó	R
O	X	I	G	A	L	A	X	I	A	B	S
P	T	H	I	S	R	E	C	Y	E	R	D
E	R	D	M	N	E	O	E	D	Q	C	M
R	A	V	O	L	U	N	T	A	R	I	O
R	Ñ	U	S	K	P	G	E	C	K	A	O
A	N	O	G	U	L	E	Ñ	N	A	E	F	B
N	T	I	N	T	E	G	R	A	C	I	Ó	N
T	E	V	W	X	T	T	P	E	J	R	S	H
E	A	F	F	E	M	Ó	X	O	U	H	F	G
C	O	N	C	I	E	N	C	I	A	R	J

1. Organización sin ánimo de lucro que ayuda a personas desfavorecidas.
2. Persona que trabaja voluntariamente ayudando a los demás.
3. Profesional que trabaja en cooperación al desarrollo o ayuda humanitaria.
4. Incorporación y aceptación en un grupo.
5. Hacer a alguien que adquiera conciencia de algo.

▶ Elige tres de las palabras anteriores y escribe una oración con cada una.

1. __Me gustaría trabajar como voluntario en una ONG.__

2. __Conozco a dos cooperantes que trabajan en África.__

3. __Hay que concienciar de la pobreza infantil.__

29 Organizaciones y fines

▶ Elige una de estas organizaciones y escribe. ¿Qué sabes de ella? ¿Cuáles son sus objetivos?

① unicef

② MEDICOS SIN FRONTERAS

③ Manos Unidas CAMPAÑA CONTRA EL HAMBRE

__Unicef fue creada por la Asamblea General de las Naciones Unidas en 1946.__

__Proporciona alimento, ropa y atención médica a los niños de todo el mundo.__

__Trabaja para mejorar la salud, la nutrición, la educación básica de los niños__

__y niñas y su protección contra la violencia y la explotación.__

▶ Escribe el nombre de otra organización de este tipo que conozcas y explica sus fines.

__UNESCO: Organización de las Naciones Unidas para la educación, la ciencia__

__y la cultura.__

EL SONIDO Y. LA LETRA Y. LA LETRA *LL*

Muchos hispanohablantes pronuncian de la misma manera el sonido **LL** (*valla*) y el sonido **Y** (*vaya*). Este fenómeno se denomina yeísmo y es la causa de los errores ortográficos en el uso de la *ll* y de la *y*.

Se escriben con la letra *y*:

- Las palabras que comienzan con la sílaba **yer**: *yerno*.
- Las palabras que tienen el sonido **Y** tras los prefijos **ad-**, **dis-** y **sub-**: *adyacente, disyuntiva, subyugar*.
- Las palabras que contienen la sílaba **yec**: *inyección*.
- Las palabras terminadas en **-y** que forman su plural en **-yes**: *reyes*.
- Las formas verbales que contienen el sonido **Y**, pero que no tienen ni **y** ni **ll** en el infinitivo: *cayó*, del verbo *caer*.

Se escriben con **ll**:

- Las palabras que tienen el sonido **Y** y comienzan por **fa-** y **fo-**: *fallar, folleto*.
- Las palabras terminadas en **-ello** y **-ella**, excepto *plebeyo* y algunos términos literarios como *epopeya*: *camello, botella*.
- Las palabras terminadas en **-illo** e **-illa**: *chiquillo, barquilla*.
- Los sustantivos terminados en **-alle**, **-elle** y **-ullo**: *calle, muelle, barullo*.
- Todas las formas verbales de los verbos **llamar, llegar, llenar, llevar, llorar, llover** y **hallar**: *llamaste, llegué, llenamos, hallaron*.
- Los verbos terminados en **-ellar**, **-illar**, **-ullar** y **-ullir**: *atropellar, chillar, arrullar, bullir*.

---

30 **Verbos con y o con *ll***

▶ **Completa los infinitivos con y o con *ll*. Después, completa cada oración conjugando los verbos.**

mau_**ll**_ar	atrope_**ll**_ar	in_**y**_ectarse
fa_**ll**_ar	arrodi_**ll**_arse	zambu_**ll**_irse

1. Mi gato _____**maúlla**_____ cuando tiene hambre.

2. En el examen de Matemáticas _____**fallé**_____ tres preguntas.

3. Algunas personas a veces _____**se arrodillan**_____ para rezar.

4. Ayer el autobús de la escuela casi _____**atropella**_____ a un gato.

5. Las personas diabéticas _____**se inyectan**_____ insulina a diario.

6. Siempre que lo llevo a la playa, mi perro _____**se zambulle**_____ en el mar.

31 Crucigrama con y o con ll

▶ Completa el crucigrama. Todas las palabras contienen las letras ll o y.

VERTICALES

1. Contiguo.

HORIZONTALES

2. Morir.

3. Plural de buey.

4. Respecto de una persona, marido de su hija.

5. Pensamiento de hacer algo.

		1					
2	F	A	L	L	E	C	E	R
		D					
		Y					
		A					
		C					
3	B	U	E	Y	E	S	
4	Y	E	R	N	O		
		T					
5	P	R	O	Y	E	C	T	O

32 ¿Con y o con ll?

▶ Escribe el nombre del objeto, animal o lugar representado en cada fotografía.
Todas las palabras se escriben con y o con ll.

1. cobaya   2. castillo   3. playa   4. sello

33 Autodictado

▶ Completa el texto con y o con ll.

Entreculturas: educar es dar oportunidades

Entreculturas es una ONG en la que apo **y** amos pro **y** ectos que promueven la educación en las poblaciones más desfavorecidas de América Latina, África y Asia. Queremos que la educación **ll** egue al ma **y** or número de personas, pero también que su calidad sea cada vez mejor y que se dirija a la transformación social.

Fuente: http://www.entreculturas.org. Texto adaptado.

PRESENTACIÓN DE UNA ORGANIZACIÓN

En el texto *Entrevista a Shakira* (pág. 154) se nombran dos de las organizaciones benéficas en las que ella colabora y se explican sus fines.

> *Concienciar e informar sobre la importancia de invertir en el sector infantil más vulnerable, desde la más tierna infancia, desde el vientre, algo que hoy se llama desarrollo infantil temprano.*

La presentación de un organismo o una organización debe contener como mínimo esta información: quiénes son (historia, objetivos, perfiles de las personas a las que atienden…), qué hacen (proyectos y programas que llevan a cabo), dónde trabajan y cómo se financian.

34 Una presentación de una ONG

▶ **Vamos a presentar una organización benéfica que vamos a crear en nuestra comunidad. Sigue estos pasos.**

A. Piensa. ¿Qué objetivo tendrá la organización que vas a crear? Aquí tienes algunas ideas.

- ☐ *Promover la educación superior para todos.*
- ☐ *Luchar contra la discriminación de la mujer.*
- ☑ *Promover la atención médica a los menos favorecidos.*
- ☐ *Acompañar a las personas de la tercera edad.*
- ☐ *Ayudar a las personas con alguna discapacidad.*
- ☐ *Acompañar y ayudar a los enfermos de cáncer.*
- ☐ Otro: _____

_____

B. Crea un nombre y diseña un logotipo para tu organización. Puedes repasar los que han salido a lo largo de este desafío.

Salud al alcance de todos.

C. Decide los apartados que va a tener tu presentación. Te damos algunas ideas.

☑ *Quiénes somos*   ☐ *Dónde trabajamos*

☑ *Qué hacemos*   ☑ *Cómo nos financiamos*

• **Somos una organización benéfica dedicada a promover la atención médica gratuita a los menos favorecidos.**

• **Tenemos dos consultorios de atención médica primaria para atender a personas sin seguro médico y sin recursos.**

• **Nos financiamos únicamente con donativos.**

D. Busca o haz las fotografías que van a ilustrar tu presentación.

E. Ahora escribe la presentación sobre tu organización benéfica.

• Incluye el nombre y el logotipo que has creado.
• Redacta un párrafo sobre cada apartado que has elegido. Sé claro.
• Incluye las fotografías que has seleccionado.

Salud al alcance de todos

Quiénes somos

Somos una organización benéfica fundada en 2009 por un grupo de médicos y de personal sanitario que, alarmados por el gran número de personas que no podía acceder a la atención médica primaria, decidimos ofrecer nuestros servicios gratuitamente. Nuestro objetivo es promover la atención médica primaria a los menos favorecidos.

Qué hacemos

Tenemos dos consultorios de atención médica primaria donde atendemos, de lunes a sábado, a personas de nuestra comunidad que no tienen seguro médico y que carecen de recursos económicos.

Cómo nos financiamos

Nos financiamos únicamente con donativos de empresas y de particulares. Dichos fondos van destinados al alquiler, mantenimiento y equipamiento de nuestros consultorios. El personal sanitario trabaja gratuitamente.

LOS LATINOS MÁS IMPORTANTES DEL AÑO

Carlos Slim. El empresario mexicano es considerado por la revista *Forbes* como el hombre más rico del mundo. Al principal accionista de Telmex, una de las compañías telefónicas más importantes en América Latina, se le calcula un patrimonio de 53.500 millones de dólares.

Alejandro Sanz. El cantante español recibió el premio Visión de la Herencia Hispana que otorga la Casa Blanca por su labor altruista y dedicación a diferentes causas sociales y actividades caritativas.

Isabel Toledo. Es una de las principales diseñadoras de moda de la primera dama de Estados Unidos, Michelle Obama. Inmigrante de origen cubano, Toledo lleva trabajando más de 25 años en el mundo de la moda.

Chicharito Hernández. Es el jugador más sobresaliente de la Selección Mexicana, tanto que este año fue fichado por el Manchester United y se convirtió en el décimo quinto mexicano que juega en la Champions League.

Hilda Solís. Es la primera mujer de origen hispano (sus padres proceden de México y Nicaragua) que ha llegado a ocupar un cargo en el gabinete del gobierno de Estados Unidos, tras ser nombrada secretaria de Trabajo, por el presidente Barack Obama, el 24 de febrero de 2009.

José Hernández. Qué mejor ejemplo de triunfo latino que la historia del astronauta José Hernández, que se convirtió en el primer tripulante de origen hispano (sus padres son mexicanos) en participar en una misión al espacio con la NASA. Hernández también ha sido la primera persona en emplear el idioma español en una red social desde el espacio.

Sofía Vergara. Nominada al Emmy como mejor actriz secundaria de comedia, la colombiana ha llegado a la cumbre del éxito con su participación en la serie número uno en el horario de mayor audiencia de la televisión de Estados Unidos: *Modern Family*.

Fuente: http://noticias.univision.com. Texto adaptado.

35 **Latinos importantes**

▶ Indica si las siguientes afirmaciones son ciertas (C) o falsas (F).

1. El empresario Carlos Slim es uno de los hombres más ricos del mundo. Ⓒ F

2. Alejandro Sanz ha recibido un premio por su labor como cantante. C Ⓕ

3. La diseñadora Isabel Toledo acaba de empezar su carrera como diseñadora. C Ⓕ

4. Chicharito Hernández juega en la Selección Mexicana de fútbol. Ⓒ F

5. Hilda Solís es la primera mujer hispana que logra ocupar un puesto en el gobierno de los Estados Unidos. Ⓒ F

6. José Hernández ha participado ya en una misión de la NASA. Ⓒ F

7. Sofía Vergara se ha hecho muy famosa gracias a la serie *Modern Family*. Ⓒ F

36 **Otros latinos importantes**

▶ Escribe debajo de cada personaje latino su profesión y su origen.

cantante	futbolista
juez	comediante

mexicano	puertorriqueño
cubano	mexicano

(1) «Chespirito»

comediante

mexicano

(2) Gloria Estefan

cantante

cubana

(3) Hugo Sánchez

futbolista

mexicano

(4) Sonia Sotomayor

jueza

puertorriqueña

37 **Tu opinión**

ANSWERS WILL VARY

▶ ¿Qué otros latinos triunfan en la actualidad en los Estados Unidos? Elige uno y describe brevemente su trayectoria profesional.

Enrique Iglesias, un cantante español afincado en Miami, es uno de los cantantes latinos más premiados en los Estados Unidos. Saltó a la fama en 1995 y en sus casi veinte años de carrera ha vendido más de cien millones de discos.

⚑ DESAFÍO 1

38 **Profesiones y cargos**

▶ Completa el texto con las palabras que te parezcan adecuadas.

1. Mi madre es ___arquitecta___. ___Diseña___ edificios y ___dirige___ su construcción. Tiene un ___estudio___ con unos socios.

2. Mi padre es enfermero. Trabaja en un gran ___hospital___. Le gusta mucho su trabajo porque dice que se siente muy útil cuando ___atiende___ a los enfermos.

3. Mi madre es ___directora___ de recursos humanos de una multinacional. Se ocupa de ___dirigir___ los procesos de selección de personal y de ___planificar___ los cursos de formación que ofrece la empresa a sus empleados.

39 **El sonido B. La letra *b***

▶ Completa estas palabras con *b* o con *v*.

1. _b_urbuja	4. Ál_v_aro	7. vaga_b_undo	10. escri_b_ir
2. al_b_añil	5. a_b_dominal	8. canta_b_a	11. ser_v_ir
3. o_v_ni	6. _b_izcocho	9. sa_b_er	12. her_v_ir

⚑ DESAFÍO 2

40 **Trabajo**

▶ Completa esta oferta de trabajo con las palabras del recuadro.

atención	horario	experiencia	indefinido	manejo	sueldo	idioma

Recepcionista

Importante empresa solicita recepcionista con ___experiencia___ mínima de un año en el cargo. Con claros conocimientos en el ___manejo___ de conmutador y la ___atención___ al cliente. Se requiere: bachiller, muy buena presentación personal y actitud de servicio. Importante que tenga un dominio del ___idioma___ inglés. ___Horario___ de oficina de lunes a sábado. ___Sueldo___: 600.000 pesos más prestaciones de ley. Tipo de contrato: ___indefinido___. Interesados enviar currículum vítae.

41 **El sonido B. La letra v**

▶ Completa con *b* o con *v*.

1. Ayer estu__v__e en la __b__i__b__lioteca y __v__i una foto de mi __b__isabuelo.

2. Raquel ol__v__idó de __v__ol__v__erme el __v__ideojuego de los su__b__marinos.

DESAFÍO 3

42 **Voluntariado y trabajo comunitario**

▶ Completa el texto con las palabras del recuadro.

| educación | contribuir | protección | organización |

Fundación Mi Sangre

Somos una __organización__ sin ánimo de lucro que nace en 2006 por la iniciativa del cantante Juanes, con la misión de __contribuir__ a que los niños y jóvenes sean protagonistas de la construcción de Paz en Colombia. Para lograr este reto, nos enfocamos en los siguientes propósitos:

1. Atención psicosocial.
2. __Protección__ de los derechos de los niños y jóvenes.
3. __Educación__ para la paz.

FUNDACIÓN MI SANGRE
Por los hijos de tus hijos

Fuente: http://www.fundacionmisangre.org. Texto adaptado.

43 **El sonido Y. La letra y. La letra ll**

▶ Completa estas palabras con *y* o con *ll*.

1. embote__ll__ar
2. sub__y__acente
3. le__y__es
4. patru__ll__ar
5. came__ll__o
6. alcantari__ll__a
7. __ll__evar
8. __y__erno

44 **Latinos importantes**

ANSWERS WILL VARY

▶ Escribe. ¿A qué personaje latino actual admiras más?

A Jorge Ramos por su labor como periodista.

Unidad 6 Tus aficiones

1 Espectáculos

▶ **Escribe. ¿En qué consisten estos espectáculos?**

1. una obra de teatro: <u>representación de una obra dramática dialogada. Estas obras se interpretan en un escenario.</u>

2. un musical: <u>espectáculo con números de música y baile.</u>

3. un concierto: <u>espectáculo en el que se canta y se tocan instrumentos musicales.</u>

4. una ópera: <u>obra musical que se representa en un teatro. Es cantada y se acompaña con música.</u>

▶ **Escribe. ¿Has acudido a ver alguno de los espectáculos anteriores? ¿Te gustó?**

<u>Sí, estuve en un concierto de rock y me gustó mucho. Fue un gran espectáculo de casi dos horas de duración.</u>

2 Deportes y aficiones

▶ **Clasifica las palabras en la tabla.**

disco	caña	cebo	caballo	pincel	anzuelo	pértiga	sedal
alfil	acuarela	torre	martillo	lienzo	peón	boceto	valla

AJEDREZ	ATLETISMO	PESCA	DIBUJO Y PINTURA
alfil	disco	caña	acuarela
torre	martillo	cebo	pincel
caballo	pértiga	anzuelo	lienzo
peón	valla	sedal	boceto

▶ **Escribe. ¿Alguien de tu familia es aficionado a alguna de las actividades anteriores? ¿Cómo empezaron?**

<u>A mi tío le gusta mucho pescar. Comenzó de niño cuando iba con su padre al mar los fines de semana. Echaban las cañas y pasaban horas pescando.</u>

166

3 Deportistas

▶ Escribe. ¿Qué clase de deportistas son?

1	2	3	4
esquiadora	futbolista	nadadora	ciclista

▶ Ahora clasifica los nombres anteriores en la tabla y añade uno más.

Terminan en -ISTA	Terminan en -DOR(A)
futbolista	esquiador(a)
ciclista	nadador(a)
piragüista	luchador(a)

4 Habilidades

▶ Escribe al menos un deporte en el que hagan falta estas habilidades.

1. fuerza: levantamiento de pesas

2. puntería: tiro con arco

3. agilidad: baloncesto

4. resistencia: natación

5 Viajes

▶ Clasifica estas palabras relacionadas con los viajes y añade una más.

bolsa de mano	pasaporte	terminal	recepcionista

Documentación	Equipaje	Avión	Hotel
pasaporte	bolsa de mano	terminal	recepcionista
visa	maleta	hacer escala	habitación doble

▶ Marca. ¿Qué tipo de viaje te gustaría hacer? ¿Adónde te gustaría ir? ¿Por qué?

☐ safari   ☐ viaje romántico   ☐ peregrinación   ☑ viaje cultural

Me gustaría realizar un viaje cultural a Cuzco y Machu Picchu, en Perú,

porque me interesa mucho la cultura inca.

UNA CARTELERA

http://www.dondeir.com

CINE

Don Gato y su Pandilla (Cinépolis)

Es una película para todas las generaciones a las que les entusiasma ver en pantalla grande la historia del apuesto y astuto felino. En esta aventura hecha en México y dirigida por Alberto Mar, Don Gato y su Pandilla se enfrentarán a Lucas Buenrostro, un nuevo jefe de policía. Pero la verdadera intención de Buenrostro es apoderarse de la ciudad imponiendo sus leyes absurdas, las cuales pondrán a prueba a Don Gato, sus amigos y hasta el mismo Matute. Esta cinta sin duda tiene una animación que se ve ¡genial!

MÚSICA

Alejandro Fernández: *Dos Mundos* (Auditorio Nacional)

En este concierto Alejandro Fernández presenta su más reciente producción, *Dos Mundos*, un proyecto muy ambicioso. Son dos discos que representan el lanzamiento de dos géneros al mismo tiempo. *Tradición* es un disco divertido, juguetón y sentido. En este, Alejandro Fernández se da el gusto de divertirse y cantarle al amor y al desamor como nunca lo había hecho: con el ardor festivo de los mexicanos.

A lo largo de sus once canciones se puede bailar, sentir y reír al estilo de un país vivo como pocos. En *Evolución*, Alejandro ofrece un disco único que aúna la dulzura latinoamericana con el ritmo y el romance.

TEATRO

Lutherapia (Auditorio Nacional)

El eje de este espectáculo del mítico quinteto argentino Les Luthiers es el psicoanálisis. Marcos Mundstock y Daniel Rabinovich, psicoanalista y paciente respectivamente, protagonizan desde un diván extravagantes sesiones terapéuticas que sirven como enlaces para las distintas obras musicales, a raíz de la preparación de una tesis sobre el célebre compositor Johann Sebastian Mastropiero. En *Lutherapia* todas las obras son nuevas excepto una, que es reciclada, y como es habitual se presentan instrumentos informales nuevos como la Exorcítara, el Bolarmonio y el Thonet.

ARTE Y CULTURA

Conoce el DF desde las alturas (Boutique Hotel de Cortés)

Si quieres disfrutar de un compendio de paisajes aéreos que retratan la riqueza de nuestra metrópoli, entonces tienes que asistir a la muestra fotográfica de Ricardo Gómez Garrido. 30 imágenes llenas de colores y matices de diversos escenarios de la capital mexicana son el producto de más de ocho años de trabajo y alrededor de cuatro mil horas de vuelo del también piloto de profesión.

Fuente: http://www.dondeir.com/. Texto adaptado.

Terminado

6 **La cartelera**

▶ Indica si las siguientes afirmaciones son ciertas (C) o falsas (F).

1. *Don Gato y su Pandilla* es una película de animación.   Ⓒ   F
2. El disco *Evolución* de Alejandro Fernández es más bailable que *Tradición*.   C   Ⓕ
3. El espectáculo de Les Luthiers mezcla música y teatro.   Ⓒ   F
4. Las imágenes de *Conoce el DF desde las alturas* están tomadas desde un avión.   Ⓒ   F

▶ Responde.

ANSWERS WILL VARY

1. ¿Crees que *Don Gato y su Pandilla* es apta para todos los públicos? ¿Por qué?

   Sí, porque es una película de animación.

2. ¿Cuál de los dos discos que presenta Alejandro Fernández te apetece más escuchar? ¿Por qué?

   Me gustaría escuchar *Tradición* porque es bailable.

7 **Palabras y expresiones**

ANSWERS WILL VARY

▶ Reescribe estas oraciones sustituyendo las palabras y expresiones destacadas por otras equivalentes.

1. Es una película para todas las generaciones a las que les **entusiasma** ver **en pantalla** grande la historia del **apuesto** y astuto **felino**.

   [...] generaciones a las que les **apasiona** ver **en el cine** la historia del **guapo** y astuto **gato**.

2. Marcos Mundstock y Daniel Rabinovich protagonizan desde un diván **extravagantes** sesiones terapéuticas.

   Marcos Mundstock y Daniel Rabinovich protagonizan desde un diván **estrafalarias** sesiones terapéuticas.

3. Si quieres disfrutar de un **compendio** de paisajes aéreos que **retratan** la riqueza de nuestra **metrópoli**...

   Si quieres disfrutar de una **breve exposición** de paisajes aéreos que **fotografían** la riqueza de nuestra **gran ciudad**...

8 **Ahora tú**

ANSWERS WILL VARY

▶ Escribe. ¿A cuál de los anteriores espectáculos te apetecería ir? ¿Por qué?

   Quisiera ir a ver la película *Don Gato y su Pandilla* porque me gustan las películas de dibujos animados, y el argumento me parece divertido.

ESPECTÁCULOS

En este **concierto** Alejandro Fernández presenta su más reciente **producción**, *Dos Mundos*, un proyecto totalmente ambicioso. Son dos **discos** que representan el lanzamiento de dos **géneros** al mismo tiempo.

9 El cine

▶ Completa este texto con las palabras adecuadas.

Un gran año para el cine mexicano

Durante este año _____**se estrenaron**_____ 54 películas, diez más que el año
se abrieron/se estrenaron

pasado, y cerca de 12 millones de _____**espectadores**_____ compraron
espectadores/visionarios

un _____**boleto**_____ de cine. Además, se registró un período de tres meses
boleto/etiqueta

en el que al menos una _____**cinta**_____ mexicana se mantuvo
serie/cinta

en el *top ten* de la _____**taquilla**_____ semanal.
oficina/taquilla

Eugenio Derbez demostró que es el _____**actor**_____ más taquillero con
actor/actriz

No eres tú, soy yo, _____**comedia**_____ romántica que ocupa el primer escalafón
comedia/drama

entre las películas mexicanas más vistas. El segundo sitio quedó con *El infierno*,

_____**protagonizada**_____ por Damián Alcázar, quien en el _____**festival**_____
estrellada/protagonizada   festival/congreso

de Morelia se sorprendió cuando decenas de jóvenes le solicitaron un autógrafo.

La historia de México llegó al tercer sitio con *Hidalgo, la historia jamás contada.*

Fue vista por cerca de 900 mil personas, poco más

que *Abel*, ópera _____**prima**_____
primera/prima

de _____**ficción**_____ de Diego Luna.
realidad/ficción

Fuente: http://www.eluniversal.com.mx. Texto adaptado.

10 El teatro

▶ **Indica. ¿A qué elemento de la foto se refiere cada palabra?**

1	telón
3	escenario
5	patio de butacas o platea
4	foso de la orquesta
2	decorado
6	palcos

▶ **Completa este texto con algunas de las palabras y expresiones anteriores.**

El Teatro Colón de Buenos Aires

El Teatro Colón de la ciudad de Buenos Aires es considerado uno de los mejores teatros del mundo. Reconocido por su acústica y por el valor artístico de su construcción, cumplió 100 años en 2008.

La planta de la sala principal está bordeada de _____**palcos**_____ hasta el tercer piso.

El _____**escenario**_____ tiene 35,25 metros de ancho por 34,50 de profundidad, y 48 metros de altura y posee una inclinación de tres centímetros por metro. En 1988, se realizaron trabajos de modernización de la maquinaria escénica con el fin de facilitar el manejo de los _____**decorados**_____ y agilizar los cambios de escena. El _____**foso de la orquesta**_____ posee una capacidad para 120 músicos.

Estas condiciones, las proporciones arquitectónicas de la sala y la calidad de los materiales contribuyen a que el Teatro Colón tenga una acústica excepcional, reconocida mundialmente como una de las más perfectas.

Fuente: http://teatrocolon.org.ar/. Texto adaptado.

▶ **Escribe. ¿Has estado alguna vez en un teatro? ¿Qué espectáculo viste? ¿Qué fue lo que más te gustó?**

Fui a ver *La casa de Bernarda Alba*, de Federico García Lorca. La actriz que interpretaba a Bernarda lo hizo muy bien. La escenografía me impresionó.

EL SONIDO I

El sonido **I** se escribe casi siempre con *i*. Se escribe con **y** en los siguientes casos:

- En la conjunción copulativa **y**: *ropa y zapatos*.
- Las palabras en las que el sonido **I** ocupa la posición final y forma diptongo o triptongo con la vocal o las vocales precedentes, excepto *Hawái*, *bonsái*, *saharaui* y *fui*: *rey, buey, jersey*.

En plural estas palabras se rigen por las siguientes normas:

- Si el plural se forma añadiendo -es, se conserva la *y*, pero como sonido consonántico: *reyes*.
- Si el plural se forma añadiendo -s, la *y* se transforma en *i*: *jerséis*.

11 **El plural de las palabras terminadas en -y**

▶ **Escribe el plural de estas palabras.**

1. rey: __reyes__

2. jersey: __jerséis__

3. ley: __leyes__

4. buey: __bueyes__

5. convoy: __convoyes__

6. espray: __espráis__

▶ **Elige tres de las palabras anteriores en plural y escribe una oración con cada una.**

1. __Tengo varios jerséis de lana para el invierno.__

2. __Los jueces tienen que conocer muy bien las leyes de su país.__

3. __Antiguamente se usaban bueyes para arar la tierra.__

12 **Formas verbales**

▶ **Completa estas oraciones conjugando los verbos del recuadro.**

ir (2)	ser	dar	estar	haber

1. __Estoy__ muy cansada esta noche. ¿Puedes preparar tú la cena?

2. Esta tarde __voy__ a ver una obra de Cervantes. Estoy muy contenta.

3. Yo no __soy__ una persona egoísta.

4. Si quieres este jersey, te lo __doy__ porque nunca me lo pongo.

5. ¿__Hay__ alguien ahí?

6. Ayer (yo) __fui__ a un concierto de música caribeña.

EL SONIDO R FUERTE

El sonido **R** fuerte, de *rana*, se puede escribir con **r** o con **rr**.

- Se escribe con **rr** cuando va entre dos vocales: *perro, gorro*.
- Se escribe con **r** en los demás casos:
    - Al inicio de palabra: *reloj, ropa*. Si estas palabras forman parte de otras, el sonido R se queda entre vocales, debe escribirse *rr*: *contrarreloj, guardarropa*.
    - Antes o después de consonantes: *árbol, alrededor, sonrisa*.

13 **Nuevas palabras**

▶ **Forma palabras utilizando estos prefijos y estas palabras.**

A	B	
1. anti-	a. responsable	**antirrobo**
2. en-	b. rollar	**enrollar**
3. ex-	c. robo	**exrepresentante**
4. i-	d. rayado	**irresponsable**
5. pre-	e. representante	**prerrománico**
6. sub-	f. románico	**subrayado**
7. vice-	g. rector	**vicerrector**

14 **Autodictado**

▶ **Completa el poema con *r*, con *rr*, con *i* o con *y*. Escribe tilde donde sea necesario.**

La hermanilla

Ten _í_ a la naricilla _r_ espingona, _y_ era menuda.
¡Cómo le gustaba co _rr_ er por la arena!
_Y_ se met _í_ a en el agua,
_y_ nunca se asustaba.
Flotaba allí como si aquel hub _i_ era sido s _i_ empre
su natural elemento.
Como si las olas la hub _i_ eran acercado a la orilla,
trayéndola desde lejos, inocente en la espuma,
con los ojos ab _i_ ertos bajo la luz.

VICENTE ALEIXANDRE. *Poesía española para jóvenes*. Texto adaptado.

LA RESEÑA

En el texto de la página 168 se incluye un comentario o reseña de varios espectáculos.

> *En este concierto Alejandro Fernández presenta su más reciente producción,*
> *Dos Mundos, un proyecto muy ambicioso. Son dos discos que representan*
> *el lanzamiento de dos géneros al mismo tiempo.*

La reseña de una obra suele constar de los siguientes apartados:

• Una **ficha** con los datos principales: título, autor, director, editorial, etc.

• Una **presentación** que suele incluir información sobre el género de la obra (romántica, de aventuras, de ciencia ficción, etc.), sus características fundamentales y una breve semblanza de su autor y sus obras más importantes.

• Un **resumen del argumento** que recoge los hechos fundamentales.

• Una **crítica** u **opinión** en la que reflejamos una valoración personal fundamentada de la obra.

La **reseña** es un texto en el que se informa sobre el contenido de una obra (novela, película, concierto, obra de teatro, etc.) y se incluye una opinión personal sobre ella.

15 Una reseña

▶ **Vamos a escribir una reseña. Sigue estos pasos.**

A. Elige. ¿Qué espectáculo al que has acudido últimamente quieres reseñar? Te damos algunas ideas.

☑ *Una película.*   ☐ *Una obra de teatro.*   ☐ *Un concierto.*   ☐ _____

B. Busca y anota la información básica para la ficha. Te damos algunas ideas.

Una película	Una obra de teatro	Un concierto
dirección intérpretes género duración	autor dirección intérpretes género duración	autor(es) del repertorio dirección intérpretes

C. Prepara la presentación. Busca información sobre la obra y sobre su autor.

Violeta se fue a los cielos, del director chileno Andrés Wood, narra

la historia de la cantautora chilena Violeta Parra. La película recibió

el Gran Premio Internacional del Jurado de Sundance 2012.

D. Resume el argumento de la obra. Si se trata de un concierto, anota el repertorio que escuchaste.

La película está basada en la biografía sobre su madre que escribió Ángel Parra. En la película se tratan distintos aspectos de la vida profesional, familiar y amorosa de la cantautora chilena.

E. Redacta tu valoración personal de la obra. Busca los adjetivos más precisos y argumenta tu opinión.

La película no sigue una línea cronológica. Los saltos en el tiempo pueden confundir al espectador. Sin embargo, la figura de Violeta Parra resulta muy humana, por momentos contradictoria, pero siempre comprometida. La cinta es de una gran calidad técnica.

F. Ahora redacta la reseña.
  • Incluye los cuatro apartados que has redactado: la ficha, la presentación, el resumen y la valoración personal.
  • Puedes incluir una fotografía del espectáculo.

Violeta se fue a los cielos

110 min.   Biografía.   Chile, 2011.

Director: Andrés Wood.

Intérpretes: Francisca Gavilán, Thomas Durand, Christian Quevedo.

Esta película chilena, ganadora del Gran Premio Internacional del Jurado de Sundance 2012, narra la historia de la cantautora chilena Violeta Parra. En la película se tratan aspectos de la vida profesional, familiar y amorosa de la artista, pero no se sigue un patrón cronológico. Los saltos en el tiempo pueden confundir al espectador. Sin embargo, la figura de Violeta Parra resulta muy humana, por momentos contradictoria, pero siempre comprometida. La cinta es de una gran calidad técnica.

G. Recuerda que debes revisar la reseña antes de darla por terminada.

UN CUENTO

16 **El fútbol**

▶ **Escribe todas las palabras que conozcas relacionadas con el fútbol.**

gol, árbitro, delantero, defensa, penalti

El héroe

De todos los bichos de la Planta de Limón, el mosquito Efraín era el más sufrido. No había cucaracha, araña o moscardón que no se riera de él porque era asustadizo, torpe y tímido. Hasta sus padres y hermanos solían murmurar cada vez que cometía un error:

—¡Cabeza de mosquito!

Un día, Efraín tomó una decisión: abandonar la Planta de Limón, donde vivía, y salir al mundo. De madrugada, mientras todos los bichos dormían, se marchó. Voló dos horas seguidas y, al final, llegó al puerto. Eligió un barco que tenía un delicioso olor a pescado podrido y se refugió en el camarote del capitán. Cuando el barco zarpó, Efraín recordó a sus padres y rompió a llorar, pero luego pensó:

«Tengo que aprender a ser fuerte, para eso emprendí esta aventura…»

Cuando el barco llegó al puerto inglés de Liverpool, Efraín bajó y conoció los sitios más increíbles. Un día, se quedó enredado en la tela de una araña pero, demostrando una fuerza que ni él mismo imaginaba, logró soltarse.

Mientras tanto, los vecinos de la Planta de Limón y, en especial, los padres y hermanos de Efraín, no pasaban un día sin recordar al mosquito, arrepentidos de haberlo maltratado.

—¿Dónde estará? ¡Qué injustos fuimos! Era muy joven y nos burlamos de él —decían.

Hasta que una noche sucedió algo increíble. Todos los bichos del vecindario se trasladaron al bar Don Chicho para ver el partido Argentina-Inglaterra. Cada uno se acomodó como pudo, volando alrededor de la lamparita o sobre los hombres que miraban.

En el segundo tiempo del partido, el árbitro pitó un penalti a favor de los ingleses. El bar Don Chicho pareció estallar de rabia. Una parte de los humanos y casi todos los insectos insultaban al árbitro. Los demás se agarraban la cabeza y miraban la pantalla como hipnotizados.

Los insectos se agruparon más cerca del televisor, sobre la cabeza de un señor calvo. Un jugador inglés iba a tirar el penalti y el portero argentino esperaba nervioso. Los segundos pasaban, interminables. La pantalla mostró un primer plano del delantero inglés…

—¡Efraín! —gritó una mosca señalando la pantalla—. ¡Es Efraín!

Efraín, el mosquito, estaba sobre la mejilla del delantero inglés esperando a que el árbitro ordenara lanzar el penalti.

—¡Pero si va a…! —dijo el hermano mayor de Efraín.

No llegó a decir «picarlo». El árbitro hizo sonar el silbato. El jugador corrió hacia la pelota y cuando iba a lanzarla, Efraín hundió el aguijón en su acalorada mejilla. El delantero se sorprendió, hizo una extraña mueca, lanzó y falló el penalti. El Don Chicho estalló en gritos de algarabía. Pero, en medio de la fiesta, una cucaracha que estaba sobre el televisor gritó:

—¡Esperad! ¡Esperad!

No fue necesario que explicara nada más porque todo se vio con claridad: el delantero acababa de darse en la cara, aplastando a Efraín.

Los bichos salieron del Don Chicho sin interesarse por cómo seguía el partido. Desconsolados, regresaron a la Planta de Limón. Fue una noche interminable en la que nadie podía parar de llorar y de decir cosas como «fue un héroe» o «yo jamás me hubiera atrevido a arriesgarme como lo hizo él».

Bueno, no todas las historias pueden tener final feliz. Sobre Efraín solo falta añadir que a la mayoría de los bichitos que nacieron esa temporada los padres les pusieron su nombre y que en el barrio de la Planta de Limón está escrita, con indudable letra de insecto, la leyenda «Efraín vive». Lástima que no sea cierto.

RICARDO MARIÑO. *El héroe y otros cuentos.*

17 El cuento

▶ Responde.

1. ¿Qué piensan de Efraín al principio los bichos que lo conocen?

   Piensan que es asustadizo, torpe y tímido.

2. ¿Por qué se marcha Efraín de su casa?

   Porque se burlaban de él.

3. ¿En qué país vivía Efraín y a qué país llega después de su viaje?

   Vivía en Argentina y llega a Inglaterra.

4. ¿Qué consigue Efraín al picar al delantero inglés?

   Consigue que falle el penalti.

5. ¿Cómo termina el cuento?

   El jugador mata a Efraín y los insectos lo recuerdan.

18 Ahora tú

▶ **Escribe. ¿Es frecuente la reacción de los que estaban viendo el partido en el bar Don Chicho en las competiciones deportivas? ¿Te parece correcta?**

Sí, es una reacción muy frecuente entre los aficionados de un equipo.

No me parece correcto insultar al árbitro o al otro equipo, pero suele ser

una reacción espontánea de la afición.

DEPORTES

El **árbitro** hizo sonar el **silbato**. El **jugador** corrió hacia la **pelota** y cuando iba a **lanzarla**, Efraín hundió el aguijón en su acalorada mejilla. El **delantero** se sorprendió, hizo una extraña mueca, lanzó y **falló** el **penalti**.

19 **Los deportes más populares**

ANSWERS WILL VARY

▶ **Marca el deporte que creas que es el más popular en México y el que menos.**

☐ el béisbol	☐ el voleibol	☐ el ciclismo	☐ la lucha libre
☑ el fútbol americano	☐ el atletismo	☑ el fútbol	☐ el automovilismo
☐ el tenis	☐ el baloncesto	☐ el boxeo	☐ el golf

▶ **Lee el artículo y comprueba si has acertado.**

Los deportes más populares en México

El fútbol seguido por el baloncesto y el béisbol son los tres deportes más populares en México, según una encuesta divulgada hoy por la empresa Consulta Mitofsky.

Con mil encuestas hechas cara a cara y con cuestionario, el estudio de Mitofsky reveló que el fútbol cuenta con el 40 por ciento de aficionados; el baloncesto, con el 14%; el béisbol, con el 10%; y la lucha libre, con el 6%.

A estos deportes los siguieron el voleibol (5%), el boxeo (3,9%), el fútbol americano (2,3%), el atletismo (1,9%), el tenis (1,6%), el automovilismo (1,5%), el ciclismo (1,2%) y, en último lugar, el golf con el 0,6% por ciento de afición.

Fuente: http://www.terra.com.mx. Texto adaptado.

ANSWERS WILL VARY

▶ **Escribe al menos uno de los deportes anteriores en cada casilla de la tabla.**

INDIVIDUAL	DE EQUIPO	DE PELOTA	DE COMBATE	DE MOTOR
atletismo	baloncesto	béisbol	boxeo	automovilismo
golf	fútbol	tenis	lucha libre	

ANSWERS WILL VARY

▶ **Escribe. ¿Cuáles de los deportes anteriores te gustan más como espectador? ¿Practicas alguno? ¿Cuál?**

Me gusta el fútbol, el baloncesto y el atletismo. Juego un poco al baloncesto, pero no soy muy bueno.

20 Más deportistas

▶ Escribe. ¿Qué clase de deportistas son?

1

2

3

4

surfista   golfista   atleta   tenista

21 Un partido de fútbol

▶ Completa el texto con las palabras del recuadro.

| penalti | equipo | árbitro | jugadores | delantero |
| empatado | Estadio | partido | tarjeta | gol |

El Espanyol elimina al Celta al vencer por 4-2

El Espanyol lo tuvo fácil, ya que eliminó al Celta por un contundente 4-2.

El **equipo** catalán, que había **empatado** (0-0) en

el **partido** de ida en el **Estadio** Balaídos, se vio favorecido

por la expulsión de uno de los mejores **jugadores** del conjunto gallego,

De Lucas, quien fue expulsado en el minuto 27 después de ver la segunda

tarjeta amarilla por protestar al colegiado, el internacional Velasco

Carballo. No quedó el Celta demasiado contento con la actuación

del **árbitro**, ya que el conjunto gallego reclamó un posible

penalti sobre el **delantero** David Rodríguez a los ocho minutos.

Weiss, en su primer **gol** con el Espanyol, adelantó a su equipo

a los 30 minutos.

Fuente: http://www.elpais.com. Texto adaptado.

▶ Escribe según tus conocimientos o pregunta a alguien a quien le guste el fútbol.

1. el nombre de un equipo de fútbol: __el América__

2. el nombre de un estadio muy conocido: __Estadio Azteca__

3. el nombre de un jugador muy famoso: __Lionel Messi__

4. el nombre de una competencia internacional: __Copa del Mundo__

REPASO

22 Esquemas de sílabas

La sílaba

Cuando hablamos, agrupamos los sonidos en golpes de voz. Cada golpe de voz es una **sílaba**.

No pronunciamos todas las sílabas con la misma fuerza. En cada palabra, hay una sílaba que pronunciamos con más intensidad. Es la **sílaba tónica** (*ca-mi-sa*). Las sílabas que se pronuncian con menos intensidad se llaman **sílabas átonas** (*ca-mi-sa*).

Según la posición de la sílaba tónica, las palabras pueden ser:

- **Agudas:** la sílaba tónica es la **última sílaba**, como en *ves-tir* y *pan-ta-lón*.
- **Llanas:** la sílaba tónica es la **penúltima sílaba**, como en *ca-mi-sa* y *ár-bol*.
- **Esdrújulas:** la sílaba tónica es la **antepenúltima sílaba**, como en *tí-pi-co* e *in-dí-ge-na*.
- **Sobresdrújulas:** la sílaba tónica es la **anterior a la antepenúltima sílaba**, como en *de-vuél-ve-se-la*.

▶ **Pronuncia y rodea la sílaba tónica en cada palabra.**

1. libro
2. crema
3. Madrid
4. profesor
5. jirafa
6. página
7. capítulo
8. agricultor

▶ **Clasifica las palabras anteriores y añade una más a cada clase.**

agudas	Madrid, profesor, agricultor, español
llanas	libro, crema, jirafa, jardinero, casa
esdrújulas	página, capítulo, árboles

23 Diptongos, triptongos e hiatos

Diptongos, triptongos e hiatos

- **Diptongo.** Es la unión de dos vocales en una sílaba. Para que se produzca un diptongo, una de las dos vocales debe ser la *i* o la *u*: *ca-mión*, *tie-rra*, *náu-fra-go*, *ciu-dad*.
- **Triptongo.** Es la unión de tres vocales en una sola sílaba. Para que haya triptongo, la vocal del centro debe ser la *a*, la *e* o la *o*. Las otras dos vocales deben ser la *i* o la *u*: *miau*, *pro-nun-ciáis*.
- **Hiato.** Se forma al coincidir dos vocales que pertenecen a sílabas distintas: *ma-es-tro*, *me-lo-dí-a*.

A final de palabra, el sonido I de un diptongo o de un triptongo se escribe generalmente con **y**: *vi-rrey*, *Pa-ra-guay*.

▶ **Clasifica estas palabras y añade una más a cada clase.**

autor	miau	toalla	canción	jueves
anciano	egoísta	Uruguay	sonrían	infierno

CON DIPTONGO		CON TRIPTONGO	CON HIATO	
autor	infierno	miau	egoísta	sonrían
anciano	canción	Uruguay	toalla	océano
jueves	escuela	Paraguay		

24 **Partimos palabras**

La partición de palabras a final de línea

Si una palabra no cabe completa en una línea, podemos partirla con un **guion** (-).
El guion señala que el último elemento del renglón continúa en la línea siguiente.

Para partir palabras seguimos estas normas básicas:

- En general, las palabras se parten por sílabas: *lo-co-mo-to-ra.* Es incorrecto: *loc- / omotora, locom- / otora.*

- Una **vocal** nunca debe quedar aislada: *ane- / mia.* Es incorrecto: *a- / nemia, anemi- / a.*

- Nunca se deben separar **dos vocales**, aunque pertenezcan a sílabas distintas: *ansie- / dad, paí- / ses.* Es incorrecto: *ansi- / edad, pa- / íses.*

- Los **dígrafos *ch*, *ll*** y ***rr*** no deben separarse: *co-che-ci-to, vi-lla-no, pe-rri-to.* Es incorrecto: *coc- / hecito, vil- / lano, per- / rito.*

- La letra ***x*** inicia sílaba cuando va antes de una vocal y finaliza sílaba cuando está antes de una consonante: *bo-xeo, mix-to.* Es incorrecto: *box- / eo, mi- / xto.*

- Las palabras con una ***h*** muda intercalada se dividen por sílabas, como si la *h* no existiese, evitando dejar a principio de línea los grupos consonánticos *nh, sh, rh* y *hl*: *adhe- / sivo, deshu- / manizar.* Es incorrecto: *ad- / hesivo, de- / shumanizar.*

▶ **Marca si estas palabras están bien o mal partidas y corrige las erróneas.**

	BIEN	MAL	
1. represe- / ntación	☐	☑	**represen- / tación**
2. a- / migo	☐	☑	**ami- / go**
3. ti- / empo	☐	☑	**tiem- / po**
4. pa- / ís	☐	☑	**país**
5. bril- / lante	☐	☑	**bri- / llante**
6. de- / shidratado	☐	☑	**deshi- / dratado**

EL CUENTO

El texto *El héroe* (pág. 176) es un cuento. El **cuento** es una narración breve de hechos ficticios. Aunque con frecuencia se puede extraer de ellos alguna enseñanza, su finalidad es entretener.

En su forma más típica, los cuentos se estructuran de una manera bastante sencilla.

- El **marco narrativo** es la primera parte del relato. En él se sitúan espacial y temporalmente los hechos, se presenta a los personajes que van a protagonizar la historia y se expone la situación inicial.

> *De todos los bichos de la Planta de Limón, el mosquito Efraín era el más sufrido. No había cucaracha, araña o moscardón que no se riera de él porque era asustadizo, torpe y tímido.*

- El **acontecimiento inicial** es el hecho que desencadena el conflicto que dará lugar a la acción.

> *Un día, Efraín tomó una decisión: abandonar la Planta de Limón, donde vivía, y salir al mundo.*

- Las **acciones** son las distintas actuaciones que los personajes llevan a cabo para resolver el conflicto planteado.

> *Hasta que una noche sucedió algo increíble. Todos los bichos del vecindario se trasladaron al bar Don Chicho para ver el partido Argentina-Inglaterra.*

- La **solución** supone el paso a una situación final, es decir, a una nueva situación a la que se llega como consecuencia de las acciones de los personajes.

> *No fue necesario que explicara nada más porque todo se vio con claridad: el delantero acababa de darse en la cara, aplastando a Efraín.*

25 Un cuento

▶ **Vamos a escribir un breve cuento infantil con moraleja. Sigue estos pasos.**

A. Elige la moraleja o enseñanza que quieres transmitir con el cuento. Te damos algunas ideas.

- ☐ *No debes juzgar a los demás por su apariencia.*
- ☐ *Trata a los demás como te gusta que te traten a ti.*
- ☐ *Si eres generoso con los demás, los demás lo serán contigo.*
- ☑ *No se deben decir mentiras.*
- ☐ *Podemos aprender muchas cosas de las personas mayores.*
- ☐ *Otra:* _____

B. Describe. ¿Dónde comienza la narración? ¿Cuándo comienza la acción? ¿Quién es el protagonista y qué características tiene?

Érase una vez... un zorro que estaba muy orgulloso de su cola larga y esponjosa.

C. Escribe el acontecimiento inicial que desencadena la historia. Usa expresiones como *un día*, *de pronto*, *en cierta ocasión*...

Un día lo atacó un enorme oso pardo y el zorro gritó pidiendo auxilio.

D. Escribe un resumen de las aventuras que les suceden a los personajes del cuento.

1. Unos conejos se abalanzaron sobre el oso y lo ahuyentaron.

2. En agradecimiento, el zorro les dice que dejará de comer conejo.

3. El zorro sigue cazando conejos, pero lo niega.

E. Ahora, escribe el final del cuento que dé pie a explicar la moraleja.

Al final, con cada conejo que se comía, perdía un poco de pelo de la cola hasta que esta se le quedó como la de una zarigüeya.

F. Redacta tu cuento.

El zorro rabipelado

Érase una vez un zorro que estaba muy orgulloso de su cola larga y esponjosa. Un día lo atacó un enorme oso pardo y el zorro gritó pidiendo auxilio. Los conejos que vivían en las madrigueras de la zona se asomaron y, al ver al zorro en apuros, salieron de sus madrigueras y se abalanzaron sobre el oso, ahuyentándolo. En agradecimiento, el zorro les dijo que dejaría de comer conejo. Sin embargo, cambió de zona y siguió cazando conejos. Los conejos que lo habían salvado le reclamaron su falta de palabra, pero el zorro lo negó todo. Al final, con cada conejo que se comía, perdía un poco de pelo de la cola hasta que esta se le quedó como la de una zarigüeya.

UN FOLLETO

Tus derechos al viajar en avión

Las indemnizaciones a que tienes derecho en estas situaciones son las siguientes:

1 Contratiempos

Cuando el avión, por caso fortuito o de fuerza mayor, deba aterrizar en un lugar que no esté incluido en el itinerario, tienes derecho a ser transportado hasta tu destino por los medios de transporte más rápidos disponibles en el lugar, a cuenta de la aerolínea.

2 Sobreventa

Para hacer rentable el servicio, está permitido que las aerolíneas sobrevendan el vuelo, es decir, que expidan boletos de más y tú puedas perder tu lugar. También puede suceder que, por causas imputables al prestador del servicio, se cancele el vuelo.

En cualquiera de estos casos, las compañías aéreas deberán proporcionarte, de manera inmediata y a tu elección, alguna de las siguientes indemnizaciones:

☞ Transporte en el primer vuelo disponible y prestarte, como mínimo y sin cargo, los servicios de comunicación telefónica al punto de destino, alimentos de conformidad con el tiempo de espera y hospedaje cuando se requiera pernoctar.

☞ Transporte en una fecha posterior que convengas directamente con la aerolínea.

☞ Reembolso del precio del boleto o la proporción que corresponda a la parte del viaje no realizada.

En las últimas dos opciones, la empresa involucrada deberá compensarte, además, con una indemnización que no será inferior al 25 % del precio del boleto de avión o de la parte no realizada del viaje.

3 Equipaje

Puedes llevar hasta dos piezas de equipaje de mano a bordo, y tienes derecho también a transportar, como mínimo y sin cargo alguno, 25 kg de equipaje cuando el viaje se realice en una aeronave con capacidad para 20 pasajeros o más.

Las indemnizaciones por destrucción, pérdida o avería del equipaje de mano serán de hasta 40 salarios mínimos*, y para el equipaje documentado, de 75 salarios mínimos*.

*Salarios mínimos diarios vigentes en el Distrito Federal, en la fecha en la que ocurran los hechos.

Fuente: http://www.profeco.gob.mx. Texto adaptado.

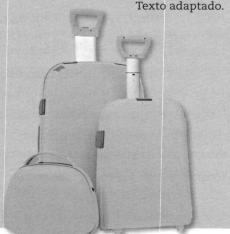

26 Tus derechos

▶ **Indica si las siguientes afirmaciones son ciertas (C) o falsas (F).**

1. Cuando, por culpa de una tormenta, el avión aterrice en un lugar no previsto, la compañía no debe correr con los gastos de transporte a tu destino.   C   (F)

2. Las compañías aéreas no pueden vender más boletos que asientos hay en el avión.   C   (F)

3. Si la aerolínea cancela un vuelo, tienes derecho a que te devuelvan el dinero del boleto, además de a una indemnización económica.   (C)   F

4. Puedes facturar un equipaje de hasta 25 kg sin tener que pagar más, siempre que el avión tenga capacidad para 20 pasajeros o más.   (C)   F

▶ **Corrige las afirmaciones falsas.**

1. La aerolínea corre con los gastos de transporte hasta el destino.

2. Está permitido que las aerolíneas sobrevendan el vuelo.

27 Palabras y expresiones

▶ **Reescribe estas oraciones sustituyendo las palabras y expresiones destacadas por otras equivalentes.**

1. Tienes derecho a ser transportado hasta tu destino **a cuenta de** la aerolínea.

   Tienes derecho a ser transportado **con cargo a** la aerolínea.

2. Está permitido que las aerolíneas **expidan** boletos de más.

   Está permitido que las aerolíneas **emitan** boletos de más.

3. Hospedaje cuando se requiera **pernoctar**.

   Hospedaje cuando se requiera **hacer noche**.

4. **Reembolso** del precio del boleto.

   Devolución del precio del boleto.

28 Tu opinión

▶ **¿Hay algo de lo que se explica en el folleto que no te parezca justo? Expón tu opinión y arguméntala.**

No me parece justo que se les permita a las aerolíneas sobrevender los vuelos, ya que, aunque tengan la obligación de compensar al pasajero, este debería tener el derecho de viajar el día y la hora de su boleto. Si no, ¿cuál es el propósito de comprar el boleto con antelación?

VIAJES Y ALOJAMIENTOS

Cuando el **avión**, por caso fortuito o de fuerza mayor, deba **aterrizar** en un lugar que no esté incluido en el **itinerario**, tienes derecho a ser transportado hasta tu **destino** por los **medios de transporte** más rápidos disponibles en el lugar, a cuenta de la **aerolínea**.

29 Una encuesta sobre viajes

► Responde a la siguiente encuesta sobre viajes.

ANSWERS WILL VARY

¿Cómo fue su último viaje?

1. ¿Qué destino escogió en su último viaje?
   Destino nacional:
   - ☐ Un lugar en la costa.
   - ☐ Una ciudad.
   - ☐ Un destino de interior y naturaleza.
   - ☐ Un destino de montaña y esquí.
   Destino internacional:
   - ☐ Caribe.   ☑ Europa.
   - ☐ Suramérica.   ☐ Otro: _____

2. ¿Cuál es el medio de transporte principal que utilizó?
   - ☑ Avión.   ☐ Barco.
   - ☐ Tren.   ☐ Vehículo particular.
   - ☐ Autobús.   ☐ Vehículo alquilado.

3. ¿Dónde se alojó?
   - ☑ Hotel, apartahotel u hostal.
   - ☐ Cámping o caravana.
   - ☐ Casa o apartamento propio.
   - ☐ Casa o apartamento alquilado.
   - ☐ Casa de familiares o amigos.

4. ¿Cómo compró todos estos servicios?
   - ☐ En un paquete vacacional.
   - ☑ Por separado.

5. Si se alojó en un hotel, ¿qué régimen de alojamiento escogió?
   - ☑ Solo alojamiento.
   - ☐ Alojamiento y desayuno.
   - ☐ Media pensión.
   - ☐ Pensión completa.

6. ¿Con quién hizo el viaje?
   - ☐ Solo.
   - ☑ Con mi familia.
   - ☐ Con un grupo de amigos.
   - ☐ Con un grupo organizado.

7. ¿Cuáles fueron los motivos principales que le llevaron a escoger este destino?
   - ☐ Por motivos personales o laborales (visita a amigos o familiares o viaje de negocios).
   - ☐ Por recomendación de amigos o familiares.
   - ☐ Para practicar idiomas.
   - ☑ Para practicar actividades culturales disponibles en el destino (museos, espectáculos, etc.).
   - ☐ Para practicar actividades al aire libre disponibles en el destino (senderismo, golf, etc.).

30 Viajar en avión

▶ **Escribe el número que representa cada palabra o expresión en el dibujo.**

7 el mostrador

6 facturar el equipaje

1 recoger el equipaje

2 la zona de llegadas

5 perder el avión

8 el control de pasaportes

9 la zona de salidas

10 la puerta de embarque

3 el pasaporte

4 la tarjeta de embarque

11 la pista de aterrizaje

12 aterrizar

13 despegar

▶ **Completa el texto con algunas de las palabras o expresiones anteriores.**

Guía para viajar en avión

Preséntate en el _____**mostrador**_____ de la aerolínea con la que viajes con suficiente antelación. Allí deberás entregar tu boleto, mostrar tu _____**pasaporte**_____ , entregar el equipaje que quieras _____**facturar**_____ y te darán tu _____**tarjeta**_____ de embarque. El empleado de la aerolínea te dirá en qué puerta y a qué hora comenzará a embarcar tu vuelo. Después, deberás pasar por el _____**control**_____ de pasaportes. Llegado el momento, te presentarás en la _____**puerta**_____ de embarque. Allí revisarán de nuevo tu documentación.

REPASO

31 **El sonido B. La letra _b_ y la letra _v_**

▶ **Relaciona las dos columnas para formar palabras.**

Ⓐ   Ⓑ

1. bi   a. ncico   __bicolor__
2. bis   b. grafía   __bisabuelo__
3. sub   c. presidente   __subconsciente__
4. bio   d. color   __biodegradable__
5. biblio   e. juego   __bibliografía__
6. villa   f. degradable   __villancico__
7. video   g. abuelo   __videojuego__
8. vice   h. consciente   __vicepresidente__

▶ **Elige cuatro de las palabras anteriores y escribe una oración con cada una.**

1. __Conocí a uno de mis bisabuelos cuando era pequeña.__
2. __Es importante usar solo bolsas biodegradables.__
3. __Al final de los informes se debe incluir una bibliografía.__
4. __Mi hermano tiene muchos videojuegos.__

▶ **Completa estos verbos con _v_ o con _b_.**

1. di __v__ ertirse   5. distri __b__ uir   9. pro __b__ ar   13. ol __v__ idar
2. sa __b__ er   6. de __b__ er   10. __v__ aler   14. vi __v__ ir
3. __v__ enir   7. llo __v__ er   11. ca __b__ er   15. di __v__ orciarse
4. descri __b__ ir   8. ad __v__ ertir   12. __v__ er   16. e __v__ itar

▶ **Completa las oraciones conjugando algunos de los verbos anteriores.**

1. ¿Cuándo (tú) _____ **vienes** _____ a mi casa a conocer a mis padres?
2. A mí _____ **me divierten** _____ muchísimo las películas de amor.
3. ¿(tú) _____ **Sabes** _____ cuál es la capital de Nicaragua?
4. Te (yo) _____ **advierto** _____ una cosa: ordena tu cuarto o no vas al cine.
5. Me voy a _____ **probar** _____ estos pantalones, aunque no son mi talla.
6. Está _____ **lloviendo** _____ mucho. Si vas a salir, llévate un paraguas.
7. _____ **Describe** _____ tu casa ideal, en la que te gustaría _____ **vivir** _____ .
8. Mis padres _____ **se divorciaron** _____ cuando yo era pequeña, pero siguen siendo amigos.

32 El sonido Y. La letra *ll* y la letra *y*

▶ Completa estas oraciones con *ll* o con *y*.

1. Cá**ll**ate, por favor, que no oigo lo que están diciendo.

2. Estefanía se ca**y**ó de la bicicleta y se hizo una herida en la rodilla.

3. **Ll**ámame cuando **ll**egues, por favor.

4. Los científicos todavía no han ha**ll**ado el remedio para acabar con esta enfermedad.

5. Podrás ver un rato la televisión cuando ha**y**as terminado los deberes.

33 El sonido I. La letra *i* y la letra *y*

▶ Completa estas palabras con *i* o con *y*.

1. Hawá**i**   3. fu**i**   5. bue**y**   7. jersé**i**s   9. ha**y**
2. bonsa**i**   4. re**y**   6. jerse**y**   8. esto**y**   10. do**y**

34 El sonido R fuerte

▶ Completa estas oraciones con *r* o con *rr*.

1. Me gustas mucho cuando son**r**íes.

2. He quedado el primero en la contra**rr**eloj.

3. Al**r**ededor de mi casa hay un hermoso jardín.

4. Mario es un i**rr**esponsable.

35 Partición de palabras

▶ Parte correctamente las palabras que están mal partidas en este texto.

La Fiesta de la Nueva Era en México

Al finalizar el año, se celebrará el fin y el inicio de una nueva e-   era

ra, según las profecías mayas. Para conmemorar dicho even-

to tan importante en el sur de nuestro país, territorio en do-   don- / de

nde se asentó esta cultura, se realizarán diferentes eventos cultur-   cultu- /

ales, como el concierto que la Orquesta Sinfónica ofrecerá en la zo-   rales

na arqueológica de Tulum.

Fuente: http://www.eluniversal.com.mx. Texto adaptado.

LA HOJA DE RECLAMACIÓN

En el texto *Tus derechos al viajar en avión* (pág. 184) se exponen las obligaciones mínimas de las aerolíneas hacia sus clientes.

> *Cuando el avión, por caso fortuito o de fuerza mayor, deba aterrizar en un lugar que no esté incluido en el itinerario, tienes derecho a ser transportado hasta tu destino por los medios de transporte más rápidos disponibles en el lugar, a cuenta de la aerolínea.*

Cuando una compañía incumple alguno de los derechos de sus clientes, estos deben solicitar la **hoja de reclamación** para proteger y defender sus intereses.

En la exposición de la reclamación se debe reflejar:

- El **motivo** de la reclamación: los hechos que han dado lugar a la queja.
- La **petición** de la solución o compensación que se espera recibir.
- Los **documentos** que se adjuntan: documentos de que se dispone para demostrar la veracidad de los hechos y que acompañan a la hoja de reclamación.

La **hoja de reclamación** es un documento oficial escrito en el que se pueden expresar quejas para que sean atendidas tanto por el establecimiento o empresa que las provoca, como por las autoridades competentes.

---

36 **La hoja de reclamación**

▶ Vamos a rellenar una hoja de reclamación para una aerolínea. Sigue estos pasos.

A. Elige uno de estos problemas.

- ☑ *Tu avión aterrizó en otro destino por culpa de la niebla y la aerolínea no te ofreció un transporte alternativo a tu destino.*
- ☐ *La aerolínea canceló tu vuelo y se niega a devolverte el dinero del boleto.*
- ☐ *Perdieron el equipaje que habías facturado y se niegan a darte una indemnización.*

B. Vuelve a leer el texto *Tus derechos al viajar en avión* (pág. 184) y anota a lo que tienes derecho en el caso que has elegido.

   Si el avión aterriza en un lugar que no está en el itinerario, la aerolínea
   tiene que llevarme a mi destino por el medio de transporte más rápido
   disponible en el lugar.

C. Completa ahora la hoja de reclamación.

HOJA DE RECLAMACIÓN

Datos de la empresa reclamada

Aerolíneas Alas Altas
Nombre del establecimiento, en su caso

Aeropuerto Internacional, 33028, Orlando, FL   705.123.4567
Dirección del establecimiento: calle, plaza y n.º   C.P., localidad y provincia   Teléfono

Aerolíneas Alas Altas   B-47778354
Nombre o razón social del titular   N.I.F. o C.I.F.

Avda. de la Constitución, 25   35333 Celaya, AU
Dirección: calle, plaza y n.º   C.P., localidad y provincia

El establecimiento está adherido al Sistema Arbitral de Consumo ☐ Sí   ☒ No   Otros datos

Datos del reclamante

Luisa Ramírez Gil   G38459536
Nombre y apellidos del reclamante   N.º del D.N.I. o pasaporte

C/ Los Perales, 33   San Andrés, CN   801.902.3355
Domicilio del reclamante: calle, plaza y n.º   C.P., localidad y provincia   Teléfono

Motivo de la reclamación:

El pasado 23 de marzo la aerolínea Alas Altas canceló, por motivos de niebla, su vuelo n.º 3609 que partía a las once de la mañana del aeropuerto internacional de Orlando a Ciudad de México. La aerolínea tenía dos vuelos más a Ciudad de México ese día, ninguno de los cuales fue cancelado. Sin embargo, en lugar de ofrecerme un asiento en uno de esos dos vuelos, pues había disponibilidad, la aerolínea no me llevó a mi destino hasta el día siguiente, con lo cual me reincorporé a mi trabajo con un día de retraso. Pasé además la noche en el aeropuerto, sin ningún tipo de compensación.

Solicita:

Una indemnización adecuada al daño producido por haber perdido un día de trabajo y pasar una noche en el aeropuerto.

Documentos que se adjuntan (facturas, folletos, etc.):

Boleto y facturas de comidas en el aeropuerto.

Fecha de la reclamación: *Firma del reclamante:*

D. Recuerda que debes revisar la hoja de reclamación antes de darla por terminada.

José Antonio Abreu y el Sistema Nacional de Orquestas de Venezuela

27 noviembre. 2011.
A veces, esa en apariencia insuperable distancia que existe entre la miseria y la salvación es cuestión de 50 centímetros. Los que mide un violín. Todos y cada uno de los 400.000 niños que integran el Sistema Nacional de Orquestas de Venezuela lo saben. Lo han visto, lo han oído, lo han vivido… El 85 % de ellos

pertenece a las clases más oprimidas del país, pero cada día la mayoría de estos muchachos agarran su instrumento y su entusiasmo y se dirigen a cualquiera de los 280 núcleos, de las escuelas desperdigadas en los barrios, en los pueblos, en la selva, donde aprenden a superarlo todo. Es allí donde su vida, dicen ellos mismos, cobra sentido.

Que la música tiene la llave del progreso y de la vida, puede sonar a palabrería tan hueca como bienintencionada en ciertos ambientes. Pero cuando lo dice José Antonio Abreu, ese hombre visionario y revolucionario que decidió hace casi 40 años regenerar un continente por medio del trabajo cómplice y en equipo de las orquestas, es, sencilla y contundentemente, verdad. Él lo ha demostrado y hoy es el día en que sigue un tanto asombrado de su hazaña. Del milagro.

Empezó en un garaje con 25 atriles en febrero de 1975. Demasiados. Entonces le sobraron 14. Solo once apóstoles estaban dispuestos a confiar en su sueño, once muchachos que hoy, ya más entrados en años, siguen a su lado en el alucinante sistema de enseñanza que han montado desde entonces y que no solo se ha implantado en Venezuela, cuyo Gobierno lo apoyó al año siguiente de su creación, sino que

se ha adoptado como método en 23 países más.

Hoy son batallones en todo el mundo los que saben que este hombre menudo, amable, austero y con la voluntad de los generales heroicos tiene la clave, la llave, el enigma resuelto del futuro de la música. Lo saben sus seguidores y quienes integran el sistema. Lo saben los niños, los jóvenes y los ya profesionales que han salido de él y hoy integran las orquestas más prestigiosas del mundo, como Gustavo Dudamel, auténtica estrella, Diego Matheuz o Christian Vásquez. Y también lo han descubierto los grandes gurús vivos de la música occidental, desde Simon Rattle, director de la Filarmónica de Berlín, hasta Claudio Abbado, un mito en activo de la dirección de orquestas que pasa ahora cuatro meses al año junto a los chicos de Abreu traspasándoles su experiencia, su visión de la música, su sabiduría.

«Cuando a un niño que vive en un barrio rodeado de miseria le entregas un instrumento, le estás dando un arma», asegura Abreu. «Es lo único que tiene, lo que le va a permitir abrirse paso, y se aferra a él como un náufrago. Es su tabla de salvación». Por eso ensayan tres, cuatro horas diarias. Por eso y porque sus vidas adquieren repentinamente un sentido profundo. «Un sentido que se contagia a sus familias y también a la comunidad. Con lo que hace, el niño adquiere su propia identidad. Lo peor de la pobreza no es carecer de nada: es no ser nadie. En la orquesta son alguien. ¿Sabe lo que para un niño de estos representa que Rattle lo abrace, le felicite? Es lo máximo».

Fuente: http://www.elpais.com. Texto adaptado.

37 **La orquesta del maestro Abreu**

▶ **Responde.**

1. ¿Qué tipo de alumnos forman parte del sistema de orquestas creado por el maestro Abreu?

   La mayoría pertenece a las clases más oprimidas del país.

2. ¿Ha tenido éxito su sistema? ¿Por qué?

   Sí, porque mediante la música la vida de estos chicos cobra sentido.

3. ¿Quién es Gustavo Dudamel?

   Es un antiguo alumno que hoy es una auténtica estrella.

38 **El maestro Abreu**

▶ **Escribe. ¿Por qué crees que se aplican estos adjetivos al maestro Abreu?**

1. visionario: porque vio y entendió que la música tenía la llave del progreso para miles de niños desfavorecidos.

2. revolucionario: porque ha obrado cambios en la vida de miles de jóvenes y ha contribuido a regenerar la sociedad.

▶ **Escribe. ¿Qué significan estas citas del maestro Abreu?**

1. «Cuando a un niño que vive en un barrio rodeado de miseria le entregas un instrumento, le estás dando un arma.»

   El instrumento es una herramienta para vencer la miseria y para defenderse de un entorno hostil.

2. «Lo peor de la pobreza no es carecer de nada: es no ser nadie.»

   Los pobres son figuras anónimas y eso es peor que ser pobre.

39 **Tu opinión**

▶ **Escribe. ¿Qué te parece el sistema de orquestas creado por el maestro Abreu? ¿Crees, como él, que la música puede cambiar la realidad? ¿Conoces algún otro proyecto que utilice la música con fines sociales?**

Creo que es un proyecto valiente y asombroso. Me parece que la música, el arte y demás actividades creativas ayudan a construir una realidad distinta y ofrecen otras alternativas de vida a quienes las practican. El maestro Daniel Barenboim dirige una orquesta que une a jóvenes palestinos y judíos.

DESAFÍO 1

40 **En el teatro**

▶ **Explica el significado de estos términos.**

1. palco: _especie de balcón con asientos que hay en los teatros._

2. telón: _cortina que se sube y se baja en el escenario de un teatro._

41 **El sonido I. La letra _i_ y la letra _y_**

▶ **Completa estas oraciones conjugando las formas verbales.**

1. Ayer (yo) _____ **fui** _____ a la biblioteca a estudiar.

2. Perdone, ¿sabe si _____ **hay** _____ una farmacia cerca de aquí?

3. Yo _____ **doy** _____ siempre las gracias.

| haber |
| dar |
| ir |

42 **El sonido R fuerte**

▶ **Completa estas palabras con _r_ o con _rr_.**

1. al**r**ededor   3. sub**r**ayar   5. en**r**ollar

2. son**r**eír   4. i**rr**esponsable   6. vice**rr**ector

DESAFÍO 2

43 **Deportes**

▶ **Escribe un deporte de cada tipo.**

1. un deporte de equipo: _**fútbol**_

2. un deporte de combate: _**boxeo**_

3. un deporte de motor: _**automovilismo**_

44 **La sílaba. Diptongos, triptongos e hiatos**

▶ **Clasifica estas palabras en las dos tablas.**

| Paraguay | comía | murciélago |

PALABRA AGUDA	PALABRA LLANA	PALABRA ESDRÚJULA
Paraguay	comía	murciélago

PALABRA CON DIPTONGO	PALABRA CON TRIPTONGO	PALABRA CON HIATO
murciélago	Paraguay	comía

DESAFÍO 3

45 Viajes y alojamientos

▶ Completa este texto con la palabra más adecuada en cada caso.

> **Cómo son los viajes de los mexicanos**
>
> Los ___**destinos**___ nacionales de playa son los preferidos; en especial,
> orígenes/destinos
>
> Acapulco, Puerto Vallarta y Cancún. La gran mayoría viaja por placer y descanso
>
> o para ___**visitar**___ a sus familiares, y ___**se aloja**___ en hoteles
> quedar/visitar se aloja/se duerme
>
> u hospedándose en casa de familiares y amigos.
>
> El auto ___**particular**___ es el medio de transporte más utilizado.
> particular/prestado
>
> **Fuente:** http://es.visitarmexico.net. Texto adaptado.

46 Repaso

▶ Completa este texto con *b, v, y, ll, i, r* o *rr*.

> _**R**_equisitos para ingresar a México
>
> Para la ma_**y**_oría de los _**v**_iajeros estadounidenses, el go_**b**_ierno de México
> _**r**_equiere de un pasaporte _**v**_álido para entrar a México. La única excepción es
> para estanc_**i**_as turísticas de 72 horas o menos dentro de la zona fronteriza,
> definida como un área que _**v**_a de los 20 a los 30 kilómetros de la frontera con
> los Estados Unidos. Para estas estanc_**i**_as, los c_**i**_udadanos estadounidenses
> pueden presentar un certificado de nacim_**i**_ento, junto con una identificac_**i**_ón.
>
> **Fuente:** http://spanish.guadalajara.usconsulate.gov. Texto adaptado.

47 El Sistema Nacional de Orquestas de Venezuela

▶ Escribe. ¿Qué aporta a la sociedad el Sistema Nacional de Orquestas de Venezuela?

Aporta un medio de vida digno a miles de niños desfavorecidos.

1 **En la naturaleza**

▶ **Clasifica las palabras en la tabla.**

tulipán	reciclar	erupción	tortuga	pino	sapo
incendio	catarata	tornado	eclipse		contaminación
viento	montaña	lluvia	planeta		plantar un árbol

ASTRONOMÍA	GEOGRAFÍA	FAUNA	FLORA
eclipse	catarata	tortuga	tulipán
planeta	montaña	sapo	pino
FENÓMENOS METEOROLÓGICOS	**DESASTRES NATURALES**	**PROTECCIÓN DEL MEDIO AMBIENTE**	**PROBLEMAS MEDIOAMBIENTALES**
viento	erupción	plantar un árbol	incendio
lluvia	tornado	reciclar	contaminación

2 **Fuera de lugar**

▶ **Subraya el intruso en cada serie.**

1. vaca, oveja, <u>cocodrilo</u>, gallo

2. viento, <u>bosque</u>, nieve, niebla

3. planeta, estrella, <u>pájaro</u>, cometa

4. patas, pico, <u>hojas</u>, rabo

3 **Van juntos**

▶ **Relaciona cada verbo de la columna A con un elemento de la columna B.**

Ⓐ   Ⓑ

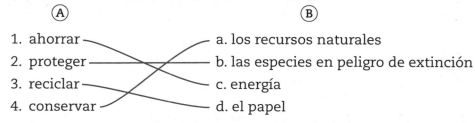

1. ahorrar   a. los recursos naturales

2. proteger   b. las especies en peligro de extinción

3. reciclar   c. energía

4. conservar   d. el papel

▶ **Elige tres de las expresiones anteriores y escribe una oración con cada una.**

1. Debemos aprender cómo ahorrar energía en casa.

2. Reciclar el papel usado es una excelente forma de ahorrar madera.

3. Debemos conservar los recursos naturales para no dañar a nuestro planeta.

4 ¡Cuántos animales!

▶ Busca en la sopa de letras el nombre de los animales representados en las imágenes.

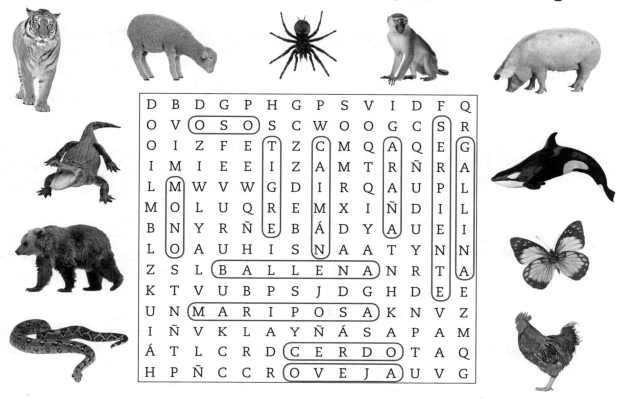

D B D G P H G P S V I D F Q
O V O S O S C W O O G C S R
O I Z F E T Z C M Q A Q E G
I M I E E I Z A M T R Ñ R A
L M W V W G D I R Q A U P L
M O L U Q R E M X I Ñ D I L
B N Y R Ñ E B Á D Y A U E I
L O A U H I S N A A T Y N N
Z S L B A L L E N A N R T A
K T V U B P S J D G H D E E
U N M A R I P O S A K N V Z
I Ñ V K L A Y Ñ Á S A P A M
Á T L C R D C E R D O T A Q
H P Ñ C C R O V E J A U V G

5 Es tarea de todos

▶ Completa el texto con las palabras del recuadro.

| ahorrar | basura | cuidar | contenedor | medio ambiente |
| vidrio | papel | reciclar | reciclaje | contaminación |

Amo la naturaleza y me preocupa el **medio ambiente**. Creo que todos podemos hacer cada día muchas cosas para **cuidar** nuestro planeta: en casa, en la escuela, en el trabajo... Podemos empezar por separar la **basura** y tirar cada cosa a su **contenedor**. **Reciclar** es una forma sencilla de **ahorrar** energía y reducir la **contaminación**.

Si reciclamos **papel**, salvamos la vida de miles de árboles y de los animales que dependen de ellos. ¿Sabes que con la energía que se ahorra en el **reciclaje** de una botella de **vidrio** es posible mantener un televisor encendido durante tres horas?

Un pequeño gesto puede ser una gran ayuda para todos.

UNA NOTICIA

Los glaciares peruanos serán pintados de blanco

▶ Pintar 3.000 km² de los Andes para evitar que se derritan

▶ La propuesta de Perú fue la ganadora en un concurso mundial

▶ Lo pintarán a mano con ayuda de las comunidades indígenas

Los glaciares del Perú agonizan. En los últimos 30 años su superficie ha disminuido un 22 %, una situación de extrema gravedad si tenemos en cuenta que un 77 % de los glaciares tropicales del mundo están en Perú y que constituyen el 60 % de las reservas de agua del país.

Según los expertos, en el año 2020 todos los glaciares que se encuentran por debajo de los 5.500 metros de altitud habrán desaparecido. Frente a este acelerado e inexorable deshielo, a la pequeña ONG Glaciares del Perú se le ocurrió una idea loca con mucha lógica. Basándose en el principio físico de que el color blanco refleja el calor y no lo absorbe, proponen pintar las cimas de los Andes de blanco para mitigar los efectos del calentamiento global.

Con esta idea, Glaciares del Perú ganó entre 1.755 propuestas el concurso «100 Ideas para Salvar el Planeta», organizado por el Banco Mundial. Los 200 mil dólares otorgados por el concurso servirán para convertir en blanca de nuevo la cima del monte Razuhuillca (5.200 m), situado en el departamento de Ayacucho.

«Lo que nosotros hacemos pintando de blanco las montañas es volver a la velocidad natural del deshielo», explica a *El Mundo* Miguel Flores, director de esta ONG. «Fruto del deshielo producido por el calentamiento global, las rocas quedan desnudas y su color oscuro aumenta la temperatura de la montaña generando un círculo vicioso. La roca absorbe calor y el glaciar se derrite más rápido. Al poner una base blanca, la roca no absorbe calor y el hielo perdura».

¿Cómo lo van a pintar? «Lo haremos a mano con la ayuda de las comunidades campesinas situadas al pie del nevado, que conocen el terreno y tienen las condiciones físicas necesarias», responde Miguel Flores. «También con los jóvenes voluntarios de las universidades, previo examen médico, e incluso con turistas porque esta iniciativa ya ha sido ofertada por agencias de viajes de turismo vivencial». La pintura que utilizarán está hecha en base a una «receta secreta». Solo contiene productos naturales, no daña el medio ambiente y tampoco contamina el agua del glaciar.

Perú es el tercer país más afectado por el cambio climático después de Bangladesh y Honduras. Por ello, Glaciares del Perú tiene claro que pintar el Razuhuillca es solo un primer paso. Necesitan pintar de blanco 3.000 kilómetros cuadrados de los Andes. «Si lo conseguimos, repararíamos el daño causado por los gases de efecto invernadero que emiten diariamente todos los autos de Estados Unidos», asegura Flores.

Fuente: http://www.elmundo.es. Texto adaptado.

6 **Una propuesta original**

▶ **Responde.**

1. ¿Qué les sucede a los glaciares de los Andes peruanos?

   Que su superficie está disminuyendo muy rápidamente.

2. ¿Por qué se acelera el deshielo de los glaciares?

   Porque al derretirse el hielo, las rocas quedan desnudas y absorben
   más calor, lo cual produce más deshielo.

3. ¿En qué consiste la iniciativa de Glaciares del Perú?

   En pintar las rocas de blanco para que no absorban el calor.

4. ¿Cómo piensan llevar a cabo esta iniciativa?

   Lo van a hacer manualmente con la ayuda de comunidades indígenas
   de la zona, voluntarios e incluso turistas.

7 **Aún más claro**

▶ **Busca en el texto palabras o expresiones con estos significados.**

1. Estar en un estado próximo a morir: _____ agonizar _____

2. Inevitable: _____ inexorable _____

3. Hacer que disminuya la gravedad de algo negativo: _____ mitigar _____

4. Aumento de la temperatura media de la atmósfera terrestre y de los océanos:
   _____ calentamiento global _____

5. Consecuencia de la presencia excesiva de gases en la atmósfera: _____ efecto
   invernadero _____

8 **Ahora tú**

▶ **Escribe. ¿Qué te parece la iniciativa de la ONG Glaciares del Perú? ¿Te gustaría
participar en ella?**

   La iniciativa me parece original; no me imaginaba que eso fuera posible.
   Sí, me gustaría ayudar a pintar las rocas de los glaciares como voluntario,
   no como turista.

EL MEDIO AMBIENTE

Perú es el tercer país más afectado por el **cambio climático** después de Bangladesh y Honduras. Necesitan pintar de blanco 3.000 kilómetros cuadrados de los Andes. «Si lo conseguimos, repararíamos el daño causado por los **gases de efecto invernadero** que emiten diariamente todos los autos de Estados Unidos», asegura Flores.

9 **Ecología**

▶ **Relaciona cada titular de prensa con el aspecto medioambiental al que se refiere.**

1. desertización
2. alimentación ecológica
3. reciclaje
4. energías renovables
5. marea negra
6. especies protegidas
7. contaminación
8. calentamiento global

La temperatura del planeta sigue en aumento 8

Ya se recoge el 66 % de los envases 3

Producen el primer eco-chocolate: artesanal y verde 2

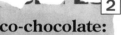

La mala calidad del aire puede afectar a la agricultura en España 7

Pese a los programas de protección, el lince ibérico sigue en peligro de extinción 6

Puerto Rico pone en marcha una nueva central solar fotovoltaica 4

El 75 % del territorio argentino está cubierto por zonas áridas y semiáridas 1

El vertido de petróleo del golfo de México llega a las costas de Luisiana 5

10 Familias de animales

▶ Escribe dos animales de cada grupo.

MAMÍFEROS	AVES	REPTILES	ANFIBIOS	PECES
león	gallo	lagarto	rana	salmón
elefante	pato	serpiente	salamandra	atún

11 Plantas

▶ Relaciona cada tipo, o parte, de una planta con sus características principales.

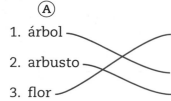

Ⓐ

1. árbol

2. arbusto

3. flor

Ⓑ

a. Producen semillas en las plantas que las tienen, pues son su órgano reproductor.

b. Su tallo es un tronco y echa ramas a cierta altura del suelo.

c. Tiene tallos duros y sus ramas salen de abajo.

▶ Escribe junto a cada nombre el número del grupo de la columna A al que pertenece.

1. rosal __2__   3. margarita __3__   5. amapola __3__   7. eucalipto __1__

2. arce __1__   4. zarzamora __2__   6. orquídea __3__   8. manzano __1__

12 La contaminación del mar

▶ Completa el texto con las palabras del recuadro.

ecosistema	oxígeno	petróleo	biodegradables	vertedero
plásticos	residuos	plancton	mamíferos	marinos

El océano se muere

Los océanos producen la mayor parte del _____ **oxígeno** _____ que necesita la Tierra. Pero el ser humano utiliza el mar como un enorme _____ **vertedero** _____.

Los efectos de los _____ **residuos** _____ vertidos sobre los organismos _____ **marinos** _____ son letales. Aproximadamente un millón de aves y más de cien mil _____ **mamíferos** _____ y otros animales mueren anualmente por ingerir _____ **plásticos** _____ o quedar atrapados en ellos. No existen plásticos derivados del _____ **petróleo** _____ que sean _____ **biodegradables** _____.

Las micropartículas de plástico se mezclan con el _____ **plancton** _____ y son ingeridas por peces pequeños que, a su vez, sirven de alimento a depredadores de mayor tamaño, lo que termina por afectar a todo el _____ **ecosistema** _____.

REGLAS GENERALES DE ACENTUACIÓN

Según el lugar de la sílaba tónica, o sílaba acentuada, las palabras pueden ser agudas, llanas, esdrújulas o sobresdrújulas.

En algunas ocasiones, la sílaba tónica se marca con tilde o acento gráfico.

- Las palabras **agudas** llevan tilde cuando terminan en **-n**, en **-s** o en **vocal**: car**tón**, jer**séis**, so**fá**.
- Las palabras **llanas** llevan tilde cuando terminan en una consonante distinta de **n** o **s** o cuando terminan en dos consonantes: **ár**bol, **tré**bol, **bí**ceps.
- Las palabras **esdrújulas** y **sobresdrújulas** siempre llevan tilde: **bú**falo, vol**cá**nico, **bé**betelo.

Como norma general, las palabras de una sola sílaba, como cien, miel, pie, no llevan tilde, salvo casos especiales.

13 La sílaba más fuerte

▶ **Pronuncia y rodea la sílaba tónica en las siguientes palabras.**

1. prote(ger)
2. car(ton)
3. contene(dor)
4. (a)ve
5. rep(til)
6. rinoce(ron)te
7. (ar)boles
8. ji(ra)fa
9. mur(cie)lago
10. a(demas)
11. mag(ni)fico
12. (pa)jaro
13. sel(va)tica
14. (ro)ble
15. cai(man)
16. (a)gil

▶ **Clasifica las palabras anteriores. Escribe tilde si es necesario.**

agudas	proteger, reptil, cartón, además, contenedor, caimán
llanas	rinoceronte, roble, ave, jirafa, ágil
esdrújulas	murciélago, selvática, árboles, magnífico, pájaro

14 De la misma familia

▶ **Forma sustantivos a partir de los siguientes verbos. Escribe tilde si es necesario.**

1. conservar: conservación
2. proteger: **protección**
3. emitir: **emisión**
4. contaminar: **contaminación**
5. desertizar: **desertización**
6. actuar: **actuación**
7. extinguir: **extinción**
8. declarar: **declaración**

15 **Más que esdrújulas**

▶ **Transforma las oraciones como en el ejemplo. Escribe tilde donde sea necesario.**

1. Tómese la medicina. ⟶ Tómesela.

2. Hágales una foto. ⟶ **Hágasela.**

3. Pídele el lápiz. ⟶ **Pídeselo.**

4. Cocinemos un pavo. ⟶ **Cocinémoslo.**

5. Entréguenme la tarea. ⟶ **Entréguenmela.**

6. Recuérdales que llamen a Marco. ⟶ **Recuérdaselo.**

16 **Condiciones y probabilidades**

▶ **Completa estas oraciones siguiendo el modelo.**

1. Si recicláramos, ayudaríamos a conservar el medio ambiente.

2. Si **utilizáramos** más el transporte público,

   no **habría** tanta contaminación.

3. Si no **arrojáramos** plásticos al mar,

   no **morirían** millones de aves y animales marinos.

4. Si **apagáramos** las luces cuando no son necesarias,

   ahorraríamos energía.

5. Si **disminuyéramos** las emisiones de gases de efecto invernadero,

   la temperatura de la Tierra no **aumentaría** tantos grados.

17 **Autodictado**

▶ **Escribe tilde donde corresponda.**

Un vestido jardín

En el Instituto de Diseño Interactivo de Copenhague han ideado una prenda de vestir original. Consta de una malla, hecha de restos de envases y de compost orgánico, donde se ponen las semillas que florecerán y permitirán a la dueña lucir una ropa cambiante y única, puesto que una misma decide si le gustan más las margaritas o los tréboles. Pero ¿cuánto tiempo sobreviven las plantas? ¿Superarán un lavado a mano? Son preguntas que uno puede hacerse, aunque el objetivo de los autores es hacernos pensar sobre el distanciamiento que hay entre la naturaleza y los urbanitas.

Fuente: http://www.larazon.es. Texto adaptado.

CORREGIR

LA NOTICIA

El texto *Los glaciares peruanos serán pintados de blanco* (pág. 198) es una noticia.

La noticia comparte las características del reportaje (pág. 32), pero es más breve y concisa.

En toda noticia podemos distinguir las siguientes partes:

- **El titular.** Es una frase muy breve que presenta de manera sintética la información básica. Es como el título de la noticia.

> *Los glaciares peruanos serán pintados de blanco*

- **La entradilla.** Es una frase o un párrafo muy breve que resume los datos fundamentales de la noticia.

> ▶ *Pintar 3.000 km² de los Andes para evitar que se derritan*
> ▶ *La propuesta de Perú fue la ganadora en un concurso mundial*
> ▶ *Lo pintarán a mano con ayuda de las comunidades indígenas*

- **El cuerpo.** Es el desarrollo de la información. Aclara y completa los datos presentados en la entradilla siguiendo el orden de mayor a menor importancia. Para que una noticia sea completa debe responder a los seis interrogantes básicos: **qué**, **quién**, **dónde**, **cuándo**, **cómo** y **por qué**.

> *Los glaciares del Perú agonizan. En los últimos 30 años su superficie ha disminuido un 22 %, una situación de extrema gravedad si tenemos en cuenta que un 77 % de los glaciares tropicales del mundo están en Perú y que constituyen el 60 % de las reservas de agua del país.*

La **noticia** es un texto periodístico que expone unos hechos actuales con el fin de informar de una manera concisa y ordenada.

18 Una noticia

▶ **Vamos a escribir una noticia sobre un acontecimiento interesante que tú elijas. Sigue estos pasos.**

A. Elige un acontecimiento reciente relacionado con la naturaleza o el medio ambiente. Puede ser un hecho ocurrido en tu localidad, en tu país, o puede tener un alcance más global. Te damos algunas ideas.

- ☐ *Una iniciativa para proteger la fauna o cuidar el medio ambiente.*
- ☑ *Un desastre natural.*
- ☐ *Una decisión política sobre el cambio climático.*
- ☐ *Otro:* _____

B. Responde a estas cuestiones sobre el acontecimiento seleccionado.

1. ¿Qué ocurrió?

   Fuertes tornados destruyeron viviendas en varias ciudades.

2. ¿Quiénes participaron?

   La población afectada y las autoridades de la zona.

3. ¿Dónde y cuándo tuvo lugar?

   Ocurrió en Texas, en el mes de abril del año 2012.

4. ¿Cómo sucedió? ¿Cuáles fueron las causas que lo provocaron?

   Hubo una gran tempestad, con fuertes vientos y lluvia. El viento
   comenzó a arremolinarse y se formaron los tornados.

C. Escribe un titular y la entradilla con los tres datos más relevantes.

   Fuertes tornados asolan el norte de Texas

   • Cientos de viviendas destruidas • Rachas de viento de más de
   150 mph • Miles de familias sin electricidad

D. Escribe la noticia. Recuerda comenzar por el titular y la entradilla.

   Fuertes tornados asolan el norte de Texas

   • Cientos de viviendas destruidas

   • Rachas de viento de más de 150 mph

   • Miles de familias sin electricidad

   Fuertes tornados destruyeron cientos de viviendas en tres ciudades
   del norte de Texas. Las autoridades trasladaron a la población más
   afectada a refugios y la compañía eléctrica trabaja a contrarreloj
   para restablecer el servicio a los miles de hogares que quedaron
   sin electricidad.

   A las cuatro de la tarde de ayer hubo una gran tempestad con fuertes
   vientos y lluvia. El viento comenzó a arremolinarse y se formaron los
   tornados. Este fenómeno es bastante común en la zona, pero no con
   la intensidad de lo ocurrido ayer.

UNA CANCIÓN

19 **Nuestra Tierra**

▶ **Escribe. ¿En qué crees que se parece nuestro planeta Tierra a una madre?**

En que nos proporciona los alimentos

que necesitamos y el agua que bebemos.

Es también nuestro refugio y protección.

MADRE TIERRA

Qué difícil cantarle a Tierra Madre,
que nos aguanta y nos vio crecer
y a los padres de tus padres
y a tus hijos, los que vendrán después.

Si la miras como a tu mama,
quizás nos cambie la mirada
y actuemos como el que defiende a los suyos
y a los que vienen con él.

La raíz de mis pies yo sentí,
levanté la mano y vi
que todo va unido, que todo es un ciclo:
la tierra, el cielo y de nuevo aquí.

Como el agua del mar a las nubes va,
llueve el agua y vuelta a empezar.

Grité, grité…
No, no, no lo ves.
Va muriendo lentamente
Mama Tierra, Mother Earth.

MACACO. *Ingravitto.*

Macaco

Dani Macaco es un cantante español con más de una década de carrera en solitario. Le gusta la fusión de estilos y de culturas, y «que la música tenga un mensaje». Sus canciones rebosan fuerza y compromiso.

En «Madre Tierra», perteneciente al álbum *Ingravitto*, mezcla ritmos diversos (rap, *reggae*, rumba…). Su videoclip, grabado con motivo del Día Internacional de la Tierra de la mano de National Geographic Channel, tuvo mucha repercusión.

20 **Ideas con música**

▶ Relaciona el principio con el final de cada oración.

Ⓐ

1. Si consideramos a la Tierra como nuestra madre,

2. La Tierra sostiene y acompaña la vida de los seres humanos

3. El ser humano no se da cuenta

4. La Tierra es el origen y la madre

5. El ser humano está unido a la naturaleza,

Ⓑ

a. forma parte del ciclo de la vida de la Tierra.

b. de que la Tierra se va muriendo lentamente.

c. la cuidaremos y defenderemos.

d. generación tras generación.

e. de todo lo creado.

21 **Más significado**

▶ Responde.

1. ¿Qué hace la Tierra por nosotros?

   Nos sostiene y nos acompaña.

2. ¿Qué quiere decir que Mama Tierra se va muriendo lentamente?

   Que la estamos contaminando cada vez más y que estamos acabando
   con ella poco a poco.

3. ¿Cuál es la llamada de Mama Tierra? ¿De qué se queja?

   Su llamada es dejar de destruirla. Se queja de que está muriéndose
   lentamente.

4. ¿Es Macaco un cantante comprometido? ¿Por qué?

   Sí, porque denuncia el maltrato que le damos a la Tierra.

22 **Ahora tú**

▶ Busca la canción en Internet. Escúchala y cántala.

▶ Escribe. ¿Qué haces y qué puedes hacer tú por la Tierra?

   Reciclo la basura que produzco y trato de ahorrar agua y electricidad.

   Podría, sin embargo, hacer más: usar el transporte público más

   frecuentemente, no imprimir documentos si no es muy necesario, usar

   bolsas biodegradables, etc.

EL TIEMPO Y EL UNIVERSO

La raíz de mis pies yo sentí,
levanté la mano y vi
que todo va unido, que todo es un ciclo:
la **tierra**, el **cielo** y de nuevo aquí.
Como el agua del **mar** a las **nubes** va,
llueve el agua y vuelta a empezar.

23 Entre el cielo y la tierra

▶ Escribe la solución de estas adivinanzas.

1
Como el algodón
suelo en el aire flotar,
a veces otorgo lluvia
y otras, solo humedad.

_____ **la nube** _____

2
Vuela sin alas,
silba sin boca,
él te molesta
y tú no lo tocas.

_____ **el viento** _____

3
Sin ser rica tengo cuartos
y, sin morir, nazco nueva;
y a pesar de que no como,
hay noches que luzco llena.

_____ **la Luna** _____

4
Doy al cielo resplandores
cuando deja de llover:
abanico de colores,
que nunca podrás coger.

_____ **el arco iris** _____

24 Cosas del universo

▶ Completa las oraciones con las palabras del recuadro.

constelación	cometa	galaxia	estrella	meteorito	planeta

1. El sistema solar pertenece a una ___**galaxia**___ llamada Vía Láctea. El Sol

   es una ___**estrella**___ muy grande, pero no es la más grande de la Vía Láctea.

2. La cola del ___**cometa**___ Halley rozó la atmósfera de la Tierra en 1910

   y su visión fue espectacular.

3. Venus es el ___**planeta**___ más cercano a la Tierra.

4. En septiembre de 2011 cayó un ___**meteorito**___ en Buenos Aires.

5. La estrella polar es la estrella más brillante de la ___**constelación**___ de la Osa Menor.

25 Fenómenos atmosféricos

▶ Completa el crucigrama.

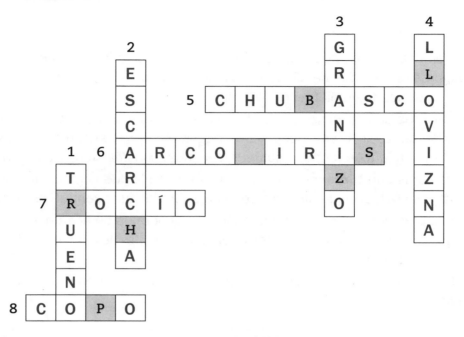

VERTICALES

1. Ruido muy fuerte que acompaña a un rayo.
2. Capa de pequeños cristales de hielo que se forma por las bajas temperaturas de la noche.
3. Agua congelada que cae de las nubes en forma de granos.
4. Lluvia de gotas finas que cae con suavidad.

HORIZONTALES

5. Lluvia repentina, intensa y de corta duración acompañada de mucho viento.
6. Arco de colores que aparece en el cielo cuando llueve y hace sol.
7. Pequeñas gotas de agua que se forman en la tierra y en las plantas en las noches frías.
8. Cada porción de nieve que cae al nevar.

26 Más que lluvia

▶ Completa las oraciones con las expresiones del recuadro. Conjuga los verbos.

| llover a cántaros | llover sobre mojado | aguantar el chaparrón |

1. Nuestro equipo perdió el domingo otra vez. Durante todo el partido se oyeron gritos contra el entrenador. Él _____**aguantó el chaparrón**_____ sin alterarse.

2. —Pero ¿qué te pasó? ¡Tienes toda la ropa mojada!

   —Vengo caminando desde la oficina y _____**está lloviendo a cántaros**_____.

3. ¡No vuelvo a quedar con Jaime para ir al cine! Se lo dije la semana pasada y ayer llegó tarde otra vez. ¡Ya _____**llueve sobre mojado**_____!

LA ACENTUACIÓN DE DIPTONGOS, TRIPTONGOS E HIATOS

Cuando en una palabra aparecen dos o tres vocales seguidas, estas pueden pronunciarse en una misma sílaba formando un diptongo o un triptongo, o en sílabas diferentes formando un hiato.

- Las palabras con **diptongo** siguen las mismas reglas de acentuación que el resto de las palabras. La tilde se coloca sobre la **a**, la **e** o la **o**, y si el diptongo lo forman las vocales **i** y **u**, la tilde se pone sobre la segunda: *constelación, archipiélago, lingüística.*

- Las palabras con **triptongo** siguen las mismas reglas de acentuación que el resto de las palabras. La tilde siempre se pone sobre la vocal central: *pronunciáis.*

- Las palabras con **hiato** siguen los principios generales de acentuación salvo en un caso: cuando la **i** o la **u** es tónica, el hiato siempre lleva tilde sobre esta vocal: *ecología, raíz, reúno.*

Las palabras agudas con diptongo o triptongo que terminan en **y** no se acentúan: *virrey, Paraguay.*

---

27 Cazapalabras

▶ Subraya las palabras que tengan dos vocales juntas. Después, clasifícalas.

> **Mirando al <u>cielo</u>**
>
> Max y <u>Rocío</u> son pareja: él es astrónomo y ella es <u>meteoróloga</u>, así que se pasan el <u>día</u> mirando el <u>cielo</u>. Max está buscando una <u>constelación</u> o una <u>galaxia</u> lejana. A <u>Rocío</u> le encanta descubrir el arco iris <u>cuando</u> sale el sol tras una tormenta. <u>Tienen</u> un perro, <u>Miau</u>, y un gato, <u>Guau</u>, que se llevan muy <u>bien</u>. En las noches de luna <u>creciente</u> o <u>menguante</u>, <u>cuando</u> la Luna parece un gajo de mandarina o una galleta mordida, los <u>cuatro</u> miran juntos al <u>cielo</u>. Entonces, <u>Miau</u> ladra, <u>Guau</u> <u>maúlla</u>, y Max y <u>Rocío</u> son felices.

PALABRAS CON DIPTONGO	PALABRAS CON TRIPTONGO	PALABRAS CON HIATO
cielo, constelación, galaxia, cuando, tienen, bien, creciente, menguante, cuatro	Miau, Guau	Rocío, meteoróloga, día, maúlla

▶ Explica. ¿Por qué llevan tilde algunas de las palabras que contienen un hiato?

Si el hiato tiene una *i* o una *u* tónica, esa vocal siempre lleva acento.

28 Familia de palabras

▶ Escribe junto a cada palabra una de la misma familia. Todas tienen que tener un diptongo o un hiato.

1. llover: __lluvia__

2. tronar: __trueno__

3. neblina: __niebla__

4. nevoso: __nieve__

29 ¿Qué palabra es?

▶ Relaciona cada pista de la columna A con una palabra de la columna B.

Ⓐ

1. Tengo un hiato y la i es la vocal tónica.
2. Tengo una sola sílaba y un diptongo.
3. Tengo tres vocales y dos sílabas.
4. Tengo dos diptongos y soy una palabra aguda.
5. Acabo con un diptongo y soy llana.
6. Tengo un diptongo y soy esdrújula.
7. Soy una palabra llana y acabo en vocal.
8. Acabo con un triptongo y soy aguda.

Ⓑ

a. cuéntame
b. cuidéis
c. observatorio
d. oía
e. país
f. rey
g. Uruguay
h. vidrio

▶ Busca un ejemplo más para cada pista.

1. __maíz__
2. __juez__
3. __cuadro__
4. __situación__
5. __laboratorio__
6. __murciélago__
7. __llovía__
8. __Paraguay__

30 Autodictado

▶ Escribe tilde donde corresponda.

Usos y abusos del paraguas

CORREGIR

El paraguas, como su nombre no lo indica, no se hizo para la lluvia. Se hizo para llevarlo colgado del brazo, como un enorme murciélago decorativo, y para facilitarle a uno la oportunidad de hacerse el inglés, cuando las condiciones atmosféricas lo exijan. Si se investigara la historia del paraguas, se descubriría que fue hecho con una finalidad muy distinta de la que quieren atribuirle los paragüistas formales, que son aquellos equivocados caballeros que sacan a la calle el paraguas cuando parece que va a llover, no sabiendo que exponen su preciosa prenda a un lavatorio que no figuraba en su programa.

GABRIEL GARCÍA MÁRQUEZ. *Cosas que pasan.*

LA LETRA DE UNA CANCIÓN

El texto *Madre Tierra* (pág. 206) es parte de la letra de una canción del cantante Macaco. Estos textos están pensados para ser expresados con música. En una canción, como en un poema, es muy importante el ritmo, que con frecuencia se refleja en algún tipo de rima.

Una canción tiene varias **estrofas** y suele tener un **estribillo**. El estribillo es un grupo de versos que se repiten en la canción y que expresan la idea principal que se quiere transmitir.

- **Estrofa.**

  La raíz de mis pies yo sentí,
  levanté la mano y vi
  que todo va unido, que todo es un ciclo:
  la tierra, el cielo y de nuevo aquí.
  Como el agua del mar a las nubes va,
  llueve el agua y vuelta a empezar.

- **Estribillo.**

  Grité, grité…
  No, no, no lo ves.
  Va muriendo lentamente
  Mama Tierra, Mother Earth.

Una **canción** es una composición en verso pensada para ponerle música.

---

31 **Una canción**

▶ **Vamos a escribir la letra para tu propia canción. Sigue estos pasos.**

A. Elige el tema de tu canción. ¿A qué o a quién quieres cantar? ¿Qué pensamientos o sentimientos quieres expresar? Te damos algunas ideas.

☐ *Una canción de amor.*

☐ *Una canción de desamor.*

☑ *Una canción para reivindicar o denunciar algo.*

☐ *Otro:* _____

B. Anota algunas palabras clave relacionadas con el tema de tu canción.

  salvar los bosques, verde, cuidar, no talar, proteger, fuegos _____

  _____

C. Elige una canción que te guste mucho para utilizar su melodía para tu canción.

D. **Escribe ahora la letra de tu canción.**

- La letra debe encajar con la melodía que has elegido.
- Escribe al menos dos estrofas y el estribillo. Y no te olvides de la rima.
- Ponle un título.
- Puedes incluir un dibujo o una fotografía que ilustre la letra que has escrito.

El bosque verde

Allá en el bosque verde,

allá donde vivía,

había una viejecita,

que siempre me advertía,

que siempre me advertía.

Te quiero recomendar

cómo el gran bosque cuidar:

nunca basura tirar

y así no contaminar.

Allá en el bosque verde,

allá donde vivía,

había una viejecita,

que siempre me advertía,

que siempre me advertía.

Te quiero recomendar

cómo el gran bosque cuidar:

nunca con fuego jugar,

ni los árboles talar.

A la fauna respetar,

y así podrás disfrutar

del gran bosque sin igual.

E. **Recuerda que debes revisar la letra de tu canción antes de darla por terminada.**

UN TEXTO DE OPINIÓN

Energía nuclear: sí y no

A raíz del terremoto de Japón del año 2011[1] se ha reabierto el debate sobre la energía nuclear. ¿Hay que seguir apostando por este recurso para obtener energía o los riesgos justifican la explotación de fuentes alternativas? Los lectores de *La Vanguardia* han escrito numerosas cartas sobre el tema.

¿Debemos prescindir de la energía nuclear? Aunque quizás la pregunta más adecuada sería: ¿podemos abastecer nuestras necesidades energéticas sin ella? Isabel Esteban Güell señalaba que, de momento, la sociedad es dependiente tanto del petróleo como de la energía nuclear. «Mientras no seamos capaces de aprovechar los recursos naturales —la energía solar, la del viento y, recién descubierta, la de la tierra— no tenemos más remedio que seguir utilizándolas», opinaba Isabel, al mismo tiempo que añadía que la energía nuclear es la que menos daña al medio ambiente si no hay accidentes.

El lector Joan Maria Arenas comentaba que el accidente nuclear en Japón es grave en tanto que afecta a la percepción mundial sobre la energía nuclear, ya que este país era un ejemplo de seguridad nuclear, aunque otras alternativas energéticas, como «la dependencia del petróleo en manos de regímenes totalitarios», también tienen un panorama confuso.

Por otro lado, Silvia Alaman se quejaba de que el problema de que no existan alternativas a la energía nuclear se debe a que los gobiernos nunca han apostado por ellas. «La energía nuclear, además de peligrosa, no es más barata. Las centrales nucleares tienen subsidios públicos y son más caras que las eólicas, por no hablar de los residuos», comentaba Silvia. Asimismo, añadía que en las encuestas la mayoría de la población acepta la energía nuclear pero lejos de casa, lo cual se puede interpretar como un «no» porque siempre estará cerca de algún hogar o ecosistema. La lectora sostiene que la clave es un consumo energético menor.

Por el contrario, Oriol Jorba cree que las energías renovables no son viables, ya que las facturas de la luz se multiplicarían hasta ocho veces. Además, alerta de posibles cortes frecuentes de electricidad por la falta de viento o de sol. Al mismo tiempo, compara la peligrosidad de la energía nuclear con los perjuicios sobre otras fuentes energéticas como las inundaciones de presas, las muertes en minas de carbón, las explosiones de gas natural o las guerras por el petróleo.

Irene Moreno de la Gándara opinaba en una carta que los problemas de la energía nuclear ya se conocen de antemano en todos los países, pero que estos no han sido nunca un inconveniente para mantener abiertas las centrales por el negocio que suponen.

[1] Como consecuencia del terremoto y el *tsunami* ocurridos el 11 de marzo de 2011 en Japón, la central nuclear de Fukushima, situada a unos 270 kilómetros al noreste de Tokio, resultó seriamente dañada.

Fuente: http://www.lavanguardia.com. Texto adaptado.

32 **Ideas para el debate**

▶ **Indica si las siguientes afirmaciones son ciertas (C) o falsas (F).**

1. Isabel Esteban opina que la sociedad todavía necesita la energía nuclear. Ⓒ F

2. Para Joan Maria Arenas el accidente de Fukushima ha mostrado lo inseguras que son este tipo de instalaciones. Ⓒ F

3. Silvia Alaman cree que la energía nuclear es barata y no daña el medio ambiente. C Ⓕ

4. Silvia afirma que uno de los problemas de la energía nuclear es la seguridad de las centrales. Ⓒ F

5. Silvia añade que a la mayoría de la población no le importa tener una central nuclear cerca. C Ⓕ

6. Para Oriol Jorba las energías renovables son baratas y no son peligrosas. C Ⓕ

7. Para Irene Moreno la energía nuclear es un buen negocio. Ⓒ F

33 **Palabras y expresiones**

▶ **Reescribe estas oraciones sustituyendo las palabras destacadas por otras equivalentes.**

1. ¿Hay que seguir **apostando** por este recurso para obtener energía?

   ¿Hay que seguir **fomentando** este recurso para obtener energía?

2. ¿Debemos **prescindir** de la energía nuclear?

   ¿Debemos **renunciar** a la energía nuclear?

3. ¿Podemos **abastecer** nuestras necesidades energéticas sin ella?

   ¿Podemos **cubrir** nuestras necesidades energéticas sin ella?

34 **¿Tú qué opinas?**

▶ **Completa la tabla con algunos de los argumentos a favor y en contra de la energía nuclear que encuentres en el texto. Añade un argumento que defienda tu postura.**

| ¿HAY QUE SEGUIR APOSTANDO POR LA ENERGÍA NUCLEAR? ||
ARGUMENTOS A FAVOR	ARGUMENTOS EN CONTRA
No podemos prescindir de la energía nuclear.	Las centrales nucleares no son seguras.
La energía nuclear es la que menos daña el medio ambiente. Las energías renovables no son viables. Las centrales nucleares son un gran negocio.	La energía nuclear es peligrosa y cara. La población no quiere una central nuclear cerca. Los residuos de la energía nuclear son altamente tóxicos.

RECURSOS Y DESASTRES NATURALES

Mientras no seamos capaces de aprovechar los **recursos naturales** —la **energía solar**, la del viento y, recién descubierta, la de la tierra— no tenemos más remedio que seguir utilizándolas.

35 **Explotación de los recursos**

▶ Relaciona cada sector o actividad económica de la columna A con un elemento de la columna B.

Ⓐ | Ⓑ
1. agricultura | a. metales
2. ganadería | b. cereales
3. pesca | c. electricidad
4. minería | d. marisco
5. industria | e. granja
6. energía | f. fábricas

▶ Completa el texto con algunas de las palabras del recuadro.

| agricultura | agricultores | agrícola |
| ganadería | ganado | ganaderos |

Consecuencias de la sequía

La sequía causa grandes daños en el sector _____**agrícola**_____. Debido a la falta de agua, las cosechas se pierden o son de peor calidad, lo cual ocasiona pérdidas millonarias a los _____**agricultores**_____. También la _____**ganadería**_____ sufre daños graves por la escasez de agua, pudiendo causar la muerte de animales. Ante la falta de pasto, los _____**ganaderos**_____ deben buscar alternativas para alimentar a su _____**ganado**_____.

▶ Escribe dos palabras más de cada familia.

minería _____**minero, mineral**_____

pesca _____**pescador, pesquero**_____

36 **Catástrofes naturales**

▶ **Completa las palabras que corresponden a las siguientes definiciones.**

1. Viento muy impetuoso y temible.   C I C L Ó N

2. Movimiento muy brusco de la tierra.   T E R R E M O T O

3. Ocupación por el agua de terrenos y poblaciones.   I N U N D A C I Ó N

4. Fuego grande y destructor.   I N C E N D I O

▶ **Escribe cuatro oraciones con las palabras anteriores.**

1. Un devastador ciclón azotó la costa de Yucatán.

2. La ciudad fue destruida por un terremoto.

3. Su casa quedó bajo el agua por la inundación.

4. El edificio quedó reducido a cenizas por el incendio.

37 **Recursos naturales**

▶ **Completa el texto con las palabras del recuadro.**

petróleo	materia prima	combustibles	suelo	minerales
oxígeno	recursos naturales	no renovables	carbón	industria

Lo que la Tierra nos da

Los ___recursos naturales___ son los bienes que se encuentran en la naturaleza y que utiliza la humanidad para su subsistencia y para satisfacer sus necesidades.

La naturaleza proporciona a los seres humanos los recursos principales: agua, ___oxígeno___ y alimentos para poder realizar sus funciones biológicas.

De la flora y la fauna se obtiene gran parte de los alimentos y medicamentos y la ___materia prima___ para la ___industria___ textil, maderera y otras. El ___suelo___ es otro de los recursos que nos ofrece la naturaleza, sobre el que se desarrollan muchos seres vivos. Numerosas rocas y ___minerales___ se usan en la construcción de edificios y la elaboración de muchos utensilios.

La mayor parte de la energía que utiliza la sociedad hoy día proviene del ___carbón___ vegetal, del ___petróleo___ o de ___combustibles___ radiactivos. Todos ellos son recursos minerales ___no renovables___.

Fuente: http://www.kalipedia.com. Texto adaptado.

ACENTUACIÓN DE LOS MONOSÍLABOS

Como norma general, las palabras de una sola sílaba, como *cien*, *miel*, *pie*, no llevan tilde. Sin embargo, algunos monosílabos llevan tilde para distinguirlos de otros que se escriben igual, pero tienen distinto significado. Estos son los más frecuentes:

SIN TILDE		CON TILDE	
de (preposición)	Es la casa **de** Juan.	**dé** (verbo *dar*)	¿Quieres que te lo **dé**?
el (artículo)	**El** gato duerme.	**él** (pronombre)	**Él** sabe lo que digo.
mi (posesión, nota musical)	**Mi** casa es bonita. Es una obra en **mi** bemol.	**mí** (pronombre)	Me lo dijo a **mí**.
se (pronombre)	Mamá **se** peina.	**sé** (verbos *ser* y *saber*)	**Sé** que me quieres. **Sé** más amable.
si (condición, nota musical)	**Si** quieres, te espero. **Si** es la séptima nota.	**sí** (afirmación)	**Sí**, me voy a México.
te (pronombre)	**Te** quiero mucho.	**té** (sustantivo)	¿Quieres un **té**?
tu (posesión)	**Tu** perro me ladra.	**tú** (pronombre)	**Tú** no estás bien.
mas (conjunción, 'pero')	Lo llamé, **mas** no contestó.	**más** (cantidad)	No quiero **más** carne, gracias.
aun ('incluso')	**Aun** sabiéndolo, no lo contó.	**aún** ('todavía')	¿**Aún** no ha llegado Juan?

38   No todos son posesivos

▶ **Completa las oraciones con la forma adecuada.**

1. ___**Mi**___ tarea consiste en explicar qué es la ecología para ___**mí**___.

mi - mí

2. ___**Tú**___ ya sabes que ___**tú**___ y ___**tu**___ familia pueden

tu - tú

contar conmigo siempre. ___**Mi**___ casa es ___**tu**___ casa.

3. Entre ___**tú**___ y yo no hay tanta diferencia de edad.

39 **¿Condición o afirmación?**

▶ Completa el diálogo con los monosílabos *si* o *sí*.

> **Haciendo planes**
>
> —__Si__ quieres, vamos juntas a la fiesta. Yo le dije a María que __sí__ iba a ir, pero que no podía llegar antes de las ocho.
>
> —__Si__ no vas muy pronto, __sí__ puedo irme contigo. Antes tengo que ayudar a mi hermana. Mañana tiene el examen final de Música y tiene que tocar el *Concierto en* __si__ *bemol* de Beethoven. ¡Está nerviosísima!
>
> —No me extraña. __Si__ yo tuviera examen mañana, también lo estaría… Pero ¿tu hermana ya termina sus estudios de Música? ¡__Si__ no lo veo, no lo creo!
>
> —__Sí__, este fue su último año. ¡Y toca muy bien el piano! ¿Te gustaría escucharla?
>
> —__Sí__, me encantaría.

40 **¿Con o sin tilde?**

▶ Escribe una oración con cada par de palabras.

el - él	Él y el vecino son buenos amigos.
se - sé	No sé por qué se fue Andrea.
de - dé	Quiere que le dé un vaso de agua.
te - té	Te voy a preparar una taza de té.
aun - aún	Me invitó a salir, aun sabiendo que yo aún tenía novio.
mas - más	Quería el bolso más caro, mas no podía permitirse ese lujo.

41 **Autodictado**

▶ Escribe tilde donde corresponda.

> **Los dilemas de Andrea**
>
> No sé si iré al cine con Guille o de compras con Carla… Guille quiere ver una película de terror y a mí no me apetece nada. Me gustan más las películas de acción. Se lo diré a Guille; quizás a él no le importe que veamos otra. Si voy con Carla de compras, tal vez nos dé tiempo a tomar un té en una cafetería. Mas no puedo volver tarde a casa porque tengo tareas que hacer. ¿Y no sería mejor que hoy me quedara en casa?… Sí, definitivamente esta tarde no voy a salir.

219

EL TEXTO ARGUMENTATIVO

El texto *Energía nuclear: sí y no* (pág. 214) presenta opiniones contrapuestas sobre la utilización y el mantenimiento de la energía nuclear como recurso energético.

Cuando expresamos una opinión, debemos dar razones para fundamentarla; en eso consiste argumentar.

Los textos argumentativos suelen tener estas dos partes fundamentales:

- **La tesis.** Es la idea que se va a defender. Suele exponerse al comienzo del texto.

> *Debemos prescindir de la energía nuclear.*

- **Los argumentos.** Son las razones que se aportan para apoyar la tesis.

> *La energía nuclear, además de ser peligrosa, no es más barata.*

Además, los textos argumentativos suelen terminar con una **conclusión**, donde se recuerda la tesis y se resumen los argumentos.

Los **textos argumentativos** tienen como finalidad defender una idea o una opinión aportando razones.

42 Tu texto argumentativo

▶ **Vamos a escribir un texto argumentativo para defender una tesis que tú elijas.**

A. Elige un tema que te interese y escribe una tesis que quieras defender. Te damos algunas ideas.

☐ *La prohibición o no de tener en casa especies en peligro de extinción.*

☐ *La prohibición o no de utilizar el coche para entrar en el centro de algunas ciudades.*

☑ *La prohibición o no de llenar las piscinas en época de sequía.*

☐ *Otra:* _____

B. Escribe al menos tres argumentos para defender adecuadamente tu tesis. Documéntate si es necesario.

- **El agua es un bien muy escaso y vital para nuestra supervivencia.**

- **Con el agua que gastamos en llenar una piscina se abastece una familia durante cuatro meses.**

- **La piscina no es algo de primera necesidad.**

C. Escribe un breve texto argumentativo.

- Formula tu tesis en primer lugar.
- Arguméntala adecuadamente.
- Incluye una conclusión.
- Ponle un título.
- Puedes incluir una fotografía para ilustrarlo.

La sequía y la piscina: incompatibles

El agua es un bien escaso, y más aún en época de sequía. Su uso en este caso debe estar restringido a situaciones de primera necesidad y es de suma importancia que se prohíba llenar las piscinas en época de sequía. Solo un 2,8% del agua del planeta es dulce, y es aprovechable algo menos del 1%. De este porcentaje tan reducido depende nuestra supervivencia. Además de vital para nuestro propio consumo, el agua es esencial en la agricultura, en las explotaciones ganaderas y en algunas industrias.

Otro de los usos del agua es el ocio y el recreo humano. En esta categoría incluimos el uso de las piscinas. Pero es preciso recordar que son necesarios entre 60 y 100 metros cúbicos de agua para llenar una piscina, mientras que el consumo promedio de una familia es de unos 15 a 25 metros cúbicos al mes. Por lo tanto, el agua que se utiliza en llenar una piscina podría abastecer a una familia durante cuatro meses.

Resulta entonces comprensible que al ser el agua un bien tan escaso y necesario para nuestra supervivencia, se utilice con mucha prudencia. En períodos de escasez, como son las épocas de sequía, sería irresponsable utilizar el agua en algo que no sea de primera necesidad. La prohibición de llenar las piscinas está, por lo tanto, claramente justificada.

D. Revisa tu escrito antes de darlo por terminado.

ISLAS GALÁPAGOS: UN PARAÍSO EN LA TIERRA

El archipiélago de las Galápagos lo forman trece islas grandes, media docena de islas pequeñas y un centenar de islotes dispersos sobre una superficie de 80.000 km^2. Cuenta con 17.500 habitantes, que ocupan exclusivamente cuatro de las islas, y recibe entre 50.000 y 60.000 visitantes al año. En 1968, el gobierno de Ecuador decretó su preservación constituyéndolo como parque nacional. Ubicado a 960 kilómetros de la costa de Ecuador, este archipiélago alberga especies de aves, peces y plantas que no se encuentran en ningún otro lugar del planeta.

Las islas Galápagos componen la segunda reserva marina más grande del mundo. Al llegar allí, el viajero, seducido por la presencia de criaturas que parecen escapadas de la mente de un autor de literatura gótica —iguanas marinas, tortugas gigantes y lagartijas de lava—, o simplemente por la geografía inédita que dibujan las aguas, las isletas de basalto y la luz, siente que está accediendo a un paraíso inolvidable.

La preservación del frágil ecosistema que forman las Galápagos, declaradas por la UNESCO Patrimonio Natural de la Humanidad y Reserva de la Biosfera, es un imperativo que las autoridades ecuatorianas se toman muy en serio. Para su cumplimiento existe una serie de preceptos que el visitante aprende muy pronto. Está prohibido fumar, caminar fuera de los senderos, tocar plantas y animales, permanecer después de las seis de la tarde dentro de los dominios del parque (exactamente, el 97 % del territorio), transitar sin la compañía de un guía oficial, alimentar a las iguanas y a los leones de mar…

El protagonismo de los reptiles de longevidad legendaria —hasta 150 años en el caso de las tortugas— parece inevitable en las Galápagos. Particularmente, las tortugas de más de 250 kilos llamaron la atención de fray Tomás de Berlanga, un religioso español que en 1535 llegó hasta ese archipiélago por la fuerza caprichosa de las corrientes marinas, a quien su enorme caparazón le recordaba a una silla de montar, *galápago* en castellano; de ahí el nombre de las islas. La contemplación de alguno de estos ejemplares de tortuga gigante sesteando en el lodo permite entender la fascinación que otro de sus visitantes ilustres, el novelista Herman Melville, autor de *Moby Dick*, sintió por la paradisiaca belleza de las Galápagos: «Es muy dudoso que haya en todo el mundo una sola región que pueda ser, por su salvajismo y variedad natural, comparable a esta».

Fuente: http://viajes.elpais.com.uy. Texto adaptado.

43 **Verdades sobre las islas Galápagos**

▶ **Indica si las siguientes afirmaciones son ciertas (C) o falsas (F).**

1. El archipiélago de las Galápagos tiene trece islas grandes habitadas.   C   (F)

2. Las islas Galápagos pertenecen en la actualidad a la República del Ecuador.   (C)   F

3. En el archipiélago de las Galápagos no hay especies propias.   C   (F)

4. Casi todo el territorio de las islas Galápagos es un parque nacional.   C   (F)

44 **Las islas Galápagos**

▶ **Responde.**

1. ¿Qué animales puedes encontrar en el archipiélago de Galápagos?

   Iguanas marinas, tortugas gigantes, lagartijas, aves y leones de mar,

   entre otros.

2. ¿Cómo preserva la riqueza natural de las islas Galápagos el gobierno de Ecuador?

   Decretó su preservación constituyéndolo como parque nacional, y hay

   restricciones para minimizar el impacto de los visitantes.

3. ¿Por qué estas islas recibieron el nombre de Galápagos?

   Porque a fray Tomás de Berlanga, que llegó a las islas en 1535, el

   caparazón de las tortugas le recordaba a una silla de montar.

45 **Fascinación por las Galápagos**

▶ **Resume la relación de Fray Tomás de Berlanga y el gobierno de Ecuador con las islas Galápagos.**

1. Fray Tomás de Berlanga   fue un religioso español que llegó por accidente a

   las islas en 1535 y fue quien les puso el nombre .

2. El gobierno de Ecuador   es quien tiene soberanía sobre las islas y quien

   decretó su preservación constituyéndolas parque nacional .

46 **Galápagos**

▶ **Escribe. ¿Qué hace de las islas Galápagos un paraíso natural?**

   La abundancia de especies autóctonas en un territorio protegido y con pocos

   habitantes. El aislamiento de estas islas también contribuye a preservar su

   peculiar flora y fauna.

223

DESAFÍO 1

47 **El medio ambiente**

▶ Relaciona cada elemento de la columna A con uno de la columna B.

Ⓐ

1. gases de efecto invernadero
2. reciclaje
3. energías renovables
4. desertización
5. marea negra
6. especie protegida

Ⓑ

a. contaminación del mar
b. centrales solares
c. en peligro de extinción
d. contenedores de vidrio
e. calentamiento global
f. tala de árboles

48 **Reglas generales de acentuación**

▶ Escribe tilde donde sea necesario.

CORREGIR

| 1. mamífero | 3. reptil | 5. árbol | 7. pez |
| 2. amapola | 4. caimán | 6. clavel | 8. rosa |

ANSWERS WILL VARY

▶ Elige una palabra de las anteriores de cada tipo y explica. ¿Por qué llevan tilde?

1. palabra aguda con tilde: *caimán* lleva tilde porque es aguda y termina en *n*.

2. palabra llana con tilde: *árbol* lleva tilde porque es llana y termina en una consonante que no es ni *n* ni *s*.

3. palabra esdrújula con tilde: *mamífero* lleva tilde porque las palabras esdrújulas siempre llevan tilde.

DESAFÍO 2

49 **El universo**

▶ Escribe lo que representan estas imágenes.

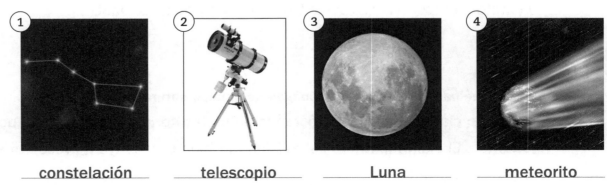

constelación   telescopio   Luna   meteorito

50 La acentuación de diptongos, triptongos e hiatos

▶ Escribe tilde donde corresponda.

Historia de estrellas errantes

Dicen que en los cielos hay muchos misterios y que nuestros sueños y nuestras preocupaciones están representados entre estrellas. Hay una muy brillante, la más resplandeciente; le dicen Chasca, que significa despeinada, porque se parece a las mujeres más bonitas. A una también muy brillante la llaman Pirua y piensan que es el guardián del imperio y de sus haberes. Debe ser porque apenas se mueve y parece vigilante. A la pequeñita que va con el Sol le dicen Catuilla, y protege a los comerciantes, caminantes y viajeros.

Fuente: http://sac.csic.es. Texto adaptado.

DESAFÍO 3

51 Recursos y desastres naturales

▶ Escribe dos palabras en cada categoría.

1. actividades económicas: __pesca, minería__
2. desastres naturales: __terremoto, huracán__
3. energías: __gas natural, carbón__

52 La acentuación de los monosílabos

▶ Escribe tilde donde corresponda.

1. ¿Te gustaría venir a mi casa esta tarde? Voy a preparar té de frutas.
2. Mi hermana quiere que le dé mi suéter rojo de lana, pero a mí me encanta.
3. Sí, ya sé que es tarde y Pablo se levanta muy temprano, mas es urgente que lo llamemos si quieres que él tenga más información.

53 Islas Galápagos

▶ Responde. ¿Cuál es el animal más representativo de las islas Galápagos? ¿Por qué?

__Las tortugas gigantes porque el nombre de las islas se debe a este reptil único del archipiélago.__

Unidad 8 **En sociedad**

1 **Historia y arqueología**

▶ **Marca la palabra que corresponde a cada fotografía.**

☑ batalla   ☑ excavar   ☐ palacio   ☑ estatua

☐ ruinas   ☐ conquistar   ☑ escudo   ☐ templo

▶ **Escribe oraciones con dos de las palabras anteriores.**

1. Muchos soldados murieron en la batalla.

2. El gobernante pidió que lo inmortalizaran en una estatua.

2 **Palabras asociadas**

▶ **Escribe una palabra que asocies a cada una de las siguientes.**

1. ideología: _conservador_

2. conquistar: **invadir**

3. guerra: **batalla**

4. mayas: **civilización**

5. bandera: **nación**

6. comunidad: **grupo**

7. parlamento: **gobierno**

8. ciudadano: **país**

9. mestizaje: **mezcla**

10. pirámide: **aztecas**

▶ **Clasifica las palabras anteriores en la tabla.**

Historia	Política	Sociedad
conquistar	ideología	comunidad
guerra	parlamento	ciudadano
mayas	bandera	mestizaje
pirámide		

3 **Tus intereses**

▶ Completa esta ficha según tus conocimientos, intereses o preferencias.

FICHA DE HISTORIA Y SOCIEDAD

- Una civilización o un imperio antiguo: **los olmecas**

- Una batalla o una guerra: **la Segunda Guerra Mundial**

- Un guerrero o un militar: **Pancho Villa**

- Una época histórica: **la Edad Moderna**

- Un monumento: **la Estatua de la Libertad**

- Un país: **los Estados Unidos**

- Una bandera: **la de Guatemala**

- Un escudo: **el de México**

- Un político: **Mahatma Gandhi**

4 **Con una imagen**

▶ Elige una palabra del recuadro y busca una imagen para ilustrarla. Luego, escribe un párrafo para explicar la imagen y tu elección.

| civilización | democracia | libertad | paz | multiculturalidad |

Yo elegí la multiculturalidad porque creo que es fundamental en nuestra sociedad. Cada vez hay más personas de distintos orígenes en nuestro entorno y es importante entender y respetar su cultura.

UN CUENTO

5 **La monarquía**

▶ **Escribe. ¿Qué reyes actuales conoces? ¿Sabes cuáles son sus funciones?**

El rey de España, que es el jefe de Estado y comandante de las Fuerzas

Armadas. También actúa como representante del país en el extranjero.

Los dos reyes y los dos laberintos

Hubo un rey de las islas de Babilonia que congregó a sus arquitectos y magos y les mandó construir un laberinto tan perplejo y sutil que los varones más prudentes no se aventuraban a entrar, y los que entraban se perdían. Esa obra era un escándalo, porque la confusión y la maravilla son operaciones propias de Dios y no de los hombres. Con el andar del tiempo vino a su corte un rey de los árabes, y el rey de Babilonia (para hacer burla de la simplicidad de su huésped) lo hizo penetrar en el laberinto, donde vagó afrentado y confundido hasta la caída de la tarde. Entonces imploró socorro divino y dio con la puerta. Sus labios no profirieron queja ninguna, pero le dijo al rey de Babilonia que él en Arabia tenía otro laberinto y que, si Dios era servido, se lo daría a conocer algún día. Luego regresó a Arabia, juntó a sus capitanes y sus alcaides y estragó los reinos de Babilonia con tan buena fortuna que derribó sus castillos, rompió sus gentes e hizo cautivo al mismo rey. Lo amarró encima de un camello veloz y lo llevó al desierto. Cabalgaron tres días, y le dijo: «¡Oh, rey!, en Babilonia me quisiste perder en un laberinto de bronce con muchas escaleras, puertas y muros; ahora el Poderoso ha tenido a bien que te muestre el mío, donde no hay escaleras que subir, ni puertas que forzar, ni fatigosas galerías que recorrer, ni muros que veden el paso».

Luego le desató las ligaduras y lo abandonó en la mitad del desierto, donde murió de hambre y de sed.

JORGE LUIS BORGES. *El Aleph.*

6 Verdades de cuento

▶ **Indica si las siguientes afirmaciones son ciertas (C) o falsas (F).**

1. El laberinto del rey de Babilonia era asombroso y muy ingenioso. Ⓒ F
2. El rey árabe, ofendido y perdido, dio vueltas durante horas en el laberinto. Ⓒ F
3. Nunca nadie logró salir del laberinto del rey de Babilonia. C Ⓕ
4. El rey de Arabia destruyó los reinos de Babilonia y capturó a su rey. Ⓒ F
5. El rey de los árabes tenía un laberinto lleno de escaleras, puertas y muros. C Ⓕ

▶ **Corrige las afirmaciones falsas.**

1. El rey de los árabes logró salir del laberinto del rey de Babilonia.

2. El laberinto del rey de los árabes no tenía ni escaleras, ni puertas, ni muros.

7 Palabras y expresiones

▶ **Escribe junto a cada verbo el objeto que le corresponde en el texto y relaciona ambos con su significado.**

Ⓐ

1. implorar socorro
2. proferir **queja**
3. derribar **sus castillos**
4. forzar **puertas**
5. vedar **el paso**
6. desatar **las ligaduras**

Ⓑ

a. Prohibir el acceso.
b. Soltar los nudos que sujetan a alguien.
c. Abrir con violencia.
d. Pronunciar palabras de lamento o disgusto.
e. Pedir ayuda con ruegos o lágrimas.
f. Tirar abajo muros o edificios.

8 Tu lectura

▶ **Responde. ¿Por qué el rey de Arabia atacó al rey de las islas de Babilonia?**

 Porque el rey de Babilonia lo había hecho entrar en el laberinto
 para burlarse de él por su simplicidad.

▶ **Escribe una conclusión o una enseñanza que extraigas del cuento.**

 Nunca hay que subestimar a las personas ni burlarse de ellas
 o creerse superior.

LA HISTORIA

Hubo un **rey** de las islas de Babilonia que congregó a sus arquitectos y magos y les mandó construir un laberinto…

9 Personajes famosos

▶ Completa las oraciones con las palabras del recuadro

reyes	emperador	faraón	sultán
reina	emperatriz	princesa	zar

1. Los _____**reyes**_____ Magos de Oriente traen regalos a los niños el 6 de enero.

2. La actriz americana Grace Kelly se convirtió en _____**princesa**_____ de Mónaco.

3. La _____**reina**_____ Sofía de España nació en Grecia.

4. La _____**emperatriz**_____ Sissi de Austria fue admirada por su belleza.

5. El _____**emperador**_____ era el soberano supremo del imperio inca.

6. En el Antiguo Egipto, el _____**faraón**_____ era considerado un dios.

7. Nicolás II, de la dinastía Romanov, fue el último _____**zar**_____ de Rusia.

8. En algunos países islámicos el título de _____**sultán**_____ equivale al de rey.

10 Personajes de la historia

▶ Completa con los nombres de otros personajes que conozcas o averigües.

ANSWERS WILL VARY

1. El nombre de una reina. ¿Dónde y cuándo reinó?

   Isabel I de Castilla, reina de Castilla de 1474 a 1504.

2. El nombre de un faraón. ¿Dónde gobernó?

   Tutankamón gobernó en el antiguo Egipto.

3. El nombre de un emperador. ¿Cuál fue su país o imperio?

   Moctezuma fue emperador del imperio azteca.

4. El nombre de un sultán. ¿En qué país gobernó?

   Solimán I gobernó el imperio turco.

230

11 **Significados próximos**

▶ Relaciona las palabras de ambas columnas que tengan un significado similar.

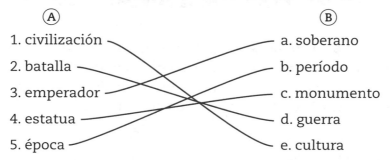

A
1. civilización
2. batalla
3. emperador
4. estatua
5. época

B
a. soberano
b. período
c. monumento
d. guerra
e. cultura

ANSWERS WILL VARY

▶ Escribe un breve párrafo utilizando las palabras anteriores. ¡Cuantas más, mejor!

Los olmecas, una civilización que floreció en la época prehispánica, es una cultura que construyó unas estatuas monumentales: las cabezas olmecas.

12 **De la misma familia**

▶ Escribe los sustantivos que corresponden a estos verbos.

1. civilizar: **civilización**
2. invadir: **invasión**
3. conquistar: **conquista**

4. excavar: **excavación**
5. restaurar: **restauración**
6. reconstruir: **reconstrucción**

▶ Completa el texto con algunos de los sustantivos anteriores.

Pachacútec Inca Yupanqui

Pachacútec es considerado como el primero de los grandes soberanos incas. Cuando Cuzco sufrió la **invasión** de las tribus chancas alrededor de 1438, Pachacútec logró vencerlas y su pueblo lo eligió inca. Tras una profunda **reconstrucción** de la ciudad de Cuzco, él la transformó en una magnífica capital. Pachacútec llevó la **civilización** inca más allá del valle del Cuzco y logró un territorio de más de 5.000 kilómetros, que constituyó el Imperio Inca hasta la **conquista** española de América en el siglo XVI.

ACENTUACIÓN DE LOS INTERROGATIVOS Y DE LOS EXCLAMATIVOS

Los **interrogativos** y los **exclamativos** son palabras que introducen oraciones interrogativas y exclamativas: **qué**, **quién(es)**, **cuál(es)**, **cuánto(a, os, as)**, **cuándo**, **dónde**, **cómo** y sus combinaciones con preposiciones: **adónde**, **de dónde**, **con qué**, **por qué**, etc. Los interrogativos y exclamativos se escriben siempre con tilde.

Qué

- *¿Qué te parece lo que ha hecho?*
- *¡Qué alegría volver a verte!*

Cuál, cuáles

- *¿Cuál de estos coches te gusta más?*
- *¡Cuál no será su sorpresa al verte!*

Cuándo

- *¿Cuándo vendrás a casa?*
- *¡Cuándo madurarás!*

Cómo

- *¿Cómo se llega a San Antonio?*
- *¡Cómo nevó ayer!*

Quién, quiénes

- *¿Quién los ha invitado?*
- *¡Quién te ha visto y quién te ve!*

Cuánto, cuánta, cuántos, cuántas

- *¿Cuánto cuesta este jersey?*
- *¡Cuánta gente hay por aquí!*

Dónde

- *¿Dónde nos vemos esta noche?*
- *¡Dónde irán a estas horas!*

Los interrogativos y los exclamativos pueden introducir **oraciones interrogativas** y **exclamativas indirectas**. También en este caso llevan tilde: *No te imaginas cuánta gente hay aquí.*

OTRAS REGLAS DE ACENTUACIÓN

Las palabras compuestas

Las palabras compuestas están formadas por dos o más palabras simples o por una palabra y una raíz. Las palabras compuestas que se escriben en una sola palabra siguen las reglas generales de acentuación:

abrebotellas	*hispanohablante*	*ciempiés*
escúchanos	*pregúntaselo*	*dime*

Los adverbios en -*mente*

Los adverbios que se forman añadiendo el sufijo -*mente* a un adjetivo mantienen la acentuación gráfica de los adjetivos que toman como base:

cortésmente	*hábilmente*	*teóricamente*

13 Preguntas y exclamaciones

▶ **Escribe una pregunta sobre la parte subrayada de cada respuesta.**

1. ¿Cuándo empezó Manuel a estudiar las culturas precolombinas?

   Manuel empezó a estudiar las culturas precolombinas <u>hace cinco años</u>.

2. ¿Cuántas semanas va a durar la visita de la ministra a Perú?

   La visita de la ministra a Perú va a durar <u>dos semanas</u>.

▶ **Transforma las siguientes oraciones en exclamaciones. Céntrate en la parte subrayada.**

1. <u>Nos alegra mucho</u> poder hablar contigo con frecuencia.

   ¡Qué alegría poder hablar contigo con frecuencia!

2. <u>Es hora ya</u> de que te comportes con responsabilidad.

   ¡Cuándo te comportarás con responsabilidad!

14 Dos partes

▶ **Forma palabras y escribe tilde cuando corresponda.**

Ⓐ   Ⓑ

1. saca	a. mente	sacacorchos
2. abre	b. rayo	abrelatas
3. para	c. latas	pararrayo
4. rápida	d. corchos	rápidamente

15 Autodictado

▶ **Escribe tilde donde corresponda.**

CORREGIR

Una visita inesperada

Una noche estalló una terrible tormenta. ¡Cómo llovía! Inesperadamente golpearon la puerta. Dentro todos se preguntaron quién sería. El rey fue a abrir rápidamente.

—¿Quién es? —preguntó el anciano rey.

—Soy la princesa del reino de Safi —contestó una muchacha; su voz sonó débilmente—. Me perdí en la oscuridad y no sé dónde estoy ni cómo regresar a donde estaba.

Abrieron la puerta y encontraron a una hermosa joven empapada. ¡Cómo tiritaba!

—Pero ¡dónde vas! —exclamó el rey—. ¡Qué aspecto tienes! Quédate aquí esta noche.

Basado en el cuento *La princesa del guisante* de H. CHRISTIAN ANDERSEN.

NARRAR UN ACONTECIMIENTO

El texto *Los dos reyes y los dos laberintos* (pág. 228) es un cuento que narra unos hechos ficticios.

> *Hubo un rey de las islas de Babilonia que congregó a sus arquitectos y magos y les mandó construir un laberinto tan perplejo y sutil que los varones más prudentes no se aventuraban a entrar, y los que entraban se perdían.*

La narración de un acontecimiento histórico nos cuenta unos hechos que sucedieron realmente. Los elementos que componen y estructuran la narración de un acontecimiento histórico son los propios de cualquier texto narrativo:

- **La acción.** Hay que seleccionar los hechos que se quieren narrar, documentarse bien y presentarlos de manera ordenada.
- **Los personajes.** Su descripción es importante para comprender los hechos narrados.
- **El marco narrativo.** El espacio y el tiempo pueden ser determinantes en el desarrollo de los acontecimientos.

La **narración de un acontecimiento histórico** debe ser clara y dinámica: no hay que inventar hechos, pero sí hay que dar vida a hechos pasados. Para ello deben presentarse las acciones de manera ordenada y progresiva.

16 **Un acontecimiento de la historia de...**

▶ **Vamos a narrar por escrito un acontecimiento histórico. Sigue estos pasos.**

A. Piensa. ¿Qué acontecimiento histórico quieres narrar? Te damos algunas ideas.

- ☐ *El reinado del emperador inca Pachacútec (h. 1440).*
- ☐ *La llegada de Cristóbal Colón a América (1492).*
- ☑ *La llegada del ferrocarril a México (1850).*
- ☐ *La independencia de Cuba y las colonias españolas (1898).*
- ☐ *La llegada del hombre a la Luna (1969).*
- ☐ *Otro:* _____

B. Busca datos sobre ese acontecimiento histórico en diversas fuentes y selecciona los hechos más relevantes.

1837. Decreto de construir línea Veracruz – Ciudad de México.

1850. Se inaugura el primer tramo.

1873. Se inaugura la línea completa.

C. Escribe el nombre de los personajes que intervinieron. Indica qué papel tuvo cada uno y qué relación hay entre ellos. Si algún rasgo de su personalidad te parece relevante, añádelo.

- Anastasio Bustamante decreta establecer una línea de tren entre Ciudad de México y Veracruz. • Sebastián Lerdo de Tejada inaugura la línea.

D. Escribe el momento histórico y el lugar (o lugares) en los que ocurrieron los hechos.

- 1850. Se inauguró el primer tramo de la línea ferroviaria en México.
- 1873. Se inauguró la línea de Veracruz a Ciudad de México.

E. Ordena linealmente los hechos seleccionados vinculándolos a sus protagonistas, al momento y al lugar en que se produjeron.

1. Decreta establecer una línea de tren de Veracruz a Ciudad de México. → Anastasio Bustamante → 22/08/1837

2. Inauguración del primer tramo de la línea y transita por territorio mexicano el primer convoy ferroviario. → Veracruz – El Molino → 16/09/1850

3. Inaugura la línea completa. → Sebastián Lerdo de Tejada → 01/01/1873

F. Redacta el acontecimiento histórico elegido. Incluye la información seleccionada en el orden que has establecido.

El 22 de agosto de 1837 el general Anastasio Bustamante, presidente de México, decretó la construcción de una línea ferroviaria desde el puerto de Veracruz a Ciudad de México. Con esta línea se pretendía acelerar el crecimiento comercial de México conectando el principal puerto del país con la capital. Los trabajos se vieron interrumpidos por numerosas guerras y por la inestabilidad política, pero el 16 de septiembre de 1850 se inauguró el primer tramo de esta línea: desde Veracruz hasta la hacienda El Molino. Por este tramo transitó el primer convoy ferroviario de México. Finalmente, el 1 de enero de 1873 el presidente Sebastián Lerdo de Tejada inauguró la línea Veracruz - Ciudad de México. 424 kilómetros de línea ferroviaria que unía el principal puerto del país con la capital.

ENTREVISTA CON LUIS NEGREIROS

Luis Negreiros: «Los jóvenes aportan a la política generosidad, entrega e idealismo»

En el marco de las celebraciones por el Día Internacional de la Juventud, el sociólogo y exparlamentario peruano Luis Negreiros Criado nos concedió una entrevista en la que habló acerca de cuál es la manera más inteligente de lograr que los jóvenes tengan una participación política eficiente.

¿Es tan importante para un joven incursionar en la política?

Es fundamental tanto para el joven como para la sociedad.
Para el joven porque de esta manera afirma su condición ciudadana y para la sociedad porque su participación genera una movilización colectiva, lo cual contribuye a afianzar un modelo democrático ideal.

Hay en la actualidad muchos jóvenes que no están interesados en la política nacional porque les parece muy aburrida. ¿Es este argumento justificable?

Yo creo que sí. Sin embargo, las causas de este aburrimiento se pueden eliminar fácilmente. Ahora están promocionando la creación de un ministerio de la Juventud que tendría justamente que ocuparse de resolver el desinterés y hasta la desconfianza que en algunos casos genera la política en los jóvenes.

¿A qué cree usted que se debe esta desconfianza?

Lamentablemente, la imagen que los jóvenes tienen de la política no es precisamente la más alentadora ni estimulante. Los medios de comunicación les venden una imagen de enfrentamientos entre grupos políticos, de egoísmos, de mezquindades… Teniendo en cuenta que se deben desterrar muchas malas prácticas de las costumbres políticas, se aspira a que de la mano de los más jóvenes se pueda lograr un cambio significativo.

Según el estudio *Juventud y participación política* presentado por la Secretaría Nacional de la Juventud, la elección de autoridades jóvenes en la política se ha venido incrementando en la última década. ¿A qué cree usted que se debe este reciente interés de los jóvenes por la política?

Los jóvenes se vienen involucrando en política desde los años 20-30. Hacer política en esos tiempos era una práctica natural no solo a nivel universitario, sino en estudiantes de los últimos años de secundaria. El retroceso de estas iniciativas políticas en gente joven se debió, en gran parte, a la falta de motivación para integrarlos en la política cotidiana. Sin embargo, actualmente, los partidos políticos ya están incluyendo una cuota significativa de gente joven porque han aprendido a apreciar el gran valor que aportan con su generosidad, entrega e idealismo, elementos éticos que contribuyen significativamente a elevar la calidad de gobernabilidad en un país.

Fuente: http://noticias.universia.edu.pe. Texto adaptado.

17 Los jóvenes y la política

▶ **Responde.**

1. ¿Por qué cree el entrevistado que es importante para la sociedad que los jóvenes participen en la política?

   Porque su participación genera una movilización colectiva que contribuye a un modelo democrático ideal.

2. ¿Qué sentimientos cree él que provoca la política en los jóvenes peruanos? ¿Por qué?

   Les provoca desconfianza porque tienen una imagen de enfrentamientos, egoísmos y mezquindades entre los grupos políticos.

3. ¿Cuál es la aportación de los jóvenes a la política?

   Aportan generosidad, entrega e idealismo.

18 Palabras y expresiones

▶ **Busca en el texto las palabras que corresponden a estos significados.**

1. Realizar una actividad distinta de la habitual.   I N C U R S I O N A R

2. Apoyar, dar firmeza y solidez.   A F I A N Z A R

3. Que transmite aliento o ánimo.   A L E N T A D O R A

4. Falta de generosidad y sentimientos nobles.   M E Z Q U I N D A D E S

▶ **Elige tres de las palabras anteriores y escribe una oración con cada una.**

1. Laura logró incursionar en la política durante unos años.

2. Con esta victoria el equipo se va a afianzar como líder absoluto.

3. Es poco alentador el futuro laboral de los jóvenes.

19 Ahora tú

▶ **Responde.**

1. ¿Te parece importante que los jóvenes se interesen por la política? ¿Por qué?

   Sí, porque las decisiones políticas que se toman influyen en su futuro.

2. ¿A ti te interesa la política? ¿Participas de alguna manera en la vida política de tu comunidad? ¿Te gustaría participar?

   Sí, me interesa mucho, por eso en mi comunidad organizamos actividades para que los jóvenes se involucren en la política.

LA POLÍTICA

Actualmente, los **partidos políticos** ya están incluyendo una cuota significativa de gente joven porque han aprendido a apreciar el gran valor que aportan con su generosidad, entrega e idealismo, elementos éticos que contribuyen significativamente a elevar la calidad de gobernabilidad en un país.

20 **El mundo de la política**

▶ **Escribe dos palabras más en cada categoría.**

1. sistemas de gobierno: _monarquía,_ **república, dictadura**

2. órganos de gobierno: _Congreso,_ **Senado, Tribunal de Justicia**

3. cargos políticos: _alcalde,_ **presidente, senador**

4. ideologías: _socialista,_ **capitalista, comunista**

5. símbolos de la nación: _himno,_ **bandera, escudo**

▶ **Marca. ¿Cuál es el sistema de gobierno de tu país?**

☐ monarquía absoluta   ☑ república constitucional

☐ dictadura   ☐ monarquía parlamentaria

21 **Sinónimos y antónimos**

▶ **Forma cuatro parejas de antónimos con las palabras del recuadro.**

monarquía	progresista	de derechas	dictadura

1. conservador / **progresista**   3. república / **monarquía**

2. de izquierdas / **de derechas**   4. democracia / **dictadura**

▶ **Escribe una oración con una pareja de antónimos.**

Pedro es de derechas, pero en su familia son de izquierdas.

22 **Todos son políticos**

▶ Relaciona cada término con su definición.

a. presidente/presidenta	c. ministro/ministra
b. alcalde/alcaldesa	d. gobernador/gobernadora

__a__ 1. Persona que está al frente de un país.

__b__ 2. Primera autoridad de una ciudad o de un pueblo.

__d__ 3. Primera autoridad de una provincia o de un estado.

__c__ 4. Persona que tiene a su cargo uno de los departamentos del gobierno del país.

▶ Escribe el nombre del lugar o la institución donde trabajan estos cargos políticos.

1. alcalde: __ayuntamiento__

2. diputado: __Cámara de Diputados__

3. senador: __Senado__

4. ministro: __ministerio__

▶ Escribe el nombre del alcalde de tu ciudad y de un diputado o un senador de tu estado.

__Annie Walker, Lou Correa__

23 **Un gobierno del pueblo**

▶ Completa el texto con las palabras del recuadro.

democracia	gobierno	Estado	elecciones	sufragio
Constitución	ideología	voto	ciudadanos	partidos

La democracia y la participación en la vida política

La Declaración Universal de los Derechos Humanos recoge el derecho de los

__ciudadanos__ a participar en el __gobierno__ de sus países. También legitima la __democracia__ como forma de elegir a los representantes encargados de dirigir la política de los países. En la democracia, la voluntad del pueblo se expresa en las __elecciones__ por __sufragio__ universal, que es el __voto__ popular a través del cual los ciudadanos eligen a sus representantes. Un sistema democrático requiere, además, la adopción de una __Constitución__ que establezca los principios fundamentales que deben regir el funcionamiento del __Estado__. Los __partidos__ políticos facilitan la participación de todos los ciudadanos. Son organizaciones que agrupan a personas con una __ideología__ común y un mismo proyecto para organizar la sociedad.

Fuente: *Educación para la ciudadanía 2.º ESO. Texto adaptado.*

239

USO DE MAYÚSCULAS Y MINÚSCULAS

En español, el uso de las mayúsculas y de las minúsculas es distinto al del inglés.

Escribimos con letra inicial **mayúscula**:

- La palabra que da comienzo a un párrafo o una oración y detrás de un signo que cierra oración (punto, interrogación o admiración): *Quiero salir a pasear*, *¿Quieres algo? Pídemelo*.

- Después de dos puntos tras el encabezamiento de una carta o cuando el texto que sigue reproduce palabras textuales de alguien: *José le preguntó: «¿Qué hacemos hoy?»*.

- Los nombres propios, los nombres de instituciones y organismos, y los nombres de planetas, astros, estrellas, constelaciones y puntos cardinales: *Miguel*, *Suárez*, *México*; *Organización de las Naciones Unidas; la Tierra, el Sol, Norte*.

- Los títulos de obras: *Volver*, *Como agua para chocolate*.

- Algunas abreviaturas de fórmulas de tratamiento: *Sr., Sra., Ud., Dr.*

- Todas las letras que forman las siglas: *EE. UU., UNESCO*.

- Los nombres de festividades y conmemoraciones: *Navidad, Semana Santa, Mes Nacional de la Herencia Hispana*.

Recuerda que las mayúsculas también se acentúan: *Ángel*. Y que en el caso de los dígrafos *ch* y *ll*, solo la primera se escribe en mayúscula: *Ch, Ll*.

En cambio, se escriben con letra inicial **minúscula**:

- Los días de la semana y los meses del año: *lunes, miércoles; marzo, agosto*.

- Los idiomas: *español, portugués, inglés, alemán*. En cambio, si es el nombre de una asignatura, se escribe con mayúscula: *la clase de Español*.

- Los adjetivos de nacionalidad: *dominicano, hondureño, chileno*.

- Las fórmulas de tratamiento cuando no están abreviadas: *señor, señora, usted, doctor*.

---

24 **¿Mayúsculas o minúsculas?**

▶ **Subraya los errores en el uso de las mayúsculas y las minúsculas.**

CORREGIR

1. Después de <u>n</u>avidad, en <u>E</u>nero, quiero leerme El <u>q</u>uijote en <u>E</u>spañol. <u>v</u>oy a pedírselo al <u>S</u>eñor López o a mi amigo <u>p</u>aco, que se lo leyó en <u>J</u>ulio.

2. El astrónomo estadounidense Edwin Hubble descubrió que había otras galaxias fuera de la Vía <u>l</u>áctea.

3. El presidente de los EE. UU. fue recibido con aplausos. El presidente afirmó seguro: «<u>c</u>onstruiremos una economía sólida». <u>s</u>u discurso fue difundido por la Casa Blanca.

25 **Una ficha muy completa**

▶ Completa con la información que se pide en cada caso.

○ 1. Escribe con palabras la fecha de hoy.

Hoy es quince de mayo de dos mil trece.

2. Escribe el título de tu película favorita.

Nueve reinas

○ 3. Escribe el título de un libro y de un disco que te gusten mucho.

Cien años de soledad; *Mi sangre*

4. Escribe qué significan las siglas ONU.

Organización de las Naciones Unidas

5. Escribe la nacionalidad de tus padres y de tu mejor amigo(a).

Mis padres son mexicanos y mi mejor amigo es colombiano.

○ 6. Escribe la asignatura que más te gusta.

Biología

7. Escribe la festividad que más te gusta celebrar.

el Año Nuevo

○ 8. Escribe el mes que más te gusta.

septiembre

---

26 **Autodictado**

▶ Subraya las letras que deben ir en mayúscula y rodea las que deban ir en minúscula.

CORREGIR

la carta democrática interamericana

el 11 de Septiembre de 2011 la carta democrática interamericana celebró su
décimo aniversario. muchas cosas han pasado desde el día en que, reunidos
en la Asamblea general extraordinaria de lima, perú, los delegados de treinta y
cuatro países miembros de la organización de estados americanos (oea) dieron
su aprobación unánime a este documento fundamental de nuestra Política
Hemisférica. la democracia en américa latina es más sólida y consistente que hace
diez años. la Carta logró plasmar en su texto una definición amplia de democracia:
«democracia no solo significa ser elegido democráticamente, sino también gobernar
democráticamente».

Fuente: http://www.eluniversalmas.com.mx. Texto adaptado.

UNA ENTREVISTA

El texto *Entrevista con Luis Negreiros* (pág. 236) es una entrevista a un personaje relevante de la política peruana. En toda entrevista suele haber las siguientes partes:

- **Un titular.** En el que se destaca algo dicho por el entrevistado.

> *Luis Negreiros: «Los jóvenes aportan a la política generosidad, entrega e idealismo»*

- **Una presentación.** En la que se da información sobre el entrevistado y el tema de la entrevista.

> *En el marco de las celebraciones por el Día Internacional de la Juventud, el sociólogo y exparlamentario peruano Luis Negreiros Criado nos concedió una entrevista en la que habló acerca de la inclusión política de los jóvenes.*

- **Un conjunto de preguntas con sus respuestas.**

> *¿Es tan importante para un joven incursionar en la política?*
>
> *Es fundamental tanto para el joven como para la sociedad.*

Una **entrevista** es un texto dialogado en el que una persona, el entrevistador, realiza preguntas a otra persona, el entrevistado, que generalmente es una persona relevante o de interés, con el fin de conocer sus ideas, sus sentimientos, su forma de actuar o las circunstancias de algún hecho en el que haya participado.

27 **Una entrevista**

▶ **Vamos a preparar una entrevista a algún personaje de tu interés. Sigue estos pasos.**

A. Elige al entrevistado y un tema para tu entrevista. Te damos algunas ideas.

- El entrevistado:

  ☐ *Un político: Alberto Gonzales.*   ☐ *Una actriz: Sofía Vergara.*
  ☑ *Una cantante: Shakira.*   ☐ *Un deportista: Pau Gasol.*
  ☐ *Un músico: José Antonio Abreu.*   ☐ *Otro:* _____

- El tema:

  ☐ *El papel de la política y la función de los políticos en la sociedad actual.*

  ☑ *Entrevista personal: su vida, su carrera profesional, sus intereses e inquietudes, su compromiso con la sociedad y el mundo, sus proyectos futuros…*

  ☐ *Cómo convertirse en una estrella de Hollywood.*

  ☐ *La vida de un deportista profesional: primeros pasos, sacrificios, triunfos, el trabajo en equipo, la repercusión social del deporte…*

B. Busca y anota los datos sobre tu personaje.

- Nombre: __Shakira Mebarak__
- Fecha de nacimiento: __02/02/1977__
- Profesión: __cantautora__
- Lugar de nacimiento: __Colombia__
- Logros y otros datos relevantes: __Ganadora del Premio Grammy dos veces__ __y del Grammy Latino ocho veces.__

C. Redacta una breve introducción presentando a tu personaje.

__Shakira, la conocida cantautora, bailarina, productora discográfica y__ __filántropa colombiana, nos concedió una entrevista en Miami, donde se__ __encontraba de gira para presentar su último disco.__

D. Recopila información sobre los temas que te gustaría tratar con el entrevistado.

__Nació en Barranquilla. Escribía poemas, bailaba y cantaba desde__ __pequeña. Sacó su primer disco en 1990, con solo trece años de edad.__ __La bancarrota de su padre, cuando Shakira tenía ocho años, la hizo__ __interesarse por los niños más desfavorecidos.__

E. Escribe las preguntas para tu entrevistado. Puedes dividirlas por categorías, según el tema. Evita las preguntas que se contestan con *sí* o *no*.

__**I. Su vida**__

__¿Cuál es tu primer recuerdo de tu niñez en Barranquilla?__

__¿Cómo describirías tu adolescencia?__

__Háblanos de tus metas personales.__

__**II. Su carrera profesional**__

__¿Cuándo empezaste a sentir el «gusanito» de la música?__

__¿Cuál es el secreto, o la clave, de tu éxito profesional?__

__¿Cómo llevas la fama? ¿Qué es lo mejor y lo peor de ser tan conocida?__

__¿En qué proyecto artístico estás trabajando ahora?__

__**III. Su compromiso social**__

__¿Cómo surgió tu interés por los niños desfavorecidos de Colombia?__

__¿Qué metas tienes con la fundación Pies Descalzos?__

__**IV. Su futuro**__

__¿Qué planes profesionales tienes a corto y medio plazo?__

__¿Cómo te ves en veinte años?__

MES NACIONAL DE LA HERENCIA HISPANA
POR EL PRESIDENTE DE LOS ESTADOS UNIDOS DE AMÉRICA

PROCLAMA

Desde aquellos que trazaron sus raíces a aquellos que recientemente han llegado a los Estados Unidos trayendo nada más que esperanza en una vida mejor, los hispanos han sido siempre parte integral de nuestra historia. Como una familia estadounidense de más de 300 millones de miembros, constituimos un solo pueblo, compartimos sacrificios y prosperidad porque sabemos que triunfamos o fracasamos juntos. Estados Unidos es un país más rico gracias a los aportes de los hispanos y durante el Mes Nacional de la Herencia Hispana celebramos el inconmensurable impacto que han tenido en nuestra nación.

Los hispanos han tenido una influencia positiva profunda en nuestro país a través de su sólido compromiso con la familia, la fe, el trabajo tenaz y el servicio. Han incrementado y forjado nuestro carácter nacional con tradiciones centenarias que reflejan las costumbres multiétnicas y multiculturales de su comunidad. Son médicos y abogados, activistas y educadores, empresarios y servidores públicos y valerosos miembros de nuestros servicios armados que defienden nuestro modo de vida dentro de nuestras fronteras y en el exterior.

Mi Gobierno está dedicado a asegurar que Estados Unidos continúe siendo una tierra de oportunidades para todos. Nuestra fortaleza económica depende del éxito de las familias hispanas en todo el país, y estoy decidido a devolver al trabajo a trabajadores de todos los orígenes para reconstruir y modernizar nuestro país. También estamos integrando a la comunidad hispana en el servicio público, mejorando las oportunidades educativas y ampliando el acceso a un cuidado médico de calidad financieramente accesible.

Y permanecemos comprometidos a arreglar nuestro quebrantado sistema inmigratorio de manera tal que podamos satisfacer las necesidades económicas y de seguridad de nuestro país para el siglo XXI.

El futuro de los Estados Unidos está inextricablemente vinculado con el futuro de nuestra comunidad hispana. Nuestro país se enriquece con la diversidad y el ingenio de toda nuestra gente, y nuestra capacidad para superar en innovación, educación y construcción al resto del mundo dependerá enormemente del éxito de los hispanos. Este mes, mientras rendimos homenaje a sus luchas y sus éxitos, reanudemos nuestro compromiso de asegurar que nuestra nación siga siendo un lugar lo suficientemente grande y audaz para dar cabida a los sueños y la prosperidad de toda nuestra gente.

Para honrar los logros de los hispanos en América, mediante la *Ley Pública* 100-402 y sus enmiendas, el Congreso ha autorizado y solicitado al presidente que emita anualmente una proclama que designe del 15 de septiembre al 15 de octubre como el «Mes Nacional de la Herencia Hispana».

AHORA, POR TANTO, YO, BARACK OBAMA, presidente de los Estados Unidos de América, por el presente documento proclamo del 15 de septiembre al 15 de octubre como el Mes Nacional de la Herencia Hispana. Hago un llamado a los funcionarios públicos, educadores, bibliotecarios y a todo el pueblo de los Estados Unidos para que celebren este mes con las ceremonias, actividades y programas apropiados bajo el lema de este año: «Renovación del Sueño Americano».

Fuente: http://www.whitehouse.gov.

28 **Una proclama**

▶ Marca la explicación que mejor define el tipo de texto de la lectura.

☐ Texto que narra acontecimientos relevantes de la historia de un pueblo.

☐ Texto en el que un político da y argumenta su opinión sobre un tema relevante.

☑ Texto oficial que manifiesta la decisión política del gobernante de una nación.

29 **Mes de la Herencia Hispana**

▶ Responde.

1. ¿Quiénes forman la «familia estadounidense»?

   Todos los habitantes de EE. UU., desde los que llegaron primero hasta los que han llegado recientemente.

2. ¿Cómo han influido y qué aportan los hispanos a la nación y al carácter estadounidense?

   Han influido positivamente y aportan su compromiso con la familia, su trabajo y su servicio a la economía, la educación y la defensa del país.

3. ¿En qué temas está trabajando el Gobierno para mejorar las condiciones de la comunidad hispana en los Estados Unidos?

   Trabaja en mejorar las oportunidades educativas y el acceso al servicio médico, así como en mejorar el sistema inmigratorio.

30 **Palabras**

▶ Relaciona estas palabras con su significado en el texto.

Ⓐ

1. inconmensurable
2. tenaz
3. activista
4. quebrantado
5. reanudar
6. audaz

Ⓑ

a. Roto, con deficiencias, que no funciona bien.

b. Enorme, tan grande que no puede medirse.

c. Atrevido, decidido, valiente.

d. Miembro muy activo de un movimiento político o social.

e. Sólido, firme, incansable.

f. Continuar algo, retomar algo.

31 **Tu opinión**

▶ Responde. ¿Te parece necesario celebrar el Mes de la Herencia Hispana? ¿Por qué?

   Sí, para concienciar a los estadounidenses de la contribución hispana.

245

LA SOCIEDAD

Los **hispanos** han tenido una influencia positiva profunda en nuestro país [...]. Han incrementado y forjado nuestro **carácter nacional** con **tradiciones** centenarias que reflejan las **costumbres multiétnicas** y **multiculturales** de su **comunidad**.

32 **Citas célebres**

▶ **Completa cada cita con las palabras del recuadro.**

paz	solidaridad	libertad

1. «Sin aire, la tierra muere. Sin _____**libertad**_____, como sin aire propio y esencial, nada vive.» (José Martí)

2. «Puesto que las guerras nacen en la mente de los hombres, es en la mente de los hombres donde deben edificarse las defensas de la _____**paz**_____.» (Preámbulo de la Constitución de la UNESCO)

3. «La _____**solidaridad**_____ es la ternura de los pueblos.» (Gioconda Belli)

33 **Familias de palabras**

▶ **Escribe en cada caso el sustantivo, adjetivo o verbo correspondiente.**

SUSTANTIVO	ADJETIVO
diversidad	→ **diverso**
multiculturalidad	→ multicultural
solidaridad	→ **solidario**
nación	→ nacional
etnia	→ **étnico**

VERBO	SUSTANTIVO
convivir	→ **convivencia**
inmigrar	→ inmigración
reivindicar	→ **reivindicación**
integrar	→ integración
respetar	→ **respeto**

▶ **Escribe tres oraciones utilizando, al menos, ocho de las palabras anteriores.**

1. Debemos respetar a las distintas etnias de nuestra nación.

2. Nuestra sociedad es diversa y multicultural.

3. El respeto es necesario para la convivencia y la integración.

34 **El crucigrama de la sociedad**

▶ Completa el crucigrama.

HORIZONTALES

1. Grupo de personas que tienen semejanzas de raza, lengua, cultura, etc.

2. Incorporación de una persona o un grupo a una sociedad y adaptación a ella.

3. Conjunto de principios morales que dirigen el comportamiento de una persona.

VERTICALES

4. Mezcla de culturas distintas.

5. Llegar a un país o región para establecerse allí.

6. Parte pequeña de la población de un Estado que se diferencia de la mayoría por la raza, la lengua o la religión.

7. Conjunto de rasgos propios de un individuo o una colectividad que los caracterizan frente a los demás.

Crucigrama:

1 horizontal: E T N I A
2 horizontal: I N T E G R A C I Ó N
3 horizontal: V A L O R E S
4 vertical: M E S T I Z A J E
5 vertical: I N M I G R A R
6 vertical: M I N O R Í A
7 vertical: I D E N T I D A D

35 **En la diversidad está la riqueza**

▶ Completa el texto con las palabras del recuadro.

deberes	inmigrantes	minorías	tolerancia
estereotipos	pluralidad	respeto	convivencia

Hacia una sociedad intercultural

Nuestras sociedades poseen una gran **pluralidad** lingüística, religiosa y cultural. La llegada de **inmigrantes** de otros continentes contribuye a acercar muchas tradiciones culturales diferentes, que aportan a la sociedad una gran riqueza. Desde la educación, el **respeto** y la **tolerancia** es posible superar los **estereotipos** y vencer el temor que causa «lo diferente».

La sociedad del futuro es, sin duda, intercultural, pero para hacerla realidad es imprescindible construir un proyecto común de **convivencia** democrática, donde oportunidades, derechos y **deberes** sean iguales para todos y se evite cualquier forma de discriminación contra los inmigrantes y las **minorías**.

Fuente: *Educación para la ciudadanía 1.º ESO. Texto adaptado.*

REPASO

36 **Reglas generales de acentuación**

▶ Clasifica estas palabras en la tabla y escribe tilde si es necesario.

principe	Peru	simbolo	multicultural	epoca	precolombina
noble	senado	frances	democrata	album	valor

AGUDAS	LLANAS	ESDRÚJULAS
Perú	noble	príncipe
francés	senado	símbolo
multicultural	álbum	demócrata
valor	precolombina	época

37 **Acentuación de diptongos, triptongos e hiatos**

(ANSWERS WILL VARY)

▶ Busca en el texto un ejemplo para cada categoría.

> **Entregan los Premios Herencia Hispana**
>
> Este jueves tendrá lugar la ceremonia de los Premios Herencia Hispana, la celebración anual de la excelencia hispana y el principal evento del Mes de la Herencia Hispana en los Estados Unidos. En los últimos 25 años, los *Hispanic Heritage Awards* se han convertido en uno de los más prestigiosos premios de Estados Unidos, en honor a la excelencia, el liderazgo y los logros hispanos en diferentes áreas de la sociedad. Entre los homenajeados anteriormente con los Premios Herencia Hispana se encuentran latinos de diversos campos, tales como Celia Cruz o Andy García.
>
> **Fuente:** http://noticias.univision.com. Texto adaptado.

1. palabra con diptongo y sin tilde: **jueves**

2. palabra con diptongo y tilde: **celebración**

3. palabra con hiato y sin tilde: **áreas**

4. palabra con hiato y tilde: **García**

38 **Acentuación de los monosílabos**

▶ Escribe tilde donde corresponda.

CORREGIR

> A mí me parece que a Sara no le gusta Carlos. No creo que hoy le dé tiempo a salir con él. Tampoco tomaron el té juntos ayer. Sé que no se vieron el fin de semana… ¿Tú qué crees? Si quieres, te llamo más tarde. Ahora no puedo porque aún estoy en la escuela.

39 Interrogativos y exclamativos

▶ Completa las oraciones con un interrogativo o un exclamativo.

1. ¿De ___quién___ es este libro de leyendas? ¡___Qué___ interesante!

2. ¿___Cuál___ es tu coche? ¿Aquel? Yo nunca recuerdo ___dónde___ aparco.

3. ¿___Cuándo___ sale Silvia de clase?... ¿A las nueve? ¡___Qué___ tarde!

40 Uso de mayúsculas y minúsculas

▶ Completa con las letras que faltan en mayúscula o minúscula.

José Feliciano: «No necesito un Mes de la Herencia Hispana para sentirme Latino, pero me alegro de que exista»

El artista puertorriqueño, que tiene 45 discos entre oro y platino, una estrella en el Paseo de la Fama de Hollywood y ha actuado en lugares tan dispares como la Casa Blanca o el Vaticano, recibirá el 9 de noviembre su noveno Grammy. Feliciano no ha perdido sus raíces latinas: con su familia y sus amigos latinos habla en español, y considera que la cultura es el mayor aporte de los hispanos a los Estados Unidos.

Fuente: http://www.miamidiario.com. Texto adaptado.

41 Autodictado

▶ Escribe las tildes y las letras que faltan, en mayúscula o minúscula.

CORREGIR

A Margarita Debayle

Este era un rey que tenía
un palacio de diamantes,
una tienda hecha del día
y un rebaño de elefantes,
un kiosko de malaquita,
un gran manto de tisú,
y una gentil princesita,
tan bonita,
Margarita,
tan bonita como tú.

Una tarde la princesa
vio una estrella aparecer;
La princesa era traviesa
y la quiso ir a coger.

La quería para hacerla
decorar un prendedor,
con un verso y una perla,
y una pluma y una flor.

Pues se fue la niña bella,
bajo el cielo y sobre el mar,
a cortar la blanca estrella
que la hacía suspirar.

Y siguió camino arriba,
por la luna y más allá;
mas lo malo es que ella iba
sin permiso del papá.

Cuando estuvo ya de vuelta
de los parques del Señor,
se miraba toda envuelta
en un dulce resplandor.

Y el rey dijo: «¿Qué te has hecho?
Te he buscado y no te hallé;
y ¿qué tienes en el pecho,
que encendido se te ve?»

RUBÉN DARÍO.
Obras completas.

RELACIONAR IDEAS (II)

> *Ahora, **por tanto**, yo, Barack Obama, presidente de los Estados Unidos de América,*
> *por el presente documento proclamo del 15 de septiembre al 15 de octubre como el Mes*
> *Nacional de la Herencia Hispana.*

Para establecer relaciones entre las ideas de un texto usamos palabras y expresiones a las que llamamos **conectores**. Los conectores pueden expresar distintas relaciones: adición, recapitulación, explicación, rectificación…

Principales conectores

DE ORDEN	*primero, en primer lugar, en segundo lugar, a continuación, por último, finalmente*
DE ADICIÓN	*además, incluso*
DE EXPLICACIÓN	*o sea (que), es decir, esto es*
DE RECTIFICACIÓN	*mejor dicho, más bien, bueno (coloquial)*
DE RECAPITULACIÓN	*en conclusión, en resumen, en una palabra*

42 Cuestión de orden

▶ **Completa las oraciones con los conectores del recuadro.**

a continuación	*además*	*primero*	*finalmente*

Una celebración que nos acerca a la historia

Para celebrar nuestra Herencia Hispana, _____**primero**_____ debemos saber cuál es el origen del Mes de la Herencia Hispana en los Estados Unidos.
_____**Además**_____, es importante conocer los hechos históricos que hicieron posible la llegada de los españoles a los territorios de los Estados Unidos de América. Y _____**a continuación**_____, nos detendremos en los acontecimientos que rodearon la independencia de los países hispanos. _____**Finalmente**_____, tendremos la oportunidad de conocer otros temas relacionados con la presencia de España en Hispanoamérica y en los Estados Unidos. Y recordaremos a nuestros familiares, que supieron transmitirnos la confianza en nuestro esfuerzo y el orgullo de ser hispanos.

43 **Para comentar y reformular**

▶ Escribe oraciones relacionando las ideas de las dos columnas mediante los conectores del recuadro.

es decir	en resumen	mejor dicho	incluso

(A)

1. En 1988, la celebración de la Herencia Hispana se extendió a un mes de duración
2. Tengo un problema con el coche
3. La comunidad hispana tiene derecho a un trabajo digno y a una vida mejor
4. Lo busqué en la biblioteca, lo llamé al celular, pregunté por él en el trabajo

(B)

a. tiene los mismos derechos que cualquier otro ciudadano.
b. fui a buscarlo a su casa.
c. del 15 de septiembre al 15 de octubre.
d. tuve un accidente y ya no tengo coche.

1. En 1988, la celebración de la Herencia Hispana se extendió a un mes de duración, es decir, del 15 de septiembre al 15 de octubre.

2. Tengo un problema con el coche; mejor dicho, tuve un accidente y ya no tengo coche.

3. La comunidad hispana tiene derecho a un trabajo digno y a una vida mejor; en resumen, tiene los mismos derechos que cualquier otro ciudadano.

4. Lo busqué en la biblioteca, lo llamé al celular, pregunté por él en el trabajo, incluso fui a buscarlo a su casa.

44 **Todos juntos**

▶ Escribe un texto contando tus opiniones y experiencias sobre vivir en una sociedad multicultural. Utiliza todos los conectores que puedas.

En primer lugar, quiero resaltar lo importante que ha sido para mí relacionarme con personas de otras culturas. Además, he aprendido mucho sobre otras formas de ver y de interpretar la vida, es decir, ha sido una experiencia enriquecedora. Finalmente, he aprendido a respetar otros puntos de vista y a convivir con personas muy distintas a mí.

ARQUEOLOGÍA EN MÉXICO

Chichén Itzá

Chichén Itzá es una de las grandes ciudades de la cultura maya. Fue fundada en el siglo VI d. C. Los estudios arqueológicos indican que probablemente fue reconstruida después del siglo XI.

Debido a que es una de las zonas arqueológicas más importantes de México, el Instituto Nacional de Antropología e Historia (INAH) de la región realiza constantes restauraciones. La última fue en 2008 y se restauraron varias áreas de la zona identificada como la Gran Navegación, donde se encuentran el Templo Sur del Juego de Pelota, los edificios de las Águilas, el Templo Superior de los Jaguares y los de Venus, Tzompantli y los Guerreros, y la Pirámide de Kukulcán.

Oaxaca

Zapotecos y mixtecos dejaron un legado enorme en la región central oaxaqueña, y sitios arqueológicos de gran trascendencia quedaron en pie para dar testimonio de la grandeza de estas civilizaciones.

Entre los atractivos más populares de Oaxaca se encuentra, por supuesto, el sitio arqueológico de Monte Albán, sede del poder zapoteco en la región, que alcanzó su auge en el período clásico (del 800 al 400 antes de Cristo). Después del auge zapoteco, los mixtecos retomaron el control del sitio para erigir ciertas construcciones ceremoniales, por lo que la mezcla de culturas y estilos enriquece la región.

Palenque

Una visita a Palenque, una de las ciudades arqueológicas más interesantes de México, es la vía perfecta para descubrir el alma del mundo maya, entender sus mitos, rituales, creencias y admirar la arquitectura que los antepasados mexicanos dejaron en Chiapas.

La zona arqueológica se encuentra a ocho kilómetros de la ciudad de Palenque. Está catalogada por la UNESCO como Patrimonio Cultural de la Humanidad.

Entre sus construcciones, que datan del período clásico (400-700 después de Cristo), destacan el Palacio, que se distingue por su gran torre que sobresale del resto de la edificación; los Templos del Sol, de la Cruz y de la Cruz Foliada, que rodean a la Plaza del Sol; y el misterioso Templo de las Inscripciones, en el que fue descubierta la tumba con un sarcófago bellamente tallado y el ajuar funerario del rey Pakal en 1952.

Fuente: http://www.visitmexico.com. Texto adaptado.

45 **Los pueblos precolombinos en México**

▶ Escribe los nombres de estas civilizaciones en el texto correspondiente.

Los zapotecas	Los mayas	Los mixtecos

1. **Los mayas**. Los orígenes de esta civilización se remontan al siglo XVI a. C. Se extendió por el sur de Yucatán (en México) y parte de Guatemala y Honduras. Su época de esplendor se sitúa entre los siglos III y IX d. C. Cuando los españoles llegaron a la península de Yucatán, este pueblo se encontraba en un período de decadencia que acabó con su disolución.

2. **Los zapotecas**. Este pueblo se desarrolló en los valles de Oaxaca y convirtió el Monte Albán en su principal centro político y religioso. Sus principales actividades eran la agricultura, la artesanía y el comercio. Debido a la llegada de los mixtecas, junto con otros factores como conflictos sociales, esta civilización entró en decadencia y desapareció hacia los años 750 y 1200 de nuestra era.

3. **Los mixtecos**. Este pueblo se desarrolló desde el siglo IX hasta principios del XVI en el sur de México. Entre los siglos XI y XII dominaron a los zapotecas mediante invasiones de sus tierras, guerras y alianzas matrimoniales. De ese modo se hicieron con el Monte Albán y lo convirtieron en una necrópolis.

46 **Los grandes centros arqueológicos**

▶ Sitúa en el mapa el nombre de cada centro arqueológico: Chichén Itzá, Monte Albán y Palenque.

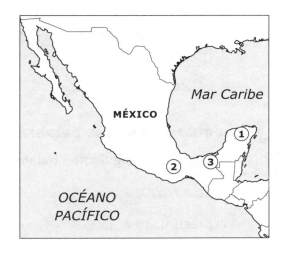

1. Chichén Itzá
2. Monte Albán
3. Palenque

47 **¿Qué opinas?**

▶ Explica. ¿Cuál de los anteriores centros arqueológicos te gustaría visitar? ¿Por qué?

Me gustaría visitar Palenque porque me parece una ciudad misteriosa. Además, tiene muchas edificaciones muy interesantes como el Templo de las Inscripciones y el Palacio.

DESAFÍO 1

48 **La historia**

▶ Completa el texto con las palabras del recuadro.

emperador	época	civilización	culturas
guerra	pirámides	palacios	dioses

Civilizaciones precolombinas

La ___civilización___ maya es la más antigua de las tres grandes ___culturas___ precolombinas. Sus orígenes se remontan al siglo XVI a. C. Se extendió por el sur de Yucatán (México) y parte de Guatemala y Honduras. Su ___época___ de esplendor se sitúa entre los siglos III y IX d. C. Los mayas observaban el cielo desde elevadas ___pirámides___ escalonadas y construyeron grandes templos y ___palacios___. Los aztecas formaron un poderoso imperio en lo que hoy es México. El ___emperador___ azteca tenía un poder ilimitado y los estamentos más influyentes eran los sacerdotes y los guerreros. Sus ___dioses___ más importantes eran Quetzalcóatl, creador de la tierra y de las personas, y Huitzilopochtli, dios de la ___guerra___.

Fuente: http://co.kalipedia.com. Texto adaptado.

49 **Acentuación de las palabras compuestas**

▶ Completa las siguientes palabras compuestas. Escribe tilde donde sea necesario.

1. para **rrayos** ___
2. pregúnta**me** ___
3. ___ **saca** corchos
4. ciem **piés** ___
5. espanta **pájaros** ___
6. hábil **mente** ___

DESAFÍO 2

50 **La política**

▶ Subraya el intruso en cada serie.

1. presidente, <u>ciudadano</u>, ministro, alcalde

2. <u>constitución</u>, bandera, himno, escudo

3. monarquía, dictadura, república, <u>parlamento</u>

51 Uso de mayúsculas y minúsculas

▶ Completa con mayúsculas o minúsculas.

> **Los políticos apuestan por las redes sociales**
>
> **L**os candidatos de todos los partidos intentan captar votos a través de las redes sociales, quizá tratando de emular la exitosa campaña del presidente Obama, en **f**ebrero de 2007. **S**egún **L**aura Vázquez, académica del **I**nstituto **T**ecnológico y de **E**studios **S**uperiores de **O**ccidente, el uso de la red no es garantía de éxito.
>
> **Fuente:** http://www.informador.com.mx. Texto adaptado.

DESAFÍO 3

52 La sociedad

▶ Escribe el término que corresponde a las siguientes pistas.

1. Es lo contrario de la guerra y una paloma es su símbolo. __la paz__

2. Deja su tierra para marcharse y establecerse en otra. __el emigrante__

53 Repaso

▶ Escribe tilde donde corresponda.

CORREGIR

> **La leyenda del Huascarán y Huandoy**
>
> Hace muchos años, el cacique de una poderosa tribu de los Andes deseaba que su hija Huandi se casara con un monarca del reino vecino. Pero la princesa mantenía amores secretos con un apuesto soldado, Huáscar. Una noche, Huandi fue descubierta y el monarca le dijo: «Te prohíbo que ames a ese hombre». Los dos jóvenes se fugaron para salvar su amor. Pero pocos días después fueron capturados y el cacique ordenó: «¡Átenlos a la cumbre más alta!». Y así se hizo: los jóvenes fueron atados, frente a frente, en las rocas de las cumbres más altas. Allí sufrieron el frío y la nieve y derramaron muchas lágrimas, hasta que un día el dios de los Huaylas se compadeció de ellos y los convirtió en dos majestuosos nevados: Huascarán y Huandoy.
>
> **Fuente:** http://www.cuentosdedoncoco.com. Texto adaptado.

54 Arqueología en México

▶ Marca. ¿Qué civilización está relacionada con los centros arqueológicos de Chichén Itzá y Palenque?

☑ mayas   ☐ incas   ☐ aztecas

CRÉDITOS FOTOGRÁFICOS